아이큐 1위의 한국인보다
왜 유대인 부모의 교육이 뛰어난가

유대인의 천재교육

| 편저자 차종환 · 최미경 |

쿰란출판사

아이큐 1위의 한국인보다
왜 유대인 부모의 교육이 뛰어난가

유대인의
천재교육

머리말

　유대인은 우수하다고 흔히 말한다. 인류사에 큰 발자취를 남긴 인물 및 각계에서 일인자임을 자랑하는 유대계 사람들이 많이 있기 때문이다. 과학자 파스테르나크, 아인슈타인, 석유재벌 록펠러, 투자계의 대부 조지 소로스, 미국의 경제 대통령으로 불린 앨런 그린스펀, 심리학자 프로이트, 작가 토마스 만, 지휘자 번스타인, 시인 하이네, 배우 잉그리드 버그만, 이브 몽땅, 엘리자베스 테일러, 노벨 경제 수상자 폴 새뮤얼슨, 화가 샤갈, 피카소를 비롯하여 미국 국무장관을 지낸 키신저 등 세계의 중요한 지위와 명성을 얻고 크게 성공한 유대인들이 정치·경제·문화의 각 분야에서 두드러지게 많은 비중을 차지하고 있다.

　그들은 모두 우리와 같이 보통의 능력을 가지고 태어났다. 다만 부모에게 훌륭한 가정교육을 받았고, 자신들의 노력으로 성공하여 천재의 대열, 위인의 대열에 들어서게 되었다. 유대인 중에는 위인이 많지만, 그들은 자신들이 처한 불운을 성공에 역이용한 의지와 노력의 천재들이다. 이 노력과 집념의 천재들을, 특히 소수의 민족으로 그토록 많은 성공을 거둔 유대인의 실례들을 다 제시한다는 것은 실로 불가능하다.

역사상의 위인과 천재는 모두 타고난 천재만은 아니었다. 그들은 부모의 각별한 가정교육과 스스로의 노력으로 위인이 되고 천재가 되었던 노력의 천재들이었다. 그들은 실험과 연구에 수없이 실패했고 거듭 좌절했으며, 더러는 학교공부에서도 형편없는 성적을 보였고, 더러는 신체적 장애와 결함 때문에 심한 열등감으로 고민했고, 더러는 소심하고 내성적이있고 비사교적이었으며, 더러는 사회적으로 멸시받고 자신을 저주했으며, 겉으로는 얌전했지만 속으로는 증오와 반항의 불길을 혼자서 삭여야 했던 이들도 있다. 그러나 이들을 성공하도록 키운 것은 오로지 부모의 힘, 그 부모의 가정교육이었다.

가령 현재 미국의 전 인구 중에 유대인이 차지하는 비율은 약 3% 미만에 불과하지만 전국의 유명한 대학교수의 약 30%가 유대인이며, 세계 각국에서 선발되는 노벨상 수상자 가운데 약 15-33%가 유대인이다. 미국 아이비리그 학생의 1/4이, 미국 억만장자의 40%가 유대인이다. 이들 저명인사뿐만 아니라 대부분의 유대인들은 자신의 독자적 능력을 최대한으로 발휘해서 성공을 거두는 비결을 잘 알고 있는 듯하다.

이러한 유대인 특유의 재능은 어디에서 어떻게 생기는 것일까? 이는 유대인의 두뇌가 태어나면서부터 반드시 우수해서라고는 할 수 없다. 만일 민족에 따라 태어나면서부터 두뇌가 명석한 경우가 있다면, 이 세계는 특별히 머리가 좋은 한 민족에 의해 지배되었을 것이다. 그러나 전쟁과 평화를 반복하는 인류의 역사가 바로 인종과 민족 사이에 유전학적 차이가 없음을 나타내는 좋은 증거일 것이다. 그럼에도 불구하고 유대인이 다른 민족보다 수많은 인재를 배출해 온 비밀을 풀 수 있는 열쇠는 역시 유아기 및 유년기의 성장과정에 있다고 생각한다. 유대인은 그들만의 독자적인 사고방식과 방법론으로 자녀들을 교육시키고, 또한 자녀들과의 관계를 형성한다.

그도 그럴 것이 유대 5천 년의 세월은 거의 시련의 역사였다. 제2차 세계대전 후 이스라엘이 건국되기까지 유대인은 오랜 세월 동안 조국을 갖지 못한 유랑민족이었다. 조국이 없으므로 부와 지위도 유대인을 지켜 주지 못했다. 오로지 의지할 것이 있었다면 그것은 각자의 머리 속에 축적할 수 있는 지혜와 지식뿐이었다.

그런데 유대의 가정교육과 한국의 가정교육이 많은 점에서 다르다는 것을 알 수 있다. 한국에서는 이웃집 자녀의 학습방법을 자기 아이에게도 똑같이 가르치려고 한다. 반면에 유대인은 '모든 것을 어린이 위주'로 생각한다. 또 유대의 어린이들은 절대로 엄마에게 감시를 받으면서 책상 앞에 앉는 일이 없다. 스스로 알아서 한다. 유대인의 성공 비결은 어디에서 비롯된 것인지, 이를 본서에서는 현대 이스라엘 교육, 유대인 부모의 위신, 유대인의 자녀교육, 토론교육 등을 통해 다루었다. 본서는 《유대인 자녀교육》의 증보판이다. 뜻을 같이 하여 주신 분들께 감사드린다.

2020년 6월
편저자 차종환, 최미경

목차 Contents

머리말 … 4

제1장 현대 이스라엘 교육

1. 건국 전 교육현황 | 16
2. 현대교육제도의 발달 | 17
3. 이스라엘의 유치원 교사 | 25
4. 평생교육 | 27
5. 성인 교육의 실천 | 29
6. 이스라엘 교육의 특징 | 30
7. 옷이나 돈보다는 책이 먼저 | 32
8. 모방과 개선은 창조의 원동력 | 34
9. 유대인들은 주변에서 멘토를 찾는다 | 36
10. 공부는 자기에게 가장 알맞은 장소에서 | 39

제2장 유대인 부모의 위상

1. 엄마는 집안의 영혼 | 42
2. 구약의 모세를 가르치는 유대인 아버지 | 44

3. 아버지의 권한 | 47
   4. 엘리야의 의자와 아버지의 권위 회복 | 48
   5. 역할모델 | 52
   6. 위계질서 | 55
   7. 자녀교육의 일관성과 딱딱함 | 57
   8. 자녀교육의 한계 설정 | 59
   9. 자식의 부양을 원치 않는 부모 | 61
   10. 유대교는 어머니 종교다 | 63

제3장 유대인의 교육방법

   1. TV 대신 책장을 | 66
   2. 동기부여와 결과보다는 과정을 중시 | 70
   3. 밥상머리 교육 | 75
   4. 밥상 앞 교육의 회복 | 77
   5. 지식보다는 지혜를 | 80
   6. 이상과 지혜를 | 82
   7. 기대감과 기대치 | 84
   8. 배우기 위해 많은 질문 | 86
   9. 지속적인 질문에 성실한 답변 | 90
   10. 열렬한 토론 교육 | 93
   11. 유대 랍비식 교육방법 | 95
   12. 독서와 토론문화 | 98
   13. 경청 후 나 메시지 | 100
   14. 말만 잘 듣는 아이는 바보 | 102
   15. 유대인에게 영재교육은 특별히 없다 | 104

제4장 유대인의 교육제도

1. 탈무드 식 토론 교육 | 110
2. 유대인의 경제교육 | 113
3. 저축하는 습관 | 116
4. 전통과 기록 | 119
5. 기록하는 수첩 | 123
6. 감사하는 습관 | 127
7. 개성교육 중시 | 129
8. 개성을 살리는 교육 | 132
9. 남과 다른 점을 살리는 교육 | 136
10. 맞춤학습법 | 139
11. 거짓말 속에 창조성이 | 141
12. 창조적인 교육 | 142
13. 유머 감각 지원 | 146
14. 다름과 틀림의 차이 | 147
15. 머리를 좋게 하는 교육 | 150
16. 즐거움이 없는 교육과 달콤한 교육 | 153

제5장 이스라엘의 교육제도

1. 13세 때 창업 가능한 자본금 | 156
2. 13세의 성년식 | 158
3. 노인은 전통의 전달자 | 160
4. 조상과 전통의 소중함 | 162
5. 남녀 부동석 | 164

6. 소득에 따른 교육비 차이 | 166
7. 공부는 장기 마라톤 | 168
8. 유대인과 한국인의 자녀교육 | 170
9. 자녀의 입장에 서서 | 174
10. 아이의 질투는 자연스러운 것 | 177
11. 키부츠 유격장 | 182
12. 어떤 어려움도 적극적 자세로 극복 | 186

제6장 상벌교육

1. 상(賞)에 대하여 | 192
2. 칭찬에 대하여 | 193
3. 효과적인 격려 방법 | 195
4. 배려의 마음 | 197
5. 채찍과 당근 | 204
6. 야단치는 것에 대하여 | 207
7. 체벌 | 211
8. 벌을 주는 것에 대하여 | 213
9. 분노와 감정조절 | 218
10. 관용을 베푸는 데 인색하지 말자 | 219
11. 분노의 감정을 없애기 위해 | 220
12. 화를 내도 아무런 득이 되지 않는다 | 225
13. 감정에 치우치지 말고 있는 그대로 인식하자 | 226
14. 오른손으로 벌 주면 왼손으로 안아 주자 | 226
15. 자식 사랑과 잔소리 | 227

제7장 부모의 자녀교육 자세

1. 일관성 있는 태도를 | 230
2. 잘못된 부모의 생각 | 235
3. 아이들 때문에 발생하는 죄악감에서 해방되자 | 237
4. 자녀교육의 유연성과 소통 | 247
5. 우리 아이는 열 명 | 250
6. 봉사 | 251
7. 비교 평가는 자존심 상해 | 263
8. 싫으면 하지 말고 하려면 최선을 다하라 | 265
9. 자기의 운명을 순순히 받아들이자 | 267
10. 키신저 형제의 건강한 라이벌 의식 | 268

제8장 유대인의 자녀교육

1. 유대인의 공부법 | 272
2. 모계 중심의 유대인 | 274
3. 부모가 하듯 자식에게 하라 | 277
4. 호기심에서 창조성이 | 279
5. 청결의 큰 의미 | 281
6. 자율적인 발상은 창조적 놀이에서 | 284
7. 아이의 질문에 슬기롭게 대처하는 법 | 285
8. 개성을 살려 다양성 있는 교육 | 286
9. 칭찬은 성취의욕을 키운다 | 288

제9장 유대인의 토론 교육

1. 이스라엘보다 앞선 한국교육? | 292
2. 한국인의 IQ는 과연 높은가? | 296
3. 젓가락 문화와 두뇌 | 297
4. 상상에서 창의성이 | 302
5. 학습 피라미드 | 304
6. 아이비리그의 중도 탈락률 | 306
7. 성적과 실력 | 307
8. 조용한 공부와 떠드는 공부 | 309
9. 조용히 해'와 '마타호 세프'(네 생각은?) | 311
10. 토론식 수업을 위해 독서를 | 313
11. 하브루타(토론) 공부 | 315
12. 공동교육과 단독교육 | 316
13. 눈맞춤으로 집중적 대화 | 320
14. 순종에 의한 내 밖의 지식과 항변에 의한 내 안의 지식 활용 | 321
15. 시대는 비판적 사고력을 중시 | 324
16. 하브루타와 예시바(Yeshiva) | 326
17. 탈무드 공부 | 329

참고 및 인용 문헌 ··· 332

제1장

현대 이스라엘 교육

1. 건국 전 교육현황

1949년 9월 제1대 국회에서 의무교육법을 통과시켰는데, 이 법에 의하면 5세 어린이의 유치원 1년과 6-13세의 모든 어린이와 14-17세의 청소년 중에서 초등교육을 받지 못했거나 완전히 끝마치지 못한 자에게 무상 의무교육을 실시하도록 하였다. 이 의무교육법이 통과되었을 때는 국회의원 선거가 있은 지 8개월이 채 안 된 시기였고 건국된 지 16개월 후였지만, 이스라엘에서 영국군이 철수하고 독립된 바로 그날 아랍군이 쳐들어와서 시작된 전쟁이 진행 중이었고, 더욱이 이민으로 인한 인구가 기하급수적으로 증가하고 있을 때였다.

이러한 상황에서 유치원 1년을 포함한 9년간과 14-17세의 청소년을 위한 의무교육법 제정은 이스라엘 교육의 특수한 상황을 반영한 것이었다. 건국 이후 세계 각국으로부터 계속 입국하고 있던 이민자들은 제각기 다른 언어를 사용하고 있었고, 다른 문화적인 배경에서 성장한 자들이었다. 우선 이들은 히브리어를 모르고, 이스라엘 사회에 익숙하지 못했다. 그래서 국가에서 취학 전의 5세 아동들에게 1년 동안 유치원에서 히브리어의 유대 문화를 인식시키고 사회화 교육을 실시하여 초등교육을 원만하게 이해하자는 것이었다.

건국 이전에는 무상 의무교육이 아니었다. 따라서 청소년들이 교육의 기회를 놓쳤으며, 또 외국에서 입국하는 청소년들도 초등교육의 기회를 놓쳤거나 교육을 받았더라도 히브리어를 모르는 청소년들이 대부분이었다. 이러한 청소년들에게 무상 의무교육을 제공한 것이다. 한편 국가교육 목적을 유대 문화의 가치와 과학의 업적, 조국을 사랑하고 국가와 유대 민족에 충성하며, 농업과 노동의 기초훈련을 시키고 개척정신을 기르며, 또한 자유와 평등, 관용과 상호협조 및 인류애를 토대로 한 사회의 구현에 노력하는 것을 기본으로 두고 있으며, 모든 유대인의 교육기관에서는 '유대인 의식'을 강조하였다. 따라서 의무교육제도는 저마다의 배경이 다른 이민자들을 통합시키고, 새로운 정착지에서 적응을 쉽게 할 수 있는 기술을 익히게 하는 등 근대 독립국가 형성에 지대한 공헌을 하였다.

2. 현대 교육제도의 발달

1) 교육행정의 책임

이스라엘 정부는 1948년 5월 독립을 선포하고, 영국 통치시대 유대 교육을 담당하였던 국민의회로부터 그 운영권을 인수하였다. 그리고 이듬해 1949년 4월에 이스라엘 정부 내에 교육문학성이 설립되면서 교육행정의 체계를 이루었다. 곧이어 9월에는 의무교육법이 제정, 공포되면서 본격적인 현대 국민 교육체제를 정비할 수 있었다. 의무교육은 만 5세부터 13세까지 9년간 무상으로 책을 읽고 기초적인 기술을 익히게 한다는 것이었다. 오늘날에는 이 의무교육의 역할이 커서 중학교(9년 교육)를 졸업하지 않으면 군대에도 입대할 수 없을 만큼 보편화되어 있다.

교육문화성 장관은 교육행정의 총책임자이며, 종교관계를 다루게 되기 때문에 교육위원회와 종교교육위원회를 주재하고, 구체적인 교육정책의 시행을 지도 감독한다. 그리고 모든 정규 교육시설을 국가에서 관장하는 국공립으로 하고 있는 점이 한국과 다르다. 이는 교육재정에서 잘 나타나고 있는데, 즉 의무교육 연한을 넘어서 대부분의 교육도 국가예산에서 충당하고 있다. 일반적으로 학교운영비의 85%를 국가에서 지불하고, 나머지 15%의 운영비만을 학생들의 수업료로 충당한다.

2) 유치원 교육과 초등교육

(1) 유치원 교육

이스라엘의 교육제도는 매우 조직적으로 치밀하게 짜여 있다. 어린이들은 생후 8일 만에 할례를 받는 예식을 치름으로써 유대 민족으로 태어났음을 확인한다. 그 뒤 어린이들에게 베풀어지는 교육은 가정과 회당과 학교, 그리고 사회가 한 덩어리가 되어 교육에 이바지하게 된다.

유대 민족의 교육은 유아 때부터 시작된다. 따라서 모친의 교육은 그 어느 교육보다도 중요시된다. 그러므로 유대인 어머니의 자녀는 무조건 유대인이 될 수 있으나, 유대인 아버지의 자녀는 그렇지 않다. 이는 어머니의 유아교육이 얼마나 중요하며 커다란 영향을 미치는가를 말해 주는 것이다.

그 후 3세가 되면 예외없이 탁아소에서 잘 훈련된 보모들에 의해 교육적 환경이 조성된 분위기에서 생활을 통한 교육을 받게 된다. 4세가 되면 이스라엘 어린이의 90%가 '크담 호바'라는 국립유치원에서 지능교육, 성격조성 교육을 받게 된다. 국립유치원의 시설과 운영은 정부에서 책임을 지며, 부모나 교원도 공무원의 신분이다. 운영비는 국가가 부담하지만 학부모도 수입에 따라 부담한다.

만 5세가 되면 '간호바'라는 유치원에 의무적으로 입학한다. 국가에서 모든 시설과 인력을 갖추고 무료로 교육하는 국민 의무교육의 제1차 연도가 된다. 의무 유치원은 평균 20명의 어린이를 수용하는 방을 2-4개씩 설치하고, 대개 교사와 보조교사 두 사람이 한 반을 담임하여 모든 교육과 생활을 지도한다. 시간은 아침 8시에서 오후 1시까지인데, 10시경에 어린이들이 갖고 온 간식을 먹게 한다.

유치원 교육은 예의범절, 지능개발을 위한 그림 그리기, 만들기, 노래 부르기, 그리고 재미있게 노는 것이 중요한 일과이다. 재미있게 놀면서 말하고 행동하는 것을 배우게 하며, 판단력이나 이해력을 키워 주는 데 주력하고, 절대로 문자나 수의 개념을 가르칠 수 없게 되어 있다. 매주 금요일 어린이들의 생일 축하행사도 중요한 교육의 하나이다. 학부모들이 케이크나 음료수를 준비하고, 선물봉지를 마련해 온다. 사탕, 장난감, 과자를 넣고 그림을 인쇄한 봉지가 마련되어 어린이들은 이날을 무척 기다린다.

종교적인 어린이들은 반이 따로 편성되고, '킵파'라는 모자를 쓰고 다니며, 식사와 놀이도 철두철미하게 종교의식 속에서 교육이 이루어진다. 따라서 일반적인 유대 아이들은 지나친 종교적인 생활이 싫어서 종교반에 편입되기를 원치 않는 경우도 있다. 또한 매주 한 번씩 자연풍치 지구, 우체국, 은행 등을 답사하여 현지교육을 받는다.

매월 1회씩 학부모회의가 소집되어 그간에 아이들의 성장과정과 문제점, 협조사항 등이 전달되고, 학부모들의 질문에 응답하는 토론을 갖는다. 이 모임에는 모든 학부모들이 적극 참여한다.

(2) 아이는 세 살 적부터

나라를 잃고 세계 곳곳으로 흩어졌던 유대인들이 2천 년에 걸친 온갖 어려움을 견디고 살아남을 수 있었던 최대의 무기 중 하나가 교육이다. 유대인은 교육을 가장 중요하게 여긴다. 교육은 다만 글

이스라엘의 기본학제

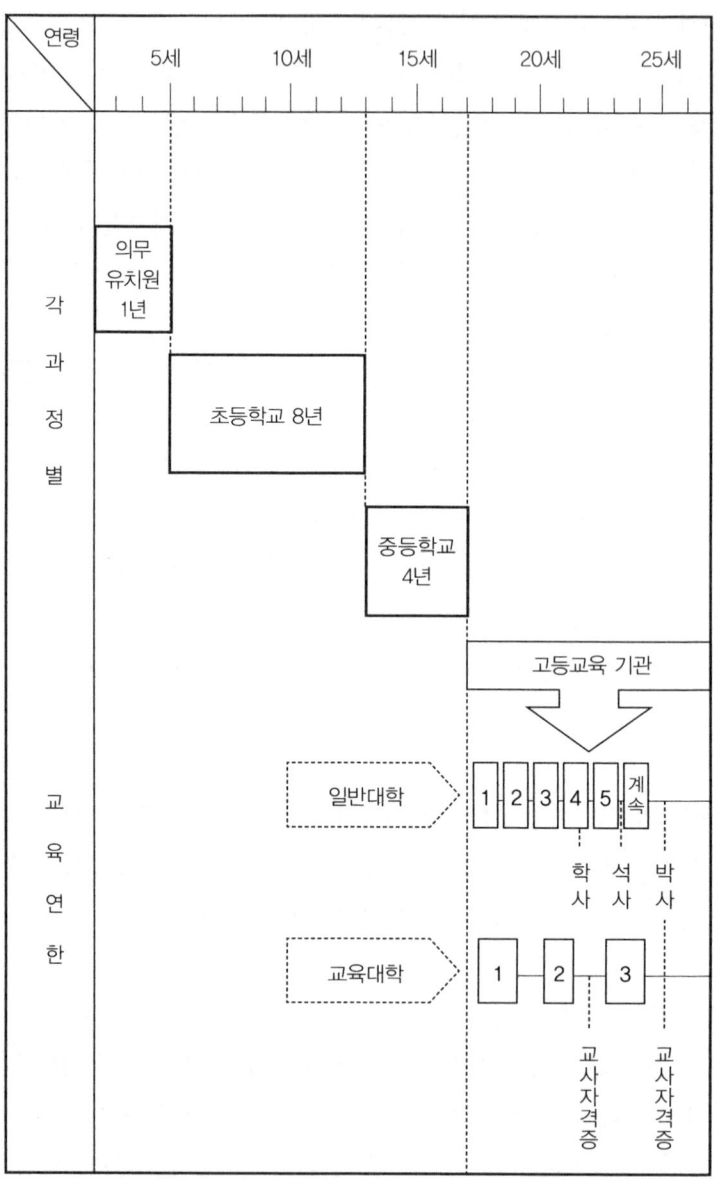

자를 쓰고 책을 읽게 만드는 것만이 아니다. 두뇌의 활동을 명석하게 해주어야 한다.

영국의 철학자 C.P. 스노우는 말하기를, 유대인은 타고나기를 머리가 우수하므로 지능지수가 높다고 했다. 그러나 나는 그의 말을 믿지 않는다. 유대인은 아이 적부터 교육이라는 문화에 둘러싸여 자라난다. 아이가 세 살이 되면 토라와 탈무드 공부를 시작한다. 아이에게 처음으로 탈무드를 읽힐 때에 부모는 반드시 꿀물 한 방울을 책장에 떨어뜨리고 나서 아이에게 입을 맞추게 하여 탈무드에 애착을 갖도록 한다. 이것은 공부가 사람에게 매우 친근한 것임을 가르치는 일도 된다.

(3) 기도하기 위한 글 공부

유대교와 이교도 세계의 차이는 어디에 있을까?

유대 세계에서는 도덕과 교육이 인생에 있어 가장 중요하다고 생각해 왔다. 이교도 세계에서는 한쪽의 엘리트만이 교육과 도덕을 중요하게 여기고 지켜왔다. 그 나머지는 술과 여자와 돈을 도덕과 교육보다 더 중요하다고 생각했다. 여기서 한 미국 이민 가정을 보자.

소년이었을 때에 유럽에서 미국으로 이민 온 한 가난한 유대인 부부가 있었다. 이 부부는 수중에 마지막 남은 한 푼마저도 책을 사는 데 지출했다. 그들은 돈을 들여 많이 잘 차린 식탁보다는 그 비용을 아끼고 줄여서 책을 사서 읽고 공부를 했다. 이것이 곧 유대인의 세계이다. 유대인 거리(게토)에서 사람이 가장 많이 모이고 드나든 곳은 도서관이었다.

유대인 거리에서는 그 어려운 책을 도서관에서 빌려 들고 다니는 광경을 볼 수 있었다. 이렇게 교육을 더없이 귀하게 여기는 태도가 몇천 년에 걸쳐 전승됨으로써 유대인의 지적인 수준을 다른 민족에 비해 뛰어나게 하였다.

오랜 세월 동안 유럽에서는 많은 사람이 글을 읽지 못했다. 그러나 유대인들만은 누구나 글을 읽을 줄 알았다. 초등학교에서 글을 깨우쳐 주는 의무교육이 유럽에서는 현대에 와서야 정착되었지만 유대인에게는 그리 새로운 일이 아니다. 이미 몇천 년 전부터 그렇게 해온 것이다.

H.G. 웰스는 "유대교는 글자의 지지를 받아온 종교다"라고 했다. 그래서 모든 아이들이 글을 깨우쳤고 "유대인의 지적인 수준이 높은 것은 유대교가 글로써 지탱되어 온 종교이기 때문이다"라는 것이다. 예전부터 유대인은 어떤 직업에 종사하든지 글만은 읽을 줄 알았다. 그래서 어려서부터 도덕을 지키고 하나님을 공경하는 유대 세계의 한 사람으로 자라났다. 따라서 유대인은 장사를 하더라도 도덕이 얼마나 중요한지를 잘 안다.

유대인 아이들은 이런 이야기를 들으며 자라났.

부자와 가난한 사람이 같은 배를 타고 여행을 했다. 부자는 다이아몬드와 황금과 온갖 보석이 들어 있는 큰 가방을 가지고 있었다. 가난한 사람은 가진 것이 아무것도 없었다. 다만 그가 가진 것이라곤 교육뿐이었다. 그런데 그들이 타고 있던 배가 태풍을 만나 침몰하고 말았다. 부자와 가난한 사람은 모두 발가벗은 채로 구조를 받았다. 부자가 가지고 있던 보석을 몽땅 잃어버렸음은 말할 것도 없다. 두 사람이 구조받은 뒤에 많이 가진 사람은 어느 쪽이겠느냐?

이 이야기는 교육이 재산보다 더 중요함을 말한다. 가진 것이 없더라도 교육만 있으면 새로운 거리에 가서 새로이 출발하면 된다는 것이다. 이와 같은 교훈을 유대의 어머니들이 그의 아들들에게 거듭거듭 가르치면서 2천 년 가까이 이어 내려왔다.

12세기에 한 기독교인은 유대인의 교육을 살펴보고 나서 지은 책에서 이렇게 썼다.

"유대인은 아무리 가난해도, 자식이 열이면 열 명을 모두 다 교육시킨다. 모두 글을 읽을 수 있게 하는 것이다. 또, 우리는 자녀의 출세나 그들이 글을 깨우쳐 장부를 적을 수 있게 되어 물질적으로 성공하기를 바라서 교육시키지만, 유대인은 하나님께 기도드리기 위해 글을 가르친다."

탈무드에 따르면, 고대 이스라엘에서는 랍비위원회가 있어서 나라 안을 순회하며 마을마다 얼마나 잘 경비되고 있는지를 조사했다. 어느 날 한 읍에 도착한 랍비들이 읍장에게 이 읍의 방위를 어떻게 하고 있느냐고 물었다. 읍장은 한 무리의 병사를 데리고 와서 그들이 망대로 쓰는 작은 성을 가리키며 "이 병사들이 지킵니다"라고 대답했다. 랍비들은 놀라며 "그대들이 이런 식으로 한다면 이 읍의 장래가 암담하오. 이 읍은 병사들이 아니라 교육이 지켜 주는 것이오. 그대들은 왜 우리에게 학교를 보여주지 않는 거요?"라고 말했다. 유대인은 게토 바깥의 세계를 잘 알고 있었다. 모름지기 유대인만큼 이 세상을 잘 아는 세계주의적인 민족도 다시 없을 것이다. 유대인은 온 세계에 뿔뿔이 흩어져 살았을 뿐만 아니라 떠돌이 생활을 했기 때문이다.

게토는 작고 좁았다. 바깥 세계는 크고 넓었다. 중세기의 게토는 참으로 절망적이라고 할 만큼 어두운 사회였다. 그러나 유대인은 게토 안을 늘 깨끗이 하고, 책들로 채우고, 학자들의 저서를 아름답게 인쇄했고, 배움을 위해 힘썼다. 문제는 '거기에 무엇이 있느냐?' 하는 것이었다. 유대인은 유대 세계가 도의적이요 교육이 높으므로 바깥 세계보다 훨씬 넓고 크다는 신념을 줄곧 간직했다.

(4) 초등학교 교육의 특징

만 6세가 되면 모두 초등학교에 입학하여 9년간의 의무교육을 받게 된다. 교과서와 연필까지 지급되는 완전한 무상교육이다. 2학년 때부터는 음악, 미술, 공작, 체육 등의 예능계 교육을 전담하는 교사가 따로 있고, 4학년부터 생활영어를 가르치며, 5학년부터는 아랍어를 배우게 되는데, 이스라엘 어린이들은 중등학교를 졸업하면 영어회화가 능숙한 아이들이 상당수에 이른다. 학교교육에서 암기식 주입교육은 철저히 배제하며, 지능개발 교육에 중점을 둔다. 예를 들면 산수 과정에서 구구단을 외우는 일 없이 곱셈을 할 수 있게 교육한다.

초등학교 7학년이 되면 인문계와 실업계로 구분된다. 인문계를 졸업하면 인문고등학교를 거쳐 대학에 진학하고, 실업계를 마치면 실업고등학교에 진학하여 학교를 졸업한 뒤 바로 사회에 참여하게 된다.

(5) 과외수업과 예술학원

이스라엘 어린이들은 대부분 정규교육 이외에 교외에서 예능교육을 받는다. 음악 과외수업의 경우 도시에서는 공립예술학원이 세워져 운영되고 있다. 일례로 브엘세바 시립예술학원은 큰 규모가 아니라도 피아노가 50여 대에, 시간제 교사만도 100여 명이 있다. 대연주실과 소연주실이 있고, 현악기, 관악기, 타악기들이 고루 갖추어져 있다.

그런데 예술학원에는 적성검사를 실시하여 합격하여야 하며, 최소한 자기가 공부하는 악기는 반드시 구입하여 매일 집에서 한 시간 이상 연습하여야 한다. 이들은 정기적으로 주 발표회, 월 공동발표회, 연 2회 합동발표회를 연다.

(6) 학교와 학부모

학교와 학부모 사이가 이스라엘처럼 긴밀하게 협조되는 나라도 드물다. 첫째, 정기적인 학부모회의가 있다. 매월 1회 이상 반별로 학부모들이 모이게 되는데, 95퍼센트 이상의 출석율을 보이는데다 아버지들이 25퍼센트나 참석하고 있다. 이때 담임은 학교에서 가르치는 내용과 가정에서의 협조사항을 전달한다. 그리고 학급운영에 대한 학부모들의 의견이 발표되고 토론이 전개되기도 한다. 그다음 문제아의 학부형을 따로 불러 협조사항을 협의한다. 또한 2-3개월에 한 번씩 학부모를 한 사람씩 상담하여 학생의 성격, 학습태도, 가정에서의 지도사항 등을 구체적으로 지도해 준다.

둘째, 학부모교실의 운영이다. 월 1회 정도는 학부모들을 위한 공개강의를 실시한다. 즉 가정교육, 아동심리학, 학교에서의 활동 등 교육에 관한 것으로 전문가들이 초청되어 온다.

3. 이스라엘의 유치원 교사

이스라엘의 유치원 교사는 대부분 아이를 서넛 길러 본 경험이 있는 사람들이다. 이스라엘에서는 처녀나 대학을 금방 졸업한 사람들은 유치원 교사로 채용되지 않는다. 아이에 대해 많은 것을 알고 있어 아이를 잘 다룰 수 있는 50, 60대 할머니들이나 20이 넘은 어머니들에게 아이 보는 일이 맡겨진다. 이제 갓 대학을 졸업했거나 젊은 여자들은 유치원 교사가 되어 보겠다고 잘 나서지도 않는다. 이스라엘의 유치원에서는 기초 교육을 하는 교사는 유아교육에 대한 전문교육을 받은 사람들을 쓰지만, 보조교사들은 그것과는 무관하게 아이들을 실제 키운 경험이 있거나 나이가 지긋한 사람을 선택한다.

　아이들에게는 이론적인 것보다 편안하고 따뜻한 엄마 같은 익숙한 손이 더 중요하다고 인식하고 있기 때문이다. 이스라엘에서는 엄마와 아빠가 출근을 하면서 아이들을 유치원에 데려다주고 퇴근하면서 집으로 데려오는 것이 일반화되어 있다. 이스라엘 부모들은 거의 전부가 맞벌이를 하기 때문에, 엄마나 아빠의 출근길이나 퇴근길에 아이들이 부모의 손을 잡고 등·하원을 하게 되는 것이다. 유치원이 집 부근에 있어 아이를 데려다 주고 데려오는 일이 특별히 불편할 이유가 없다.

　이스라엘의 유치원 교사 수는 아이 20명을 기준으로 해서 정해진다. 아이 20명을 기준으로 했을 때 한 반에 필요한 교사는 보통 3-4명 정도다. 아이를 가르치는 선생님과 보조교사, 당번제로 나오는 아이들의 어머니, 어느 때는 대학에서 유아교육학을 전공하고 있는 실습생까지 보태져서 3-4명이 되는 것이다. 아이들에게 기초교육을 지도하는 교사 외에 아이들의 뒤치다꺼리를 하는 보조교사는 주로 할머니들의 차지이다. 할머니들은 아이의 기저귀를 갈아 주고, 아이가 어디 아픈 데는 없는가 불편하지는 않은가를 살피고, 아이와 함께 놀아주면서 마치 친손주를 거두듯이 아이들을 보살펴 준다.

　할머니 보조교사들은 간식을 줄 때도 일률적으로 만들어 주는 것이 아니라 아이의 입맛에 따라 간식을 만들어 먹이고, 아이가 갑자기 울거나 짜증을 내는 등의 위급한 상황에도 잘 대처한다. 그리고 엄마와 떨어져 자칫 정에 굶주리기 쉬운 아이들을 푸근하고 따뜻한 정으로 보살펴 주기 때문에 아이들은 심리적, 정서적으로 안정된 상태로 자라게 된다.

　어떤 사람들은 할머니의 손에서 아이가 자라게 되면 버릇이 없거나 비합리적으로 자랄 우려가 있다고 생각한다. 그러나 이스라엘에서는 할머니 보조교사들과 부모 양쪽이 친밀한 교류를 통해 하나의 일관된 기준을 세워 두고 아이를 기른다. 그렇기 때문에 합리적이지 못할 것이라는 걱정은 할 필요가 없다.

아이를 맡겨 둔 어머니들은 일을 마치고 유치원으로 와서 집으로 아이를 데리고 돌아갈 때, 그날 하루 아이의 상태가 어떠했는지를 자세히 묻는다. 잘 놀았는지, 어디가 아프지는 않았는지, 뭘 먹었는지 등 이스라엘의 엄마들은 유치원 교사에게 거리감이나 부담감을 느끼지 않는다. 그래서 아주 친근하고 편안하게 아이에 대한 온갖 것을 다 묻는다.

4. 평생교육

'사람은 일생 동안 배우도록 만들어져 있다'는 것이 유대인이 가진 기본적인 생각이고 신념이기도 하다. 아무리 지혜가 있는 사람이라도 배우는 일을 그만두는 것은 용납되지 않는다. 그만두는 그 순간, 이때까지 배운 것을 갑자기 잃게 된다고 유대인은 생각하고 있다. "20년 동안 배운 것도 2년이면 잊는다"는 충고를 잘하는 것도 그 때문이다. 바꾸어 말하면, 사람에게는 '현명한 사람'과 '어리석은 사람'의 구별이 아니라 '배운 사람'과 '안 배운 사람'의 구별이 있을 뿐이라고 할 수 있다. 그리하여 '안 배운 사람'은 '사람'이 아닌 것으로 되어 있다.

아이들이 지속적으로 배워 마음에 새기듯이 자녀들을 가르치기 위해서는 부모 자신이 배우기를 그쳐서는 안 된다. 이렇게 날마다 배움에 힘씀으로써 비로소 부모는 자녀의 교사일 수가 있는 것이다.

탈무드 속에서 유대인은 옛날부터 '책의 민족'이라고 불리고 있다.

탈무드에 나오는, "돈을 빌려 주기는 거절해도 좋으나 책을 빌려 주기를 거절해서는 안 된다"는 말이 있다. 유대인이 다른 민족으로부터 박해를 받은 것도 그 근본 이유를 말하자면, 그들이 책으로 새로운 지혜를 획득하여 정의를 강하게 주장하지 않을까 하는 두려움 때문이었다고 할 것이다.

탈무드 율법이 말하는 것처럼 책은 만인의 공유물이며, 만인은 배움의 의무를 지고 있다. '책의 민족'이라는 전통은 유대인이 사는 곳이면 어디서나 볼 수 있는 독특한 모습이다. 가령 유대인 비즈니스맨을 놓고 보면, 아침에 통근 전차 속에서 탈무드를 공부하고, 저녁에 집에 돌아오는 전차에서 또 탈무드를 공부한다. 안식일에는 몇 시간이나 탈무드에 골몰하는 사람도 많다. 일생 동안 읽어도 다 못 읽을 탈무드이므로 한 권만 다 읽는 것도 유대인으로서는 다시 없는 기쁨이 아닐 수 없다. 그래서 한 권을 배우고 나면 친족이나 친구를 불러 축하 파티를 연다.

유대인은 이렇게 학문에 대한 열정을 일생 동안 가지는 것을 큰 자랑으로 삼고 있다.

이러한 환경 속에서 자라난 유대인은, 한국인이 학교를 마치고 나면 배움을 그만두어 버리고 손에 드는 책이란 겨우 주간지 정도라는 말을 들을 때 참 이상한 일이라는 생각을 한다. 한국에서는 아직 재학 중인 대학생도 괴로운 시험을 통과하여 입학을 하고 나면, 공부에 대한 의욕을 잃어버리고 노름이나 스포츠로 4년의 세월을 보내는 사람이 많다는 이야기를 듣고 유대인들은 놀란다.

한국에서는 배움을 직업이나 결혼을 위한 패스포트 정도로 생각하고 있는 것이 아닐까. 이렇게 해서 어머니가 되고 아버지가 되고 나면, 힘써 몇십 년을 학교에서 배웠던 것을 완전히 잊어버리고, 마치 학문하고는 인연이 없는 사람처럼 되어 버린다. 이러한 한국인이 자녀교육을 위해 그토록 열정을 불태우는 것은 참 웃기는 일이 아닐 수 없다. 배움과 인연이 없는 생활을 계속하는 부모가 아이들에게 장차 사람으로서 살아가는 모델이 될 수 있다고는 도저히 생각할 수 없다.

5. 성인 교육의 실천

이스라엘의 교육은 개척정신을 높이고 이를 적극적으로 선양하여 사막과 건조지대를 개간하여 옥토로 바꾸어 나갔다. 이러한 교육은 '유대인 의식'을 불어넣어 주는 종교교육에서 비롯하여 학교교육 이외의 사회교육 체계에서 평생교육으로 이루어지고 있다.

유대교의 종교의식에 따라 생후 8일 만에 할례를 받는 것으로 시작되는 종교교육과 유치원 교육, 그리고 학교교육을 거쳐 각종 청소년 교육과 성인 교육이 계속되고 있다. 이중 성인 교육의 몇 가지 내용을 살펴보면 다음과 같다.

건국 이후의 성인 교육은 해마다 세계 각국에서 모여드는 유대인 이민자들의 사회적, 문화적 통합의 한 과정으로 실시되었다. 해외에서 이주해 오는 모든 이민자들은 울판학교에서 6개월 동안 생활하면서 히브리어와 유대인 문화, 그리고 이스라엘의 생활방식을 배운다. 이로써 훌륭한 이스라엘의 시민이 되게 하여 이스라엘 사회에서 문화적인 차이를 극복하게 한다.

또한 이스라엘의 산업발전에 따라 새로운 지식과 기술을 익히기 위하여 직업교육으로서 재교육이 실시되고 있다. 그리고 유대인 성인들은 각 교회와 종교학교에서 주관하는 토라 연구와 주일학교에 참여하여 성경과 문학, 역사, 문화 등을 공부한다. 특히 이스라엘의 국방군교육도 성인 교육의 중요한 몫을 차지하고 있다. 국방군교육은 방위교육 이외에 정신교육으로 일체감을 조성하고, 문화교육을 실시하여 현대사회에서 시민생활을 하는 데 유익한 교육을 제공하고 있다. 군인들은 교육 수준에 따라 분류되며, 그 정도에 따라 교육을 실시한다.

한편 키부츠 교육도 이스라엘의 발전에 크게 기여한다. 키부츠 사회는 협동사회이며, 자발적 사회이고, 평등사회, 참여사회의 특징을 지니고 있다. 이들 교육은 지역사회의 발전을 도모하고, 국가발전 목표의 이행을 위한 가장 최신의 기술과 과학적 방법으로 최고의 자격을 갖춘 지적 노동자를 육성하는 데 있다. 따라서 이스라엘은 모든 교육을 통하여 사회건설 지향을 실천하고 있다.

6. 이스라엘 교육의 특징

이스라엘의 교육은 그 제도적인 면에서나 실제에 있어서 몇 가지 특징이 있다. 유대교의 성서에 기본을 두고 다양한 복합문화권에서 통일성을 위하여 노력하고 있으며, 교육의 기회균등, 지역사회 학교의 운영, 산학협동 체제의 실현 등을 이루고 있다. 따라서 이스라엘의 교육은 사회건설에 있어서 주도적인 역할을 하고 있는 것이다.

이스라엘은 교육입국의 기본사상 아래 교육을 통한 사회개혁과 국가발전을 기도하고 있으며, 이러한 교육의 중요성을 모든 정당, 사회단체가 다 같이 느껴서 교육사업에 적극 지원하고 있다. 이는 사회발전에 있어서 교육발전이 공헌한 바가 크다는 것을 말해 주는 것이다. 이와 같은 이스라엘 교육의 여러 특징을 요약해 보면 다음과 같다.

첫째, 이스라엘 교육은 개척정신을 높이고 이를 적극적으로 실천하였다. 그리하여 사막과 건조지대를 개간하여 옥토로 바꾸어 농업발전을 이루어 갔다.

둘째, 이스라엘 교육은 오늘날 우리가 관심 깊게 다루고 있는 평생교육을 실천하고 있다. 고대로부터 유대교라는 종교의식을 통하여 종교적 전통과 풍속에 따라 가정에서, 유치원에서, 학교에서, 그리고 청소년운동 등 사회에서 히브리어와 유대 풍속과 전통 및 히브리 문화를 전수하고, 이를 그들의 독특한 생활방식을 통하여 실천하고 있다.

셋째, 이스라엘은 교육의 지방자치제를 실시하고 있다. 문교성에서는 교원들의 봉급과 인사, 그리고 교과과정에 관한 것을 관장하고, 나머지 행정은 지역자치제에 의하여 운영되며, 지역사회 학교교육을 최대한 실천하고 있다.

넷째, 교육의 기회균등을 최대한 실천하려 하고 있다. 이스라엘 시민은 유대 민족이 아니더라도 평등하게 교육의 혜택을 받도록 한다. 전 인구의 1/7에 해당하는 아랍인을 위한 학교를 국립에 편입시켜 똑같은 행정지원을 해주고 있다. 신체장애자를 위한 특수교육 시설이 아주 잘되어 있고, 학습부진아에 대한 과외 특별수업 등으로 교육기회의 균등을 실천하고 있다.

다섯째, 이스라엘 교육에서 가장 중요한 것은 유대인에게 유대인임을 느끼도록 강조하는 유대인 의식교육을 유아 때부터 철저하게 실행하는 것이다. 유대인의 얼을 지키기 위해 각급 학교의 모든 교과과정에서 이 유대인 의식교육에 역점을 두고 있다. 이 교육을 통하여 애국심이 솟아나게 되고, 국난을 극복하는 슬기로운 힘이 용솟음치게 된다.

끝으로, 군정신교육의 측면에서 보자면, 일반 교사들이 군교육기관에 강사로 채용되며 밀루임이라는 예비군부대에 교관으로 응소하는 한편, 군에서는 일반 교육기관에 위탁교육을 대량으로 보내고, 또한 고등학교 학생 대부분이 가드나(Gadna)에 가입됨으로써, 이들에 대한 군사훈련을 군 교육관이 담당함에 따라 군과 일반 학교 간에 밀접한 유대관계를 맺게 되며, 상호 협조하는 가운데 군정신교육이 이루어지고 있다.

7. 옷이나 돈보다는 책이 먼저

안식일에만 유대인의 교육적인 분위기가 이루어지는 것은 아니다. 유대인은 일주일 내내 교육적인 분위기 속에서 지낸다. 물론 이것은 공식적인 학교제도와는 다르다.

이븐 데이븐은 고대 유대 철학자들의 말을 아라비아 말에서 히브리 말로 옮김으로써 그의 이름을 남겼다. '책'에 대해서 그는 이렇게 말한다.

"책이 그대의 벗이 되게 하라. 책을 그대의 동반자로 삼아라. 책장을 그대의 낙원으로 삼아라. 그대의 과수원이 되게 하라. 그 낙원에서 노닐어라. 그리고 좋은 과일을 따 모아라. 거기서 꺾은 장미로 그대를 장식하라. 후추 열매를 따라. 뜰에서 뜰로 거닐며 아름다운 경치를 끊임없이 바꾸어 가며 보라. 그리하면 그대의 희망은 늘 신선하며, 그대의 심령에는 기쁨이 넘쳐 흐를 것이다."

한 유대인이 회상하는 다음의 이야기는 책을 사랑하는 그들의 문화를 잘 드러내 준다.

"어릴 때에 나는 나름으로 책을 모았다. 다른 민족의 아이들이 동전이나 우표 모으기에 열중해 있을 때에 나는 책을 모으는 데 힘을 기울였다. 우리 집은 가난해서 책장을 살 만한 여유가 없었다. 그래서 나는 시장에 나가서 오렌지 빛깔의 나무를 주워 와 그것으로 책 상자를 만들었다. 이 상자는 세로로 한 개의 얇은 판을 세우고 가로로는 좌우에 두 개의 판을 붙여서 네 개의 책 선반으로 뜯어 고칠 수가 있었다. 물론 상자 위에도 책을 얹을 수 있도록 했다. 나는 히브리 말로 된 책, 영어로 된 책, 과학 책, 중국의 공자(孔子)에 관한 책, 그 밖에 여러 고전들을 모았다. 이렇게 해서 시작된 나의 책 모으기는 지금은 5천 권 분량에 이르렀다. 이렇게 해서 책은 내 생활에서 가장 중요한 부분을 차지하고 있다. 내가 아직 결혼하기 전의 일인데, 처가가 될 집에 처음으로 초대를 받아 갔을 때이다. 아내 될 사람의 부모에게 인사를 하고 잠깐 이야기를 하다가 장인 될 분의 서재에 있는 책에 홀딱 빠져 혼자서 몇 시간이나 나오지 않은 일이 있었다…."

유대인에게 책은 그만큼 관심거리도 되고 중요하기도 하다. 유대인은 자기의 생각이나 입맛에 맞는 책만을 골라 읽지는 않는다. 자기와 생각을 달리하는 책도 읽으려고 애쓴다. 지식을 넓히기 위해서이다.

14세기의 저명한 계몽가 임마누엘은 그가 지은 책에서 "그대의 돈을 책을 사는 데에 써라. 그 대가로 거기서 황금과 지성을 얻을 것이다"라고 했다. 또 그는 "만일 잉크가 책과 옷에 동시에 묻었거든 먼저 책에 묻은 잉크부터 닦아내고 난 다음에 옷에 묻은 잉크를 처리하라. 만일 책과 돈을 동시에 땅에 떨어뜨렸거든 먼저 책부터 집어 올리라"고 일렀다. 한편으로 그는 "책은 읽기 위한 것이지 장식해 두기 위한 것은 아니다. 책은 존경하는 마음으로 다루어야만 한다"라고 말했다.

8. 모방과 개선은 창조의 원동력

창조적인 모방이란 무엇일까?
"창조적인 모방이란 필요한 때에 알맞게 바꾸는 것과 이미 존재하는 것의 효율성을 포함하는 것이다. 예를 들면, 노트북은 가정용 컴퓨터를 모방해서 발전시킨 것이다. 매트리스는 갈대 매트를 모방해서, 자동차는 마차를 모방해서, 자동문은 대문을 모방해서 발전시킨 것이다."

유대인들은 모방과 개선 및 창조로 무엇이 되었는가를 생각한다. 예를 들면, 유대교에서 가장 중요한 의식인 할례가 발달되어 있다. 유대인들이 그것을 발명한 건 아니다. 유대인의 조상인 아브라함이 할례를 하라는 안내 책자를 받았다고 한다.

그뿐 아니라 고대 이집트인들과 유대인들이 그 의식을 행한 것보다 아주 오래전에, 가나안인들과 페니키아인들 사이에서도 행해졌다. 유대인들은 그 의식의 근본적인 의미를 바꾸어 정신적이고 역사적인 의미를 부여했다. 그래서 13세부터 행하던 의식의 나이를 생후 8일째가 되는 날로 정하고 그날 아들에게 할례를 받게 했다. 그것은 하나님과 유대 민족 사이에 영원한 계약을 상징하는 의식이었다. 약간 달라진 점은 종교적인 의미만을 담지 않게 되었다는 것이다. 훗날 의사들은 포피가 병균들을 끌어당기는 곳이니까 나이가 어렸을 때 포피를 제거하는 것이 좋다는 데 의견을 모았다.

유대인들은 어떤 문화를 접하게 되면 그것을 더 자신들의 것으로 바꾸었다. 가나안 사람들로부터 땅을 경작하고 집을 짓고 재산을 임대하거나 매매하는 방법, 상법을 가져왔다. 사실 유대인은 가나안 문명으로부터 많은 기본 원리를 가져다가 사용했다. 종교적인 면에서 유대인들은 가나안 사람들로부터 명절과 십일조, 첫 추수한 과일은 하나님께 바치는 원칙을 받아들였다. 그러나 가나안 사람들의 우상만은 믿지 않았다. 자신들의 하나님을 믿었다. 이 모든 사실은 유대인들의 개방성과 융통성을 보여준다. 시간이 좀 더 지난 뒤에는 어떻게 되었나 보자.

그들은 이스라엘과 이집트의 유대인 지식인들에게 영향을 미친 그리스 철학자들의 책과 호머의 작품을 읽었다. 그들 중 일부는 탈무드나 시나이 산에서 그들의 조상인 모세가 받은 율법 속에서 자신들의 길을 찾았다. 산헤드린이나 유대교 법정은 그리스의 의회인 '시네드리온'의 영향을 받은 것이다. 미쉬나, 탈무드, 미드라쉬에 나오는 용어도 그리스어에서 온 것이 많다. 예를 들어 히브리어의 '카테고르'라는 낱말은 '고소인'이라는 뜻인데, '카테고러스'라는 그리스어에서 왔다. 히브리어로 '관리인'이라는 뜻을 가진 '아포트로푸스'라는 단어도 그리스어 '애피트로포스'에서 온 것이다.

누가 먼저 아이디어를 떠올렸는지는 중요하지 않다. 중요한 건 누가 그것을 가장 잘하는 승리자가 되느냐 하는 것이다. 유대인들은 그렇게 되기 위해 노력했던 것이다. 어느 시대 어느 장소든 그들은 깨인 머리로 마음을 열어 놓음으로써 주변의 모든 사물을 효과적으로 취할 수 있었다. 여러 나라에 흩어져서 살았지만, 크고 작은 공동체가 하나 되어 그 안에서 매일매일 만나면서 삶을 함께했다.

그들의 관심을 끌었던 것은 의복의 형태, 가구나 음식과 같은 물질적인 것들을 비롯해서 카슈루트 법(유대교의 음식 및 요리에 관한 법)을 따르는 것, 같은 문화 속에서 지적인 생각을 하는 수준에 이르는 것이었다. 대부분의 사람들은 새로운 생각에 열려 있지 못하다. 자기 생각이 항상 뛰어나고 가장 정확하다고 생각한다. 자기가 항상 완벽하다고 생각하는 그 점이 바로 우리의 문제다.

프랭크 시나트라의 노래를 들으면 이런 가사가 나온다. "나는 내

방식대로 살아왔다." 바로 그게 문제라는 것이다. 사고가 열려 있으면 돈과 노력, 시간을 절약할 수 있다. 세상을 꼭 멀리 떠돌아다니지 않더라도 새로운 현실과 아이디어를 찾을 수 있다. 현실은 우리의 코앞에 넓게 펼쳐져 있다. 허리를 굽혀서 그 현실을 끌어올리고 바꾸려고 노력하면서 다른 방향으로 틀을 잡아가는 것이 중요하다.

9. 유대인들은 주변에서 멘토를 찾는다

대부분의 사람들은 다른 데서가 아닌 자신의 실패와 성공을 통해 배운다. 크게 성공한 사람들도 일을 해나가면서 셀 수 없을 만큼 많이 변화를 주고 현실에 맞추려고 한다. 시도하고 실패해 보는 건 좋은 일이다. 다만 한 가지 문제는 그리 넉넉하지 못한 시간이라는 자원이다. 지금 자신을 돌아보자. 학문의 발전을 강력하게 추진하는 방법이 보이지 않는가? 다른 사람들은 이와 같은 결과를 얻기 위해 몇 년의 노력이 필요했는데, 우리는 단 몇 분 만에 그걸 얻었다. 시간을 많이 들일 필요 없이 크게 성공한 다른 사람들의 결과물을 재구성하면 된다.

예외적인 행동이 예외적인 결과를 낳는다. 남들이 어떻게 하는지를 배워서 그 내용을 비슷한 상황에 적용시켜 보아야 한다. 내가 그 성공한 것을 재구성할 수 있느냐 하는 게 문제가 아니라 내가 어떻게 그것을 하느냐 하는 것이 핵심이다. 그런 전략은 제대로 된 사람에게 배워야 한다. 그 이야기는 우리가 이미 이야기했던 모방에 대한 내용이다. 그건 모방이 아니다. 모방을 넘어서는 것이다. 복제라고 표현해 둘까? 복제를 통한 재생산이다.

사업의 경우라면 남들은 그 분야에서 어떻게 하는지를 보자. 어떻게 이야기하고, 어떻게 생각하며, 어떤 시간에 무엇을 하는지, 하루 일정은 어떤지를 배우게 된다. 우리는 꼭 그렇게 하려고 의도하지 않았어도 삶 속에서 다른 사람들을 모방하게 마련이다. 아이가 걸어가는 모습이 엄마가 걷는 모습과 꼭 닮은 경우를 본 적이 있을 것이다. 아이가 스페인어 단어를 하나도 모르는데 아버지의 스페인어 액센트를 그대로 흉내 내는 경우도 있다.

의식적으로 모방하는 행위는 사업에서 성공의 요소가 된다. 맥도날드의 모든 지점, 스피드 피자 이런 회사들은 모든 지점들이 판박이다. 동일한 식기, 같은 종류의 감자, 같은 반죽을 사용하니까 말이다. 성공한 곳을 그대로 본뜨는 이유는 첫 번째 지점이 성공을 거두면 그와 똑같은 방식의 지점을 여는 것과 같다. 개업하기 전 훈련을 시키고 나서 "자네, 많이 배웠지?"라는 질문의 진정한 뜻은 '모방할 만한 모델을 찾았지?'와 같다. 옛말에 "지혜로운 자들이 지혜로워질 것이다"라는 속담이 있다.

옛 현인들은 같은 현자들의 학문에 대해 언급하지 않고 그들이 정확하게 어떤 길을 걸어갔는지를 강조한다. 왜냐하면 모든 학문이 숫자를 배우고 교실에서 강의를 듣는 것이 아니기 때문이다. 사업을 하는 사람이라면 '무언의 지식'이란 개념을 알 것이다. 경험이 풍부한 전문가에게는 구체적인 지식이 있다. 머릿속에 숨어 있는 지식은 예외적이고 특별한 상황이 되어야만 밖으로 드러난다. 그 지식을 어떻게 그에게서 끄집어내어 다른 사람이 사용하게 할까?

전문가가 몇 시간 동안 이야기를 하더라도 매우 구체적인 내용들을 놓치는 경우가 많다. 옛 현인들이 말하기를, 정보를 찾는 방법은 지혜로운 사람들과 항상 교류하는 것이라고 했다. 학생들은 자기들의 스승인 랍비들의 행동이나 습관 하나하나를 눈여겨보며 관찰하곤 했다. 랍비들이 어떻게 먹고 마시며 일어나고 잠자러 가는지, 어떻게 서 있고 앉아 있는지를 살펴보고 배웠다.

랍비가 잠자는 모습을 관찰하는 것 말고도 랍비와 함께 목욕탕에 갔다고 하자. 낯선 사람들과 더불어 알몸으로 목욕을 하면서 지도자의 겸손함을 배우기 위해서다. 옛날에는 랍비의 제자들을 이용하거나 랍비들을 이용하는 관습이 있었다. 학생들이 랍비에게 수업료를 내고 존경하는 랍비의 모든 것을 배우기 위해 랍비를 시중드는 일을 맡아 했다. 당시로서는 무척 일반적인 일이었다. 예언자들의 아들도 예외는 아니었다. 아버지인 예언자의 시중을 들고 그들의 뒤를 따라다녔다. 이미 말했듯이, 랍비는 아버지만큼 중요한 존재이기 때문에 학생들은 항상 랍비의 은혜에 보답해야 한다.

자기 분야에서 뛰어난 모방의 모델이 되는 사람들은 자신들을 보여주는 것만으로도 하루에 수천 달러를 번다. 예를 들어 랄프 로베르타스는 미국에서 가장 성공을 거둔 사람으로, 세계에서 판매를 가장 잘하는 사람으로도 손꼽힌다. 그는 어떤 미팅에 가든지 자기 뒤에 줄을 서는 것을 허락해 주기만 해도 그걸로 수백만 달러를 벌었다. 그렇다면 그런 행위에도 큰돈 들이지 않고 잘 알려진 사람들로부터 배울 만한 것이 있다는 뜻이다. 결국 존경할 만한 사람을 골라서 그의 아이디어를 배우고 잘 흡수할 수 있는 방법을 찾는 것이다.

랍비의 뒤를 따라 걷는 것은 유대인만 그런 것은 아니다. 정통 유대교인과 유대교를 믿는 사람들은 과거에도 현재에도 앞으로도 언제 어디든지 존재할 것이다. 예수를 따르는 사람들도 그를 따라다녔다. 아리스토텔레스와 플라톤을 따르는 제자들도 마찬가지였다. 카리스마가 있고 훌륭한 지도자들의 교실에는 제자가 늘 부족하지 않았다. 유대교에서도 사람들이 눈을 크게 뜨고 랍비를 따른다.

하지만 문제되는 사람들은 그런 사람들이 아니라, 절대적으로 믿고 따르는 나머지 사물을 스스로 균형 잡힌 방식으로 생각하고 분석하는 능력을 잃은 사람들이다. 랍비가 내면의 새로운 생각을 말할 때마다 객관성을 잃고 달리 생각도 하지 않고 아멘을 외치는 사람들 말이다. 이것은 유대교의 방식도 아니다. 이런 사람은 패배주의자에 지나지 않는다. 유대교의 지성과 완전히 반대되는 방식이다. 두뇌를 빼앗아가고, 개인의 존재와 개성을 비워 버리는 것이다. 즉, 길들여지게 하는 것이다. 또 다른 글에도 분명히 이렇게 쓰여 있다. "한 사람의 랍비에게서만 토라를 공부하는 학생은 영원히 축복의 신호를 보지 못할 것이다"라고 말이다.

10. 공부는 자기에게 가장 알맞은 장소에서

현인들의 지혜를 모은 책에 보면 "공부는 각자 마음에 드는 장소에서 살할 수 있다"라고 쓰여 있다. 각지 공부를 하고 기어을 잘할 수 있는 시간과 장소, 수준이 모두 다르니까, 유명한 현인들은 자신들의 공부를 방해하는 외부 요인이 무엇인지 연구하기도 했다.

기억과 망각 문제를 다룬 책에 나와 있다. 그 책은 1887년 예후다 하이만이 쓴 것이다. 우리가 이미 이야기한 것들이 나와 있는데 이런 내용이다. '어떤 사람들은 시끄럽고 소음이 가득한 곳에서도 전혀 방해받지 않고 글을 쓰고 책을 읽으며 공부할 수 있는가 하면, 또 다른 사람들은 반드시 조용한 곳에서만 공부를 할 수 있다. 즉 어디서든 앉아서 공부할 수 있는 사람이 있고, 항상 책상 앞에 앉아서만 공부할 수 있는 사람도 있다'는 말이다. 강가에서 공부하는 유대인 이야기도 읽었는데, 그에게 강이란 장소는 생각을 넓히고 기억력을 좋아지게 하는 곳이었다. 공부하고 싶은 마음과 공부에 대한 기쁨, 공부를 하겠다는 굳은 의지가 생기는 곳이라는 것이다.

공부를 하는 장소는 공부하는 사람의 마음과 정신이 원하는 곳이어야 한다. 그런 장소만이 그 사람의 생각을 넓혀 주는 역할을 한다는 것이다.

혼자 공부할 때는 유혹하는 것들도 있고, 공부를 하기 싫다는 생각도 든다. 혼자서 책상 앞에 앉아 공부를 하다가 '1분만 쉬었다가 하자', '냉장고에서 먹을 것 잠깐 꺼내 먹고 하자', '10분만'이라고 하기도 하고 더 줄여서 '딱 1분만, 아니 1초만 친구에게 전화 걸고 다시 공부해야지' 그러기도 한다. 그런 경우는 주로 혼자서 공부할 때 생긴다. 그것이 친구와 함께 공부해야 하는 확실한 이유도 되고, 서로의 주장을 펴면서 공부를 하다 보면 자연스럽게 효율적인 공부를 하게 되고, 쉽게 유혹을 받지도 않게 되며, 마음이 느긋해져서 노력을 게을리하는 일도 줄어들게 된다.

그럼 카페에서 혼자 공부하는 건 도움이 안 된다는 것인가? 그렇지 않다. 그래도 첫째, 카페에서는 완전히 혼자가 아니다. 답답하게 집에 갇혀 있다는 생각 대신 다른 사람들이 놀 때 나도 논다는 생각이 든다. 주위에 사람들이 있는 분위기 좋은 카페는 바로 집에서 혼자 꿈꾸던 그런 분위기와 같다.

둘째는, 랍비가 말씀하신 것처럼 집에서보다 유혹이 적다는 것이다. 텔레비전이라든가, 언제든지 뭔가를 꺼내 먹을 수 있는 냉장고가 없다. 있는 거라곤 커피와 자기 자신뿐이다. 사람을 불러다 돈만 지불하면 중간에 일어나서 커피를 가지러 가야 하는 번거로움도 없고, 그저 앉아서 커피를 마시면서 공부만 하면 된다는 것이다.

제2장

유대인
부모의
위상

1. 엄마는 집안의 영혼

로마 황제가 랍비에게 물었다.

"여자는 남자에게 어떤 존재인가? 듣자니 유대인의 신은 아담의 갈비뼈를 하나 빼서 여자를 만들었다는데, 그렇다면 유대인의 신은 도둑이 아닌가?"

"그 자리에 있었더라면 경찰을 불렀어야 했겠군요."

랍비 가브리엘은 곧이어 이렇게 덧붙였다.

"어젯밤에 우리 집에 도둑이 들어서 은수저를 훔쳐 갔습니다. 그런데 금으로 된 술잔을 두고 갔네요."

"허, 그것 참 대단한 행운이군."

"그렇습니다. 신께서 여자를 주신 것도 그와 똑같은 얘기입니다."

남자가 여자와 함께 있으면 잃는 것도 있지만, 황금의 잔이라는 평생의 반려자를 얻는다는 뜻이다(탈무드).

2008년 6월 출판돼 세계적인 베스트셀러가 된 《수웨이》(Sway)는 이스라엘에서 태어나 미국으로 이민 온 롬 브래프먼(37세)과 오리 브래프먼(35세) 형제의 작품이다. 롬은 플로리다 대학에서 심리학 박사 학위를 받았고, 동생 오리는 스탠퍼드 대학 MBA 출신이다. 두 사람은 30대에 베스트셀러 작가가 된 비결을 "어머니 덕분"이라고 말한다. 자신들은 비록 머리가 뛰어나지 않았지만, 어머니가 공부에 흥미를 잃지 않도록 끊임없이 자극을 주었기에 오늘날의 성공이 가능했다는 설명이다. 롬의 얘기를 들어보자.

"어렸을 때 어머니는 우리 형제가 학교에서 돌아오면 늘 물어보셨어요. '오늘은 선생님에게 어떤 질문을 했니?' 그렇게 매일 물어보시니까 궁금한 게 없는 날에도 일부러 질문을 만들어내어 선생님께 여쭤봐야 했지요."

매일 선생님에게 질문을 하게 함으로써 공부에 흥미를 갖도록 유도한 어머니 덕분에 이들은 젊은 나이에 세계적인 베스트셀러 작가로 우뚝 설 수 있었다.

"세계를 움직이는 것은 미국이지만 미국을 움직이는 것은 유대인"이라는 말이 있다. 그만큼 유대인 엄마들은 세계를 움직이는 걸출한 인물들을 길러 왔다. 정신분석학의 창시자 프로이트는 "내가 위대한 인물이 되려고 노력한 것은 어머니가 나를 믿어 주었기 때문"이라고 했다.

학습부진아 아인슈타인을 과학 천재로 만든 것도 엄마의 인내심과 슬기로움이었다. 아이가 아무리 질문을 많이 해도 화를 내거나 귀찮아하지 않고 정성껏 대답해 줬다. 모르는 것은 솔직히 모른다고 얘기하고 함께 답을 찾아나갔다. 아이가 당장은 성적이 떨어지고 엉뚱한 행동을 하더라도, 아이의 잠재력을 믿고 장점을 찾아서 키워 주려고 애썼다. 아들은 남과 다른 것일 뿐 다른 능력을 갖고 있다고 믿은 엄마의 끊임없는 격려와 칭찬으로 아인슈타인의 그 특별한 수학적 재능이 만개할 수 있었다.

가정교육에서 엄마의 존재가 결정적인 또 다른 이유는, 가정 내에서 남편을 '아버지'로 세워 주는 이도 결국 엄마이기 때문이다. 탈무드는 엄마를 '집안의 영혼'이라고 표현하면서 곳곳에서 여인의 현명함과 소중함을 강조한다.

"네가 남편을 왕처럼 존경한다면, 그는 너를 여왕처럼 떠받들 것이다. 그러나 네가 하녀처럼 행동한다면, 그는 너를 하녀처럼 취급할 것이다. 네 남편의 친구를 만나러 가는 데 동행할 때는 목욕을 하고 옷을 단정하게 입고 나가야 한다. 남편의 친구가 집에 놀러 오거든 정성을 다해 극진히 대접하라. 그러면 남편이 너를 소중하게 여길 것이다. 항상 가정에 마음을 쓰고, 남편의 소지품을 소중하게 다뤄라. 그러면 그는 기뻐서 네 머리에 왕관을 씌워 줄 것이다"(탈무드).

그래서 극단적으로 표현하자면 "유대인은 어머니가 유대인이어야 유대인이다"라고까지 말한다. 아버지는 한국인이든 중국인이든 상관없다. 어머니가 유대인이면 그 자녀는 무조건 유대인이다. 아버지가 아무리 훌륭한 유대인이라도 어머니가 유대인이 아니면 그 자녀는 유대인이 될 수 없다. 오직 유대인만이 어머니를 민족의 정통성을 판별하는 기준으로 삼고 있다. 어머니는 최초의 선생님이자 유대민족의 조국과 미래를 책임지는 자녀들을 양육하는 소중한 존재이기 때문이다.

한국의 어머니들도 유대인 못지않게 남편과 자녀들에게 헌신적이다. 특히 자식 잘되게 하는 일이라면 무엇이든 마다 않고 희생할 자세가 되어 있다. 그런데 안타까운 것은 갈수록 자녀교육에 있어서 지식교육과 지식 주입에만 열중하고 있다. 전인교육을 위해 교육방법을 바꾸어야 한다. 인성교육이 중요함을 인지해야 한다.

2. 구약의 모세를 가르치는 유대인 아버지

1967년 제3차 중동전쟁이 발발했을 때, 이스라엘이 아랍 전체와 싸워 승리를 거두게 했던 장군 이름이 모세 다얀(Moshe Dayan)이다. 이스라엘에서 '모세' 하면 지도자를 떠올릴 정도로 이 이름은 상징적이다. 모세는 기독교권보다 유대인 남자들에게 흔한 이름이다. 그 이유는 모세는 유대인들을 이집트 파라오에게서 구해낸 영웅으로, 유대인 아버지들이 아들에게 모세라는 이름을 즐겨 붙이기 때문이다. 이스라엘의 아이들은 어릴 때부터 성경을 통해 모세에 대해 귀에 박히도록 배워 왔다. 또한 이스라엘 대학생들이 쓴 논문 가운데 모세만큼 다양한 주제로 다뤄지는 인물도 역사상 없다.

모세가 창세기, 출애굽기, 레위기, 민수기, 신명기와 같은 5권의 성경을 직접 썼다고 전해오기에 이를 모세오경이라고 부른다. 그가 태어나기 전 기록은 구전으로 듣고 배운 것을 옮겨 적었으며, 그 당시 그가 겪은 모든 사건도 성경에 적었다. 무려 기원전 1400년보다 더 이전의 일이었으며, 우리나라로 생각해 보면 단군시대 중반이었을 것이다. 그 시대에 모세는 이미 문자로 성경을 기록하고 숫자를 만들있으며 철학, 수학, 문학에 통달했다.

모세는 이집트에서 유대 노예를 괴롭히던 인물을 살해했는데 이 일이 발각되어 미디안 평야로 도피한다. 그는 거기서 외롭고 쓸쓸한 삶을 살았다. 결혼을 하고 자녀를 낳으며 양치기로 40년을 살았던 것이다. 여호와 하나님은 모세가 80세 때 그를 불러내 이집트 탈출의 지도자로 삼았다. 최근 고고학이나 금석문학(金石文學) 연구 결과를 보면, 성경에 기록된 유대인 무리의 이집트 입국, 이집트 탈출, 여호와 유일신 종교의 채용, 가나안 정복 등 그 대체적인 줄거리가 역사적 사실에 아주 가까운 것으로 인정되고 있다. 더불어 이 역사적 사실의 중심인물로서 모세의 실제성이 매우 높다고 한다.

상당수 학자들은 모세를 이스라엘의 종교지도자이자 민족 영웅으로 보며, 대탈출 시기를 기원전 13세기경으로 추정하고 있다. 반면 기독교인들은 구체적으로 기원전 1446년으로 받아들이고 있다. 모세는 이집트 탈출 후 여호와의 명으로 홍해를 건너는 기적을 보인 후 광야에서 40년간을 유랑하다가 팔레스타인 입성 직전에 숨을 거두었다. 그의 나이 120세였다.

이 같은 파란만장하고 기적적인 생애를 산 모세를 배우고 가르치는 것은 전통적으로 유대인 아버지의 몫이었다. 유대인들이 모세에 흠뻑 빠져 있는 그 중심에는 아버지들의 신앙교육이 자리 잡고 있다. 존경하고 배울 만한 위인을 일생의 스승으로 삼아야 한다는 유대인들의 생각이고 삶의 모습이다. 그런데 성경을 여호와 하나님의 말씀으로 믿으니, 거기에 나오는 성경의 위인들이 다 존경의 대상이고 흠모의 대상이다. 그들을 따르고 배우니 위대한 후손들이 계속 나오는 것이다. 그러므로 나의 롤모델, 그리고 내 자녀의 롤모델은 누구인지 선정할 필요가 있다.

1) 성취를 위한 유대인식 동기부여

유대인들이 비유대인들보다 성공에 더 집착하지 않는 것같이 보이나, 그들에게는 성취를 위한 강한 동기부여, 또는 일에 대한 윤리적 우위성이 있다. 그들은 신교나 구교 사람들보다 소득율이 높고 높은 명성을 가지고 있다. 유대인 학생들은 비유대교 학생들에 비해 교육열이 더 높고 주당 숙제하는 시간도 더 많다. 반면 TV 시청하는 시간은 짧다.

2) 강한 동기부여가 기억력을 상승시킨다

어떤 맹인 남자를 만난 적이 있었다. 그는 경이로울 만큼 기억력이 뛰어났다. 몇백 개가 넘는 전화번호를 기억하고, 몇 달 동안에 걸친 회의나 모임 날짜를 거의 다 외우고 있었다. 그 밖에도 여러 가지

놀라운 일들이 있었다. 어떻게 그걸 다 외울 수 있느냐고 했더니 어쩔 수 없이 문장 전체를 머릿속에 기억한다는 것이었다. 그렇게 많은 것을 암기하는 것은 선택의 여지가 없기 때문이라고 했다. 그를 보면서 처음으로 맹인들은 정말 어쩔 도리가 없겠다 싶었다.

맹인들은 그 누구보다도 자신의 기억에 의존하려는 동기가 크고 강하다. 전화번호나 시장 볼 내용을 알기 위해 일일이 점자 기계를 열 수는 없기 때문이다. 그것은 정말 번거로운 일이기에 결국 모든 걸 외울 수밖에 없다. 유대 민족도 세상에서 살아남기 위해 맹인처럼 노력했다는 생각을 하게 된다. 유대인들도 '선택의 여지가 없는 상황'에서 기억력을 계발하려는 동기를 갖게 되었을 것이다. 그들의 정신적인 삶의 핵심은, 유대 민족이라는 존재를 지키기 위해 자신들의 전통을 외워 다음 세대로 물려주는 것이었다.

3. 아버지의 권한

유대인 아버지는 자식에 대한 전적인 축복권을 지닌다. 이는 권위에 대한 위계질서에 따른 것으로, 이 축복권은 영적인 축복은 물론이고 세상적이고 물질적인 축복도 포함한다.

유대인들에게는 아버지의 권위를 인정하는 구약시대의 전통이 까마득한 세월이 지난 지금까지도 전해온다. 아버지의 절대적 권한이 아직까지 전해 내려오는 사회, 이것이 유대인 사회다. 이와 관련해 아버지의 권위를 인정하는 구약시대의 전통 호칭이 있는데, 바로 '아버지'라는 호칭이다. 우리는 친아버지 혹은 양아버지만을 아버지라 부른다. 하지만 유대인은 다르다.

구약에서는 민족의 조상을 나타내는 말로 아버지라는 호칭을 썼다. '아브라함'은 '이스라엘' 민족의 조상으로 '아버지'라고 불려왔다. 보통 민족의 지도자나 제사장에게도 '아버지'라고 불렀다. 내 아버지의 아버지도 아버지이고, 할아버지의 아버지도 아버지이다. 유대인에게 있어서 아버지라는 말은 혈육의 부친을 일컫는 말일 뿐 아니라 조상들 전체를 부르는 말로도 사용되었던 것이다. 그만큼 유대인 사회에서 아버지의 권위는 절대적이다.

아버지의 권위가 절대적인 점 때문에 자녀들이 피해를 보는 일은 없을까? 물론 있을 수도 있다. 예를 들어, 자녀의 직업 선택권을 아버지가 강력하게 간섭하는 경우다. 열다섯 살쯤 된 아들이 자기의 진로에 대해 아버지와 의논할 때 아버지는 과감하게(?) 자신의 의견을 피력하곤 한다. 하지만 열아홉 살이 넘어서면 그때는 아버지가 아들의 생각을 존중해 준다. 유대인 아버지는 성인이 된 아들에게 절대 강요하지 않는다. 다만 자신의 생각을 설득하고 또 설득할 뿐이다.

아버지가 자녀들을 지나치게 간섭한다고 여길 수도 있지만 이로 인해 자녀들이 얻는 것도 대단히 많다. 아버지의 신앙 가풍과 가족에 대한 책임감, 자신의 결정에 대한 철저한 책임 등을 계속해서 배우는 것이다.

4. 엘리야의 의자와 아버지의 권위 회복

요즘 아버지는 돈을 벌어오는 기계 같은 존재에 불과하다. 대부분의 경우 월급은 통장으로 바로 입금되고, 그 통장은 전적으로 아내가 관리한다. 아내에게 용돈을 얻어 쓰는 졸병으로 몰락한 가장은 아내의 눈치나 살피며 살 수밖에 없는 지경이 되고 말았다. 이렇게 아버지의 권위가 추락하면서 자녀교육에서도 아버지는 완전히 소외되었다. 학교에 가서 담임선생님을 만나는 것도 엄마가, 자녀의 진학지도를 위해 학원에 가는 것도 엄마가, 심지어 과외와 취미활동으로 스키를 할 것인지 수영을 할 것인지에 대한 선택도 전부 엄마의 몫이다. 여기에 아버지가 끼어들 여지는 거의 없다. 이런 분위기 속에서 아버지가 자신의 위상을 되찾고 가정교육에서 중요한 역할을 하기란 기대하기 어려운 일이다. 이렇듯 오늘날 한국사회에 아버지란 존재는 죽고 없다.

하지만 유대 가정에서는 아버지의 권한과 역할이 여전히 절대적이다. 대표적인 사례가 하나 있다. 유대 가정에는 아이들이 절대 앉으면 안 되는 의자가 하나씩 있는데, 바로 '엘리야의 의자'다. 특별하게 생기거나 값비싼 의자는 아니지만 아버지만의 의자라는 남다른 의미가 있다.

유대 가정에는 아버지만의 자리에 아무도 앉지 않는다는 전통이 자리 잡고 있다. 그 자리는 신앙교육이나 밥상머리 교육을 할 때마다 아버지가 앉는 권위의 상징이자 명예로운 자리이기 때문이다. 예로부터 의자는 사람의 권위와 직함을 나타내는 데 활용되어 왔다.

조선 시대에 지혜로운 왕들은 충성스러운 신하가 나이 70이 넘어서도 조정에서 일하고 있으면 그 신하에게 특별한 선물을 내렸다. 바로 궤장이다. 궤장이란 의자와 지팡이를 말하는데, 임금이 노정승(老政承)에게 "조정에 남아 더 일해 주시오!" 하는 부탁과 함께 내리는 것이다. 그러면 신하는 이 의자에 앉아 지팡이를 잡고 정무를 돌볼 수 있었으며, 그 의자에는 아무도 앉을 수 없었다고 한다. 우리에게는 옛 이야기가 되었지만, 유대인은 지금도 아버지에게 그런 권위를 인정해 주고 있다.

할례를 행하는 날, 아이를 엘리야의 의자에 앉힌 후에 할례를 시킨다고 한다. 이 전통은 이 집의 아이가 앞으로 엘리야처럼 하나님과의 언약을 끝까지 지키고 잘 살아가기를 바라는 의미에서 예로부터 내려오는 것이다. 유대인 아버지의 의자는 그래서 더욱 특별한 의미로 다가온다.

대기업 임원으로 일하는 40대 중반의 K씨는 공사다망하다. 퇴근 후 회식과 사교 모임에 절대 빠지는 법이 없다. 웬만한 대학의 최고 경영자 과정은 모두 섭렵했고, 고교동창회 총무도 맡고 있다. 주말이면 직장 상사나 동창회, 향우회 등의 골프 모임에 단골로 참석한다. 지방대 경영학과 출신인 자신이 임원 자리에까지 오를 수 있었던 것은 몸을 사리지 않고 인맥관리에 매달렸기 때문이라는 게 K씨의 생각이다. 가족을 위해 몸 바쳐 희생하고 있으니 아내와 자녀들도 이해해 줄 것이라고 믿는다.

남편과 지낼 시간이 거의 없는 아내는 주말까지 골프장으로 향하는 남편이 못마땅하기만 하다. 아이들 교육을 오로지 자신의 몫으로 돌리는 태도도 원망스럽다. 아이들에게도 아빠는 '있어도 그만, 없어도 그만'인 존재이다. 눈을 뜨면 아빠는 이미 출근하고 없고, 한밤중이 되어서야 술에 취해 귀가하기 일쑤이다. 모처럼 일찍 들어와도 피곤하다면서 거실에 누워 텔레비전만 본다. 학교 선생님을 만나 상담을 하는 것도, 학원을 결정하는 것도, 책을 사주는 것도 모두 엄마의 몫이다. 아빠는 그저 때가 되면 용돈을 주고 학비를 대주는 사람일 뿐이다. 이것이 우리 아버지들의 자화상이다.

현대사회에서 아버지는 가정의 최고 권위자이자 자녀의 교사라는 지위를 빼앗기고, 생계를 책임지는 사람 정도로 추락한 게 사실이다. 아버지가 설 자리를 잃어가는 시대 흐름 속에서도 유대 민족은 아직도 부계사회의 전통을 굳건히 지켜가고 있다.

유대인 가정에는 남녀 차별이 없다. 당연히 육아는 공동 책임이다. 하지만 성별 분업은 존재한다. 아버지의 권위를 통한 교육이 요구되는 경우가 많기 때문이다. 유대인 가정에 아버지만 앉을 수 있는 의자가 따로 마련돼 있는 것만큼 자녀들에게 아버지의 역할은 절대적이다. 유대인 아빠는 직장이 끝나면 곧장 집으로 퇴근해 가족과 함께 시간을 보낸다. 아이들과 놀아 주고 하루 일과에 대해 대화를 하며, 여유가 생기면 주로 독서를 한다. 아이들은 책을 읽는 아빠를 따라 자연스럽게 공부하는 흉내를 내고 습관을 들이게 된다.

유대인 아빠는 자녀가 성인식을 치르기 전까지 학교교육과는 별도로 역사와 율법, 도덕을 가르친다. 이를 통해 아이들의 지적 호기심을 자극하고 동기부여를 한다. 특히 매주 금요일 일몰부터 토요일 일몰까지 지키는 안식일에는 텔레비전 시청은 물론 운전까지 금하고 철저히 집에 머물며 독서와 토론으로 하루를 보낸다. 가정의 중심으로서 자녀교육 역할에 최선을 다하는 것이다. 베트남 분쟁을 해결한 공로로 1973년 노벨 평화상을 받은 유대계 미국인 헨리 키신저는 "어려서 아버지를 통해 배운 성경 지식이 언제나 나의 삶을 지배한다. 성경에 정치적 원리가 전부 들어 있다"라고 입버릇처럼 말한다.

한국 아빠들은 육아를 엄마의 몫으로만 여겨 손을 놓는 경우가 많다. 한국 아빠들이 자녀와 함께 보내는 시간은 하루 평균 15-30분, 자녀와 얼굴을 마주하는 횟수는 하루 평균 2.7회에 불과하다. 그런데 한국 아빠들은 정말 시간이 없는 걸까. 밤늦도록 소주잔을 기울이거나, 주말마다 골프장에서 "굿 샷!"(good shot)을 외칠 시간은 있지 않은가. 인맥을 쌓기 위해 필요한 일이라고? 사회적 성공을 위해 아빠 역할을 포기하겠다는 말에 다름 아니다. 사회에서 성공하고 출세만 하면 가정에서는 '돈 벌어 오는 기계' 정도로 인식돼도 좋다는 고백으로 들린다. 성공도 돈도 좋지만 분명히 명심해야 할 게 있다. 아빠와 잘 노는 아이들이 창의성도 리더십도 사회성도 뛰어나다는 사실이다. 한국 아빠들은 가족과 함께 여가를 보내는 데 서투르다.

그러나 조금만 지혜를 짜내면 경제적인 부담 없이도 가족이 함께 즐길 수 있는 프로그램이 의외로 많이 있다. 아이들과 서점 가기, 바둑, 장기, 체스 등을 두면서 취미생활 함께하기, 그림이나 만화 함께 그리기, 자전거나 달리기 등 운동 함께하기, 동네 고아원이나 양로원을 정해 정기적으로 봉사활동 하기 등이다. 아이가 내성적이라면 태권도, 자전거 등 혼자 할 수 있는 운동부터 시작해 점차 다른 아이들과 같이 하는 운동과 취미 프로그램으로 옮겨가도록 유도한다.

아빠가 하루 30분이라도 집중해서 아이의 말을 들어 주고 함께 놀아 주는 것이 아이의 창의력과 호기심을 키우는 데 결정적이라는 점을 잊지 말기 바란다. 자녀의 미래와 가정의 행복을 위해 아버지의 자리를 회복해야 한다. 아버지가 자녀와 대화하는 시간을 늘리고, 아버지의 역할이 존중되는 분위기를 만들어야 한다.

5. 역할모델

"자녀에게 일하는 것의 신성함을 가르치는 아버지는 자식에게 포도밭을 남겨 주는 것과 같다. 포도밭은 반드시 울타리로 둘러져 있어서 소나 여우가 그 안으로 들어갈 수가 없다. 이것은 나쁜 생각이 아이들의 마음속으로 들어가지 못하는 것과 같은 것이다"(탈무드).

어린이들을 올바른 길로 인도하는 가장 좋은 방법은 부모가 모범을 보이고 자녀의 훌륭한 역할모델이 되는 것이다.

러시아계 유대인인 세르게이 브린은 자라면서 음악 감상이나 텔레비전 시청 따위에는 전혀 흥미가 없었다. 공부에 대한 관심도 희박했다. 그런데 노벨상 수상자인 천재 물리학자 리처드 파인만의 삶에는 광적으로 매료됐다. 브린은 '자기 분야에서 큰 공로를 세웠을 뿐 아니라 레오나르도 다빈치처럼 과학자에 그치지 않고 예술가가 되려던' 파인만을 역할모델(자신이 닮고 싶은 인물상)로 삼아 노력한 결과, 세계 최대의 검색엔진 구글의 설립자가 되었다. 구글을 설립해 본격적인 비즈니스 세계에 들어선 이후에는 애플의 CEO 스티브 잡스와 투자의 귀재 워런 버핏을 역할모델로 삼았다.

구글의 공동설립자인 유대인 래리 페이지는 열두 살 때 니콜라 테슬라(1856-1943)의 전기(傳記)를 읽고 발명의 매력에 흠뻑 빠져들었다. 테슬라가 발명한 교류발전기는 전기, 전력망, X선, 무선통신으로 이어지며 현대 전기문명의 근간이 됐다. 테슬라는 비범하지만 칭송받지 못한 과학자로 '돈과 명예를 얻지 못한 에디슨'으로 불렸다. 그는 수많은 놀라운 발명에도 불구하고 평생 독신으로 궁핍하게 살다가 뉴욕의 한 호텔에서 쓸쓸히 숨을 거뒀다. 페이지는 테슬라에게서 무엇을 배웠던 걸까.

"그것이 아무리 세계 최고라 해도 그저 발명하는 것만으로는 큰 성과를 거둘 수 없다는 것입니다. 참 슬프더군요. 테슬라가 사업이나 사람 다루는 데 조금만 재주가 있었어도 훨씬 큰 일을 해냈을 겁니다."

페이지는 테슬라라는 역할모델을 통해 '반짝이는 아이디어만으로는 부족하고 타이밍, 지속성, 자원 조달 등도 똑같이 중요하다'는 것을 깨달았다.

유대인 부모들은 자녀가 어렸을 때부터 역할모델을 정해 준다. 가족이 저녁 시간에 한자리에 모이면 자연스럽게 유대 민족을 빛낸 위인들에 관한 이야기가 화제에 오른다. 세계 최고의 부자 빌 게이츠는 자신이 닮고 싶은 역할모델로 부모를 꼽았다. 그는 어렸을 때부터 부모의 독서 지도를 통해 가족의 전통을 소중히 여기는 법을 배웠다. 그가 500억 달러가 넘는 천문학적인 돈을 사회에 환원한 것도 자선단체 회장을 지낸 어머니의 영향이었다.

유대인들은 평소 자녀들과 대화하거나 잠자리에 든 아이에게 위인전을 읽어 줄 때, 반드시 유대의 전통을 빛낸 인물을 모델로 제시한다. 자신의 관심 분야에서 뛰어난 성취를 이룬 유대인 위인의 이야기를 전해들은 어린이들은 그들을 동경하고 선망하면서 자신의 꿈을 키워 나간다. 이른바 '동일시 작용'이다.

어린이가 어떤 인물을 자신의 역할모델로 삼느냐는 교육적으로 매우 중요하다. 어린이들은 사회화 과정에서 동일시 작용을 통해 자신이 좋아하고 숭배하는 인물을 닮으려 노력한다. 인물의 태도나 가치관은 물론, 말씨 등 외모까지 받아들이고 내면화하려는 경향이 있다. 유대 민족 가운데 위대한 인물의 행동과 가치관을 내면화함으로써 민족에 대한 긍지를 느끼는 효과도 있다. 어린이가 존경하고 배울 수 있는 적절한 역할모델의 제시는 아이의 미래에 큰 영향을 미친다. 진로의 방향을 잡는 역할도 한다.

자녀에게 어떤 역할모델을 찾아 주는 게 좋을까? 우리나라 초등학생들에게 존경하는 인물을 물으면 십중팔구는 운동선수나 연예인이라고 대답한다. 위인을 꼽더라도 나폴레옹, 알렉산더 대왕, 슈바이처, 퀴리 부인, 빌 게이츠 등 외국 인물을 대는 경우가 많다. 부모들이 한국 위인에 대한 관심이 적은데다, 국내 출판시장에 해외 인물을 다룬 위인전이 압도적으로 많이 나와 있는 영향이 크다. 하지만 우리 아이들이 나폴레옹이나 퀴리 부인을 자신과 동일시하기는 쉽지 않다. 정서적, 문화적인 차이가 상당하기 때문이다. 따라서 우리 역사 속의 훌륭한 인물들을 역할모델로 제시하는 게 바람직하다. 을지문덕 장군, 강감찬 장군, 해상왕 장보고, 세종대왕, 이순신 장군, 백범 김구 선생, 안중근 의사, 씨없는 수박을 개발한 육종학의 권위자 우장춘 박사 등 적지 않은 인물을 역할모델로 제시할 수 있을 것이다.

이때 주의할 점은 역사 속 인물이 특수한 능력자로 태어난 '영웅'이 아니라는 점을 알려주는 것이다. 우리가 범접하기 어려운 거대한 영웅이 아니라 때로는 실패와 좌절도 맛보는 평범한 인간이며, 많은 사람들의 도움과 협력을 통해 역경을 이겨냈다는 점을 강조할 필요가 있다. 그래야 역할모델로서의 현실성이 확보된다. 역할모델로 동시대에 같이 호흡하는 인물을 소개할 수도 있다.

6. 위계질서

권위와 질서로 이루어진 유대인 가정 안에는 아버지가 있다. 유대인 사회는 전통적으로 권위를 중시해 왔다. 이 권위의 위계를 도식화하면 '여호와 하나님 〉 토라(모세오경) 〉 탈무드 〉 랍비 〉 아버지 〉 맏아들' 순으로 나타낼 수 있다. 여호와 하나님은 유대인의 유일한 하나님이니 맨 위가 당연하고, 토라는 창세기·출애굽기·레위기·민수기·신명기, 즉 모세가 쓴 오경으로 하나님의 말씀을 담았기에 여호와 하나님의 바로 아래에 위치한다.

탈무드는 성경을 바탕에 둔 삶의 지혜와 해석, 실제 적용 가능한 처세법, 우화 등을 담은 교훈집이다. 또 동네마다 마을마다 신앙과 삶의 처세를 지도해 온 멘토가 랍비이며, 이 랍비의 지도를 받은 자가 바로 가정의 가장들이다. 마지막으로 가장, 즉 아버지의 지도는 다시 맏아들인 장자들에게 전해진다.

유대인 사회가 건설된 이래로 유대인들은 이 전통과 권위를 결코 깨지 않은 채 철저히 지켜 왔다. '위에서 아래로'라는 질서의 법칙은 남자와 여자 사이에도, 부모와 자식 간에도, 부부 간에도 적용되며, 기업과 학교에서도 그대로 적용된다. 이런 위계질서 때문에 600만 명으로 1억 명이 넘는 아랍인들과 싸워야 하는 절대적으로 불리한 환경에서도, 유대인들은 그들끼리 똘똘 뭉쳐 이스라엘을 지켰다. 나아가 손바닥만 하던 땅덩어리를 키워 지중해와 인도양을 잇는 영토로까지 확장했다.

이 힘은 모두 권위를 중시한 사회 분위기를 철저히 지켜 온 데서 비롯된 것이다. 그렇게 유대인들은 중근동에서 팔레스타인을 밀어내고 자신들의 영역을 지켜 왔다. 또한 유럽과 미주 지역의 오피니언 리더를 독차지하면서 세계의 여론과 경제를 주름잡게 된 민족 역시 유대인이다. 물론 많은 비판과 비난을 받고 있지만 그것이 유대인의 탁월한 단결력과 우수성을 부정하진 못한다.

유대인 사회에서는 아직까지 아버지가 막강한 권위를 유지하고 있는데, 이 점이 바로 한국 사회와의 차이를 낳는다. 유대인 가정은 아버지의 절대적인 권위 아래 존재하는 것이다. 유대인 아버지는 가정교육에서 가장 먼저 질서를 가르친다. 아버지, 어머니, 장남, 차남 순으로 모든 것을 서열화해 절대 순종하도록 가르친다. 그러므로 유대인 문화는 평등문화가 아니라 종속문화라고 정의할 수 있다.

그렇다고 유대인 가정이 고리타분하거나 자녀들이 아무 말도 하지 못하고 살아야 할 정도로 지나치게 권위적인 것은 아니다. 오히려 훨씬 개방적이고 소통적이다. 전통적인 유대인 가정에서는 세계 여느 가정보다 대화와 소통이 자주 이루어지고 있다. 유대인 아버지는 가문을 중시하고 혈연과 뿌리를 철저히 가르친다. 그래서 유대인 아버지의 핏줄 교육은 지나치리만큼 철저하다.

그렇다고 자녀의 위치가 무시되는 것은 아니다. 오히려 더 철저하게 보호되고 존중된다. 유대인 아버지들은 자녀가 장년이 된 후부터 축복받는다고 생각하는 것이 아니라 산모의 태중에서부터 하나님의 축복과 보호하심을 힘입어 태어나며, 하나님이 한평생을 눈동자처럼 보호해 주신다고 믿는다. 그러므로 유대인 부모는 자녀의 출생일부터 세례 받는 날, 성인식, 입학식, 입대하는 날, 결혼식 등 모든 중요한 행사 일정을 기록해 두고 하나님의 축복을 기도한다.

가정에서 아버지가 아들과 평등해지다 못해 무시당하는 사태가 오늘의 교육대란을 부추긴다. '아버지들이여, 자기 밥그릇을 스스로 챙겨라. 자녀들이여, 아버지에게 순종하고 그들을 이해해 드려라. 그렇지 않으면 가까운 장래에 똑같은 대접을 너희들도 받게 될 것이다. 그것이 인생의 법칙이다.'

7. 자녀교육의 일관성과 딱딱함

식구들이 아침에 제시간에 일어나서 아침을 먹고 일터로 가자는 가정의 기준은 훌륭하고 아름답다. 그건 나무랄 데 없는 가정의 좋은 틀이다. 그러면 부모는 이 틀을 일관성 있게 지켜야 한다. 부모 자식 관계에서 일관성을 먼저 유지해야 하는 쪽은 자식이 아니라 부모다. 부모가 가정의 틀이나 규칙에 일관성 있는 자세를 견지할 때 그 한계 설정은 자연스레 자식에게로 전파된다.

아이들은 엄마가 아침이면 자기를 위하여 음식을 준비하고, 그것을 조금이라도 먹고 나가는 것이 건강을 위해서 중요한 한계 설정임을 알고 받아들인다. 그런데 어느 하루, 너무 피곤해서 밥보다 잠이 더 고픈 날에는 늦잠을 자서 아침을 못 먹는 사건이 벌어질 수도 있다. 그 어느 하루를 용인해 주는 것이 유연성이다. 그런 날조차도 '집안의 절대 규칙'을 내세워 자는 애를 깨운다면 그것이 딱딱함이다.

또한 늦은 시간에 집 밖에서 노는 것은 좋지 않은 일이라는 부모의 일관성 있는 태도가 있더라도, 어떤 특별한 날에 미리 양해를 구하고 늦을 수도 있다. 혹 미리 양해를 구하지 못했다면 이제라도 부모가 걱정하지 않을 수 있는 조건과 상황을 상세히 설명하며 늦을 수도 있을 것이다. 아이는 부모의 가치와 일관성 있는 태도를 이미 알고 그것을 어떡하든 지키려고 노력하고 있다.

그럴 때조차도 '절대규칙'을 내세우며 아이를 몰아세운다면 그것은 일관성이 아니라 딱딱함이다. 부모의 딱딱함 뒤에 있는 것은 아마도 자신의 삶과 존재에 대한 불안함일 것이다. 자신이 정한 대로 되지 않으면 마치 큰일이 날 것 같다는 불안함, 아이가 그것을 지켜주지 않으면 그걸 자신에 대한 도전이라고 생각하는 불안함이 있을 수 있다.

다시 말하지만 핵심은 '마음 보기'다. 아이와 부모 관계에서 서로 가장 좋은 판단을 하려면 먼저 내 마음이 어떻게 돌아가는지를 알아야 한다. 그리고 아이의 겉으로 드러나지 않는 것들까지를 고려한 후 어떤 반응을 할지 결정한다. 이런 반응은 아이 내면에 균형감을 만들어 준다. 아이는 어느 때 욕구 충족을 미루고 충동적 행동을 억제해야 하는지, 또 어느 때 눈에 보이는 것보다 보이지 않는 것들에 초점을 맞추어야 하는지를 알게 된다.

그러면 아이는 정서적 성숙과 동정심이 있는 상호작용을 할 수 있다. 이런 과정 속에서 부모는 단지 아이의 행동에 대해 반응하는 것을 넘어서, 아이를 좋은 방향으로 이끌 수 있게 될 것이다.

8. 자녀교육의 한계 설정

유대인 자녀교육에서 한계 설정은 '어떤 상황에서도 안 되는 것은 안 되는 것이고 되는 것은 된다'고 가르치는 것이다. 그런데 유연성을 가지라고 하면, 아이를 키우면서 이럴 때는 이렇게, 또 저럴 때는 저럴 수도 있다는 말이 아닌가?

평소에는 식사 전에 아이스크림을 달라고 하면 "안 돼" 하면서, 손님이 있을 때는 냉큼 꺼내 준다면 아이는 식사 전 간식에 대한 한계 설정을 내면화할 수 없다. 그래서 한계 설정의 가장 중요한 요소는 '확고한 일관성'이다. 그렇다면 일관성과 유연성은 상반되는 개념이 아닌가?

일단 한계 설정을 위한 일관성을 반드시 지켜야 하는 영역이 있다. 보통 구체적 행위에 대한 것들이다. 아이에게 해가 되고 위험이 될 수 있는 자극이나 사건들을 통제함으로써 앞으로 일어날 나쁜 상황을 미리 방지하는 것이나. 화가 났다고 물건을 던지거나 친구를 때릴 수 없다. 어떠한 경우에도 안 되는 것은 안 되는 것이다.

또한 거짓말은 용납할 수 없다. 아이가 아동기 시절이나 초기 사춘기를 보내고 있다면 부모와의 관계에서 가장 중요한 것이 바로 정직성이다. 이는 아무리 강조해도 지나치지 않을 것이다. 이런 일관성 있는 훈육을 통해서 나중에는 물리적 위험뿐 아니라 정서적 위험에 대해서도 스스로 브레이크를 작동시킬 수 있는 사람으로 성장한다.

또한 유연성을 보이는 영역도 넓게 보면 일관성하에서 존재한다. 부모의 기본적인 가치관이 가정의 틀을 만들고, 그 영역 내에서 아이의 마음을 충분히 알고 믿어 주는 것이 유연성이다. 아이의 생활에서 절제와 유연성 간의 균형을 유지하는 것이 중요하다. 유연성을 보일 때조차도 넓은 틀은 유지되고 있는지, 어떤 선택이 부모다운 접근인지를 잘 판단해야 한다. 일단 한계를 설정했으면 한계 설정 내에서 유연성이 나타나야 한다.

질문이 많은 유대인 학생들은 어떤 엉뚱한 질문을 받더라도 반드시 대답을 한다. 이는 모든 궁금증에 대해 답을 구하려고 애쓰는 유대인의 성향을 잘 보여준다. 모든 유대인들은 이해와 배움에 대한 열망, 즉 알고자 하는 욕구가 있다. 그러나 비유대계의 모든 사회가 교육을 가장 우선적으로 생각하지는 않는다. 일부 교사들은 자질도 부족하고 경험도 많지 않다. 그들은 핑계가 많다. 예산도 없고, 있다 해도 복지시설을 개선하는 데 쓰는 게 고작이다. 교실 확충이나 도서 구입 대신 돈 나갈 다른 곳이 너무 많은 것이다.

하지만 유대인들은 세상을 바라보는 눈이 항상 남달랐다. 열심히 공부하는 것을 견딜 수 없다면, 무식한 상태를 견뎌내야 할 것이라고 랍비가 말한 바 있다. 그런데 살다 보면 자기가 아는 것을 숨길 순 있지만, 무지하다는 걸 숨기는 건 불가능하기 마련이다.

역사적으로 유대인들은 무척 궁핍하고 고생스러웠다. 그들은 군중들에게 교육의 중요성에 대해 지적했다. '많은 학생을 교육시켜라'가 정치이념이 되어 이것을 달성하기 위해 힘썼다. 학문에 대한 중요성은 그 정도로 강조되어서, 대제사장들은 성전 일이나 다른 일보다 토라 공부하기를 더 바랐다. 그 후에 시므온은 유대교에 대한 시각을 좀 더 발전시켰다. "세상은 세 가지 요소 위에 서 있다. 토라 위에, 일 위에, 자선활동 위에, 그중에서도 토라가 가장 먼저다"라고 말한다.

유대인들은 개인적으로나 공동으로 지능을 계발시키는 기본적인 조건이 되는 씨를 뿌렸다. 그때 이후로 유대인들은 머리 쓰는 일을 강조하고, 그보다 더 시간이 흐른 후에 그 열매를 맺었다. 그 뒤로 대부분의 사람들이 자유로운 직업에 종사하게 되었다. 머리를 써야 하는 의학, 사업, 법학 등에 열중하다 보니 이것이 세계적으로 유명한 스포츠 스타들이 없는 이유이기도 하다. 머리가 몸보다 먼저 계발되었다. 머리를 많이 쓰고 생각을 많이 하면 지능이 발달한다. 돌고 도는 이야기인데 생각을 하면 할수록 머리를 많이 쓰게 되고, 그러면 그 사람은 발전한다. 반대로 줄곧 기계적인 일에 종사하고 사고력과 창의성이 필요없다면, 예를 들어 토마토를 딴다든지, 텔레비전을 시청하는 이상의 일을 하지 않으면, 두뇌가 단순해지고 퇴보하게 되는 위험에 처한다.

여기 성경 이야기가 있다. 에덴 동산에서 아담과 하와가 쫓겨났다. 하나님이 분명하게 금지했던 일인데도 하와가 아담을 유혹해서 아담이 사과를 한 입 베어 먹었다는 내용이 있다. 그것도 잘 알려진 이야기 중 하나인데, 성경에 그 이야기가 어떻게 씌어 있는지 정확히 아는 사람은 별로 없다. 총명한 학생에게 이 이야기를 하면 이런 질문으로 교사를 난처하게 할 것이다. "누가 그 열매를 사과라고 했지요?" 이런 식으로 말이다.

바로 그것이다. 축복받은 유대인 선조들은 아담과 하와가 무화과 잎으로 수치스러움을 가린 것으로 보아, 선악과는 포도나무나 무화과나무의 열매였을 가능성이 높다고 생각했다.

9. 자식의 부양을 원치 않는 부모

한국의 아이들을 보면 어려서부터 공부만 강요하기 때문에 놀 틈이 없다. 그들은 노는 것을 빼앗긴 채 크고 있다. 그것을 보면 마치 아이들을 우선 일류대학, 일류회사에 넣어 하루속히 돈을 많이 벌어 자기 뒷바라지를 하게 할 생각인 것처럼 보인다. 이를 볼 때 한국과 유대인 어머니의 육아법이 다른 것은, 부모 자식의 관계를 어디까지 지속시키느냐 하는 그 시간적 차이에 있다는 생각이 든다.

이것이 무슨 말인지 좀 더 자세히 설명하자. 유대인에게 자식은 언제까지나 자식이다. 부모는 아무리 나이를 먹어도 부모 역할을 하는 것을 자랑으로 삼는다. 늙으면 아이들의 부양을 받겠다고 생각하는 사람이 유대인 중에는 한 사람도 없다. 이것은 가족 안에서도 부모는 부모, 자식은 자식이라는 개인주의 생각이 철저하기 때문이기도 하다.

어느 유대인의 집안을 예로 들어보자. 어느 할아버지는 커다란 과수원을 경영하고 있었는데 생전에 그것을 분할하여 형식적으로는 일단 자식들에게 나누어 주었다. 그러나 실제로는 그가 죽을 때까지 자기 손으로 과수원을 유지해 나갔으며, 그 수입으로 생계를 꾸려 나갔다. 그러므로 과수원이 실제로 자식들의 손에 들어간 것은 그가 죽은 뒤의 일이다. 부모는 부모, 자식은 자식의 역할을 이렇게 끝까지 밀고 나가는 것이다.

한편 한국의 부모들은 부모의 역할은 자식이 대학을 졸업할 때까지라고 생각하는 것은 아닌지. 지금도 자식이 부모를 부양하는 것이 당연하다고 생각하는 부모가 많다고 한다. 자식이 대학을 나오면 자기는 부모의 역할을 그만두고 이번에는 자식으로부터 부양을 받으려고 한다는 것이다. 어느 쪽이 좋고 어느 쪽이 나쁜지 따지는 것은 그만두고라도, 부모 자식의 역할 분담을 시간의 일로 생각하는 것이 한국이라고 생각한다.

유대인의 어머니는 부모 자식의 관계를 좀 더 긴 시간적 척도로 생각한다. 부모는 일생 동안 부모이고, 자식은 일생 동안 자식이므로 그렇게 서둘 것이 없다. 게다가 앞에서도 말한 것처럼 사람은 일생 동안 배워야 한다는 것이 유대인의 기본적인 생각이다. 그러므로 하다 못해 놀 수 있는 동안은 충분히 놀게 해주자. 즉 아이들이 어려서는 공부는 좀 옆으로 밀어두고 실컷 놀게 해주어야 한다고 생각하는 것이다. 만일 어린아이에게서 노는 것을 빼앗아 버리면 그 뒤는 사뭇 학문의 연속이 되기 때문에 일생을 두고 놀이를 갖지 못하고 만다. 아이들로서 놀이는 정신 형성의 중요한 요소이다. 그것을 빼앗으면서까지 공부를 강요하는 것은 긴 안목으로 보면 현명한 방식이 아니다. 진정한 학문은 어른이 되어서야 시작하는 것이라고 유대인은 생각한다.

이러한 점으로 볼 때 한국의 어머니들은 반대로 생각하는 것이 아닌가 싶다. 즉 아이들은 대학에 들어갈 때까지만 공부하면 된다. 그다음은 학문이 그리 필요하지 않은 인생이 기다리고 있지 않은가. 어렸을 때 될수록 공부를 많이 시켜서 유명한 대학에 입학시켜 부모의 책임을 빨리 끝내고 싶다고 생각하는 것이 아닌가.

그러나 아이들의 진정한 행복을 위해서는 아이들의 욕구를 채워줘야 하지 않을까. 즉 어려서는 놀고 싶은 욕구를 충분히 채워 줘야 하지 않겠는가 생각한다. 그래서 유대인들의 교육에서 초·중·고 교육은 건강 교육이라 할 수 있고, 한국의 초·중·고 교육은 아이들의 체력을 파김치로 만드는 건강 소모 교육 또는 건강 말살 교육으로 보인다. 미국의 교육도 유대인 교육과 비슷하다.

10. 유대교는 어머니 종교다

유대인은 기독교와 이슬람교와 유대교를 세계의 3대 종교로 꼽는다. 물론 그 밖에도 불교와 같은 훌륭한 종교가 있기는 하지만, 근동 유럽을 생활권으로 하는 사람들에겐 거리가 먼 종교이다. 유대교는 다른 신을 믿는 사람에게도 경의를 표하라고 가르친다. 유대교인은 언제나 다른 종교를 존중한다. 그러나 유대인은 유대교를 이슬람교나 기독교와 똑같은 자리에 놓고 생각하지 않는다. 유대교는 그 두 종교와 그 밖의 여러 갈래로 찢겨 나간 종파들의 어머니 종교이기 때문이다. 기독교나 이슬람교가 유대교에서 떨어져 나간 종교임은 다시 말할 것이 못 된다. 유대인은 하나님을 맹신하지 않는다. 따라서 유대인이 하나님께 기도하는 것은 은총의 부탁만이 아니라 기도할 때마다 내 행위는 올바른가 스스로 평가하는 일이 된다. 또 유대인은 하나님을 두려워하는 것이 아니라 매우 가깝고 정다운 존재로 생각한다.

유명한 랍비의 말이다. 그가 어렸을 때에 이웃에 사는 이탈리아, 독일, 아일랜드 계통의 아이들이 내게 돌을 던지며 "그리스도를 죽인 이 유대인 놈아!"라고 조롱하곤 했다. 그러나 그는 마음속으로 자랑스러워했다.

"무엇보다도 그리스도는 유대인이었다. 또 유대교가 없었다면 기독교나 이슬람교는 이 세상에 있지 않았을 것이 아니냐. 만일에 유대교를 부정하는 사람이 있다면 그것은 자기의 종교를 부정하는 것이나 마찬가지이다. 따라서 유대인은 유대교가 어머니 종교임을 자랑하지 않을 수가 없다."

이것은 유대인이 살아남는 데 큰 구실을 했다.

제3장

유대인의
교육방법

1. TV 대신 책장을

유대인 가정의 거실에는 대부분 텔레비전이 없다. 그 대신 책이 가득 들어찬 책장, 앉아서 책을 읽고 토론할 수 있는 책상과 의자가 있다. 텔레비전이 있더라도 어린이 프로그램이 끝나고 어른들이 시청하는 프로그램이 시작되면 텔레비전 코드를 빼버린다. 자녀에게는 처음부터 어린이 프로그램만 보기로 약속하고 훈련을 시킨다. 가족이 모여 대화를 나누는 식사 시간에 텔레비전을 켜는 일도 상상하기 어렵다. 자녀는 부모를 보고 그대로 따라 할 것이기 때문에 부모가 먼저 실천한다.

유대인들이 거실에 텔레비전을 놓지 않는 첫 번째 이유는 시각을 통해 전달되는 강렬한 세속문화를 차단하기 위해서다. 어린 나이에 보지 말아야 할 것은 보지 말아야 하며, 그래야 학업에 정진할 수 있다고 믿는다. 유대인 엄마는 〈타임〉이나 〈뉴스위크〉 같은 시사잡지조차도 노출이 심한 여배우가 등장하는 사진이나 선정적인 광고 등은 그 페이지를 뜯어 낸 후 집에 둔다.

두 번째 이유는, 영상매체의 강한 중독성으로부터 아이를 보호하기 위해서다. 어려서부터 영상물에 익숙해진 아이들은 갈수록 더욱 강한 자극과 강렬한 이미지를 원하게 된다. 작은 활자가 빼빼이 들어찬 책을 멀리하는 것은 자연스러운 귀결이다. 학년이 올라갈수록 까다롭고 복잡한 내용의 책을 읽어야 하는데, 독서를 싫어하니 학습과정에서 낙오될 수밖에 없다.

1996년 노벨상 수상자인 호주 멜버른 대학 피터 도허티 교수는

"독서가 노벨상 수상의 원동력이다. 어렸을 때 아버지와 할머니가 책을 많이 읽어 주었고, 여섯 살 무렵부터 혼자 책을 읽기 시작했다. 독서의 이유는 아이디어를 얻기 위해서다. 텔레비전은 독서에 비해 깊이 있는 내용을 전해 주지 못한다"고 지적했다. 영상물 중독성에 대한 우려는 학교교육까지 이어져서, 최첨단 프로젝터로 각종 동영상을 보여주는 것을 선진교육으로 여기는 한국과 달리, 유대인 학교는 텔레비전을 활용한 영상교육에 매우 신중하다.

집에서 텔레비전을 없앴을 때 어떤 변화가 찾아올까? 미국 이스트 워싱턴 대학의 바버라 브룩 박사는 385가구를 대상으로 텔레비전을 보지 않았을 때 나타나는 가정의 변화를 조사했다. 텔레비전을 없앤 집 자녀의 51퍼센트가 전 과목에서 A를 받았는데, 부모들 중 83퍼센트가 '텔레비전을 없앤 효과'라고 밝혔다. 텔레비전을 안 보게 되었을 때 대신 하는 활동으로는 독서가 1위였고(놀이, 취미생활, 운동 등이 뒤를 이었다), 조사 대상자의 85퍼센트는 가족과 함께 보내는 시간을 늘렸다(17퍼센트는 하루 2시간 이상, 37퍼센트는 하루 1 2시간, 31퍼센트는 30분-1시간).

《평생 성적, 초등 4학년에 결정된다》의 저자 김명옥 씨는 지금은 대학생인 큰아들이 만화영화에 한창 빠져들던 네 살 무렵, 입을 헤 벌리고 몇 시간씩 텔레비전 앞에 앉아 있는 모습을 보면서 텔레비전을 없애기로 결심했다. 하지만 막상 텔레비전을 끊기까지는 2년이 걸렸다. 그동안 시청 시간을 줄인 만큼 책을 읽히기 시작했고, 점차 독서량을 늘려갔다. 큰아들은 초등학교 6학년 때까지 5천 권 이상의 책을 읽었다. 김 씨는 아이들이 손만 뻗으면 책을 집을 수 있도록 사방 벽에 아이들 눈높이에 맞춰 엄선한 수백 권의 책을 배치했다. 김 씨 가족은 신문과 잡지, 책을 통해 세상 소식을 접한다.

"현대인들이 텔레비전에 너무 익숙해져 있어 텔레비전이 없으면 세상과의 소통이 안 된다는 착각 속에서 살아가는 게 매우 안타까워요."

한국 사람의 하루 평균 텔레비전 시청시간은 두 시간을 넘는다. 평생으로 치면 잠자는 시간을 제외하고 10년이라는 시간이 덤으로 주어지는 셈이다. 그 시간을 책을 읽고 대화를 나누며 놀이를 하는 데 쓴다면 우리 인생은 달라질 것이다. 유대인 부모는 그 시간에 자녀들과 토라와 탈무드를 읽고 토론한다. 어려서부터 독서와 토론을 통해 논리력을 키운다. 유대인이 미국의 학계와 법조계, 언론계를 석권하는 이유가 바로 여기에 있다. 유대인은 과학자나 예술가조차도 말을 잘하고 글을 잘 쓰는 사람들이 많다. 유대인들이 왜 가정과 학교에서 텔레비전을 치우고 독서와 토론을 많이 하는지 곰곰이 따져 볼 필요가 있다.

텔레비전뿐만 아니라 게임이나 인터넷 등 시간이 갈수록 엄청난 양의 영상물에 둘러싸여서 살아가게 되는 현대사회에서, 영상물에 대한 적절한 지도의 필요성은 시급하다. 영상물의 강한 중독성에 대해 꼼꼼히 짚어 보는 것은 그런 점에서 의미가 있다.

첫째, 영상매체는 지속적으로 인간의 주의력과 감각을 자극해 묘한 이완감과 편안함을 준다. 그래서 반복적으로 영상물을 보고 싶은 욕구가 생기며, 이런 경험은 약물에 중독되는 과정과 매우 유사하다. 원래 계획했던 시간보다 더 지나서야 텔레비전이나 게임기를 끄고, 밥을 먹거나 집안일을 하면서도 텔레비전을 켜놓은 채 지내는 이유이기도 하다.

한국게임산업개발원의 2006년 조사 결과에 따르면, 청소년 10명 중 6명은 게임 때문에 학업에 부정적 영향을 받은 것으로 나타났다. 하루 두 시간 이상 게임을 즐기는 청소년들 가운데 29.3퍼센트가

"게임을 하기 전보다 성적이 떨어졌다"고 답했고, 28.8퍼센트는 "학업에 불성실해졌다"는 반응을 보였다. 또 69.7퍼센트는 "처음 생각했던 것보다 더 오래 게임을 하게 됐다"고 답했다. 처음에는 한 시간 게임을 한 뒤 컴퓨터나 게임기를 끌 생각이었으나 결국 두 시간, 세 시간 게임을 했다는 말이다.

둘째, 영상물 중독은 아이들의 성적을 떨어뜨리는 주범이다. 미국 캘리포니아 공대 보고서에 보면, 영상물에 지속적으로 노출된 아이들은 좌뇌 활동이 크게 위축된다. 우뇌는 창의력과 직관력, 좌뇌는 언어능력과 수리력을 담당한다. 좌뇌 활동이 위축되면 논리력과 분석력이 약화되어 읽기, 쓰기, 셈하기 능력이 퇴보한다.

뉴욕 주립 정신의학연구소의 논문에 따르면, 어린이들의 텔레비전 시청은 독서와 숙제에 몰두해야 할 시간을 빼앗아갈 뿐만 아니라, 집중력과 학교생활에 대한 흥미를 떨어뜨린다. 텔레비전 시청시간이 많은 청소년일수록 대학 진학 실패, 주의력 결핍과 학습장애, 학교생활에 대한 싫증, 성적 지하, 학교에 대한 부정적 태도 등의 위험이 높아졌다.

셋째, 영상물 중독은 아이들을 공격적, 폭력적으로 만든다. 미국 어린이들은 초등학교를 졸업할 때까지 8천 번의 살인과 10만 번의 폭력을 목격한다고 한다. 이것은 텔레비전만을 조사한 수치이고, 극장 영화와 컴퓨터 게임 등 다양한 영상물로 확대하면 폭력물 노출 빈도는 훨씬 더 늘어난다. 뉴욕 주립 정신의학연구소에 따르면, 초등학교 어린이들의 텔레비전 시청시간이 길수록 청년기에 범죄를 저지를 확률이 높아진다.

넷째, 선정적인 영상물에 자주 노출되면 그만큼 성적인 행위를 일찍 시작하고, 성비행(性非行)에 노출될 우려가 커진다. 2001-2002년 미국 청소년 1,792명을 대상으로 진행된 한 연구 결과에 따르면 "섹스 앤 더 시티", "프렌즈" 등 성적 내용이 들어간 드라마를 자주 시청한 10대는 그렇지 않은 그룹에 비해 성적 일탈에 빠질 확률이 2배나 높았다.

다섯째, 영상물은 사고능력을 떨어뜨린다. 텔레비전은 시청자의 눈길을 잡아 두기 위해 화면을 1-2초 간격으로 계속 바꾸면서 말초적이고 감각적인 자극을 준다. 어려서부터 텔레비전에 빠져 있으면 스스로 오랫동안 넓고 깊게 생각할 수 있는 능력을 잃어버린다. 텔레비전 시청은 주어진 자극을 그대로 받아들이는 수동적인 행위이다.

자신이 열정을 갖고 능동적으로 일을 해나갈 때 집중력이 생기고 창의력도 높아진다. 하지만 어려서부터 영상물에 익숙해진 아이들은 시간이 갈수록 더 강렬하고 자극적인 화면을 원하며, 자연히 영상물에 비해 덜 자극적이고 재미가 없으면 오래 생각해야 하는 독서에서 멀어지게 된다.

여섯째, 텔레비전은 인간관계와 감성교육에도 좋지 않다. 영상물에 익숙한 아이들은 텔레비전이나 컴퓨터 앞에 앉아 있기를 좋아한다. 친구들과 만나 대화하고 뛰어놀며 자연과 친밀하게 교류하려 하지 않는다. 사회성이 떨어지는 은둔형 외톨이가 될 위험이 높아진다는 뜻이다.

2. 동기부여와 결과보다는 과정을 중시

공부를 잘하는 학생들에게는 뚜렷한 공통점이 있다. 왜 공부를 해야 하는지, 공부의 목적이 뚜렷하다는 점이다. 스스로 하고 싶어서 하는 공부가 아니라, 남이 시켜서 하는 공부는 뒷심을 발휘하기 어렵다. 자신이 설정한 역할모델이나 직업관 등 내적 동기에 의해 공부를 해야지, 외부의 강요로 떠밀려서 하는 공부는 에너지가 금세 소모될 수밖에 없다. 부모들의 역할은 자녀에게 동기부여를 하는 것이다. 이때 동기부여의 방법으로 '칭찬'과 '격려' 이상 가는 것이 없다. 경제협력개발기구(OECD)는 2000년부터 3년마다 15세(고교 1학년) 학생을 대상으로 읽기, 수학, 과학 분야의 국제 학업성취도 비교평가(PISA)를 하고 있다. 그 결과를 보면, 북유럽에 있는 인구 520만 명의 소국(小國) 핀란드가 부동의 1위다.

우리나라도 PISA 순위는 최상위권이다(2000년 읽기 2위, 2003년 수학 3위, 2006년 읽기 1위, 수학 3위). 그런데 학습시간당 성적을 보면 한국이 최하위권이다. 학생들이 점수를 따기 위해 투자한 시간이 가장 길었다는 뜻이다. 2003년 자료를 보면, 한국 학생들의 평일 기준 전체 공부시간은 8시간 55분이다. 핀란드(4시간 22분)보다 4시간 33분, 일본(6시간 22분)보다는 2시간 33분이 많다.

일주일을 기준으로 따지면 한국 학생이 핀란드 학생보다 무려 31시간 51분을 더 공부에 투자하는 셈이다. 핀란드 학생들은 적은 시간을 공부하고도 1위를 기록한 반면, 한국 학생들은 사교육에 엄청난 돈과 시간을 투자하고서야 상위권 성적을 유지한다는 얘기다. 또 하나 차이점은 핀란드 학생들은 학습흥미와 동기가 모두 높은 반면, 한국 학생들은 OECD 41개국 중 31위(학습흥미), 38위(동기)로 최하위권이었다(2003년 PISA 수학 부문).

한국 학생들이 상위권 성적을 유지하기 위해 핀란드 학생보다 2배 이상 많은 시간을 공부에 투자하는 현실을 어떻게 이해해야 할까. 결론적으로 공부의 질과 효율성이 떨어진다는 얘기다. 실제로 2008년 OECD 30개 회원국을 대상으로 평가한 학습효율화 지수에서 한국은 24위에 머물렀다. 많은 시간 공부를 하는데도 학생이 아닌 교사 위주의 주입식 수업방식 탓에 스스로 문제를 해결할 수 있는 능력을 키우지 못하고 있다. 한국교육평가원이 서울 지역 중학교 학생 700여 명을 조사한 결과, 수업 내용을 제대로 소화하는 학생은 30퍼센트에 불과했다.

인문계 고교 1학년인 아들의 공부시간을 예로 들어보겠다. 평일의 경우 아침 7시에 등교해 한 시간 자율학습을 하고 8시부터 본격적인 수업이 시작된다. 오후 5시 무렵 정규 수업이 끝나면 저녁을 먹고 다시 밤 10시까지 야간 자율학습이 이어진다. 집에 오면 밤 11시다. 평일 중 하루는 수학 과외를 받느라 새벽 1시에 귀가한다. 아무리 생각해도 수업 과잉이요, 공부 과잉이다. 머리가 소화불량에 걸려 제대로 돌아갈지 걱정이다.

핀란드에는 고교는 물론 대학 간에도 서열이 없다. 당연히 입시 경쟁이나 사교육이 없어 학생들이 공부에 싫증을 내지 않는다. 핀란드는 개인 간 경쟁보다 팀별 학습을 장려한다. 팀별 학습은 수준이 다양한 아이들의 학업 성취도를 고르게 높여 준다. 또한 성적이라는 하나의 잣대를 가지고 학생들을 1등부터 꼴찌까지 줄 세우지 않는다. 동기부여를 통해 학생 개개인의 자발성을 키우는 것이 경쟁을 통한 학습 효과보다 낫다는 판단에서다.

핀란드는 교과목의 특성에 따라 시간을 탄력적으로 편성하는 블록수업을 실시한다. 예를 들어 과목별로 1교시가 사회는 30분, 수학은 2시간, 체육은 3시간이 될 수 있다는 말이다. 학교에 따라 1년을 다섯 학기로 나눠 학기당 과목 수를 줄이기도 한다. 학습 이해도를 높이기 위해서다. 교육방식에도 차이가 있다. 예를 들어 덧셈을 가르칠 때 우리는 '2+7=□'라는 문제를 낸다. 답은 '9'다. 핀란드는 '□+□=9'와 같은 문제가 주를 이룬다. 답은 '1'과 8', '2와 7', '3과 6' 등으로 다양하다. '문제의 답은 하나뿐이다'라는 생각과 '문제의 답은 여러 개일 수 있다'는 생각 사이에는 큰 차이가 있다.

한국교육과정평가원 홍미영 박사팀이 2009년 한국과 핀란드, 호주 등 3개국의 중학교를 방문 조사한 결과에 따르면, 한국 학생들이 수업 중 선생님께 질문하는 비율이 24퍼센트로 가장 낮았다. 반면, 한 반에 20여 명에 불과한 핀란드 학생들은 끊임없이 교사에게 질문하며 토론 위주로 수업을 했다. 바로 이런 차이가 다양성을 존중하고 창의적인 인재를 키워내는 핀란드 교육의 비결이다.

심리학자들은 자기 스스로 좋아서 하는 일과 다른 사람이 시켜서 하거나 어떤 보상을 바라서 하는 일의 효과는 천양지차라고 지적한다. 자기가 원해서 하는 일이 훨씬 지속성이 있고 집중력도 강하다. 인내와 지구력, 집념 등의 정신적 욕구는 외적 보상에 의해서 생기는 게 아니라 내적 동기에 의해 나타난다는 게 전문가들의 한결같은 얘기다.

그런데 한국 학생들은 외적 보상에 의해 공부를 하는 경향이 강하나. 공부 자체보다도 그 뒤에 오는 보상에만 관심을 기울인다. 부모가 어렸을 때부터 "이번 시험에 90점 넘으면 게임기 사줄게"라는 식으로 아이들을 움직여 왔기 때문이다.

하지만 보상을 노리고 공부하는 아이에게서 스스로 몰두하면서 지속적으로 공부하는 끈기와 집중력을 기대하기는 어렵다. 동기부여를 확실히 하는 데는 칭찬과 격려보다 더 좋은 방법이 있을 수 없다. "칭찬은 고래도 춤추게 한다"는 말이 있듯이, 아이들의 장점을 찾아내 때때로 칭찬하는 것은 성취동기를 이끌어내는 최고의 방법이다.

격려는 칭찬보다 더 중요하다. 칭찬은 일의 결과가 좋거나 어떤 성취를 이뤄냈을 때 "정말 잘했어"라고 평가를 내리는 것이고, 격려는 결과가 나쁠 때에도 부족하지만 잘했다고 용기와 자신감을 북돋워 주는 말이다. "열심히 했으니 괜찮아. 용기를 잃지 마. 다음에는 더 잘할 수 있어", "최선을 다했는데 점수가 안 나와서 많이 속상하지? 열심히 하다 보면 보상을 받을 날이 올 거야"와 같은 격려의 말은 결과보다 아이의 노력을 더 평가하는 것으로, 아이들이 실패하거나 좌절했을 때, 힘들어하거나 지쳐 있을 때 다시 의욕을 불어 넣는 중요한 동력이 된다.

아인슈타인은 중학교 때까지 "어떤 공부를 해도 성공할 가능성이 없다"는 교사의 냉혹한 평가를 받았지만, 어머니는 포기하지 않고 칭찬과 격려를 아끼지 않았다. 아들이 힘들어할 때마다 "너는 남과 다른 재능이 있기 때문에 훌륭한 사람이 될 거야"라는 격려의 말을 해주었고, 결국 아들은 뛰어난 수학 실력을 바탕으로 20세기 최고의 물리학자로 우뚝 설 수 있었다.

요즘 우리 아이들은 과잉보호 속에 자란 탓인지 작은 일에도 쉽게 상처를 받고 절망하거나 낙담하는 경우가 많다. 정신적으로 너무 허약해 조그만 좌절에도 자포자기의 삶을 살거나 심하면 인생을 포기하는 경우까지 있다. 이런 나약한 자녀들에게 부모의 태도는 무엇보다 중요하다. 작은 실패나 결점을 꼬투리 삼아 꾸짖거나 질책하는 것은 아이의 올바른 성장에 결코 도움이 되지 않는다. 유대인 부모들은 아이들의 단점보다 장점을 보려 애쓴다. 꾸지람과 질책보다는 칭찬과 격려로 아이들을 키운다.

앞서 핀란드의 예를 들었지만, 미국의 유대계 학생들 역시 백인이나 흑인보다 성적이 월등히 뛰어나다. 동기부여가 확실하기 때문이다. 공부해야겠다는 의지가 남다르고, 가족과 집단의 유대감을 중시하는 정서 덕분에 노력과 끈기를 더 발휘한다는 게 미국의 심리학자 리처드 니스벳 교수(미시간 대)의 분석이다.

우리 아이들의 성적도 이제는 동기부여로 높여야 한다. 원하는 목표를 세우고 즐겁게 공부할 때 집중력도 좋아지고 성과도 좋아지기 마련이다. 따라서 과외를 하나라도 더 시키려고 하지 말고, 왜 공부해야 하는지부터 제대로 인식시키는 게 중요하다. 원하는 목표를 달성하기 위해 반드시 거쳐야 하는 삶의 과정으로 깨닫게 해야 한다는 말이다. 이를 위해 자녀의 능력과 개성에 맞는 구체적인 목표를 세우도록 유도할 필요가 있다.

'나도 이런 사람이 되고 싶다'는 생각이 들도록 국내외 위인들의 전기와 자서전을 읽게 하고, 필요하면 관련 분야의 전문가를 만나는 기회도 만들어 주는 게 좋다. 내가 원하는 목표가 세워졌으면 단기, 중기, 장기 플랜을 구체적으로 짜보도록 유도한다. 이때 실행 플랜을 가족들에게 공개적으로 말하거나 종이에 적어 놓고 날마다 확인하면 더욱 도움이 될 것이다.

3. 밥상머리 교육

뉴욕 브루클린의 가난한 러시아계 유대인 이민가정에서 태어난 로렌스 하비 자이거는 어려운 가정 형편 때문에 신문배달과 우체국 점원 등을 하며 어린 시절을 보냈다. 그의 부모(아버지는 자이거가 9세 때 심장병으로 사망)는 경제적인 여유가 없어서 좋은 옷, 편한 생활은 줄 수 없었지만 아들의 교육만큼은 결코 포기하지 않았다. 그들은 돈 없이 쉽게 할 수 있는 최고의 교육, '밥상머리 교육'을 적극적으로 활용했다. 식사를 하면서 아들의 지적 호기심을 끊임없이 자극했고, 세상에 대해 적극적으로 질문할 것을 주문했다.

이스라엘 히브리 교육대학원에서 유아교육을 전공한 한 국내학자는 유대인 부모들이 대부분 맞벌이를 하면서도 아이들을 훌륭하게 키우는 비결은 가정에서 아이와 보내는 시간을 잘 활용하기 때문이라고 말한다.

"유대인 부모들은 오후 4시에 퇴근하는데, 그때부터 아이가 잠자리에 드는 저녁 9시까지 온전하게 아이와 함께한다. 부모의 각자 할 일은 아이가 잠든 후에 한다. 엄마 아빠 모두 아이와 함께 농축된 저녁 시간을 보내기 위해 최선을 다한다."

유대인들이 하루 중 가장 소중하게 생각하는 시간은 가족들이 한자리에 모이는 저녁이다. 웃고 떠들며 대화를 나누는 과정에서 가족 간의 끈끈한 정을 확인하고, 자녀에 대한 밥상머리 교육이 자연스럽게 이뤄진다. 부모가 자녀의 하루 일과를 들으면서 칭찬과 격려를 하다 보면 인성교육이 절로 된다. 케네디 대통령이 웅변과 연설에 능했던 이유도 어린 시절 어머니의 밥상머리 교육 때문이었다.

유대인은 동양인 못지않게 윗사람에 대한 공경을 강조한다. 효(孝)는 하나님의 자녀가 해야 할 근본 도리이다. 하나님이 성경에서 노인의 얼굴을 공경하라고 가르쳤기 때문이다. 부모에 대한 공경과 효도는 경로사상으로 자연스럽게 연결된다. 특히 하나님의 말씀을 가르치는 랍비는 영적인 아버지나 다름없기 때문에 랍비에 대한 유대인들의 존경심은 대단하다.

동방예의지국으로 불리운 우리나라도 밥상머리 교육을 통해 자녀들의 예의범절과 충효사상을 길러온 전통이 있다. 온 가족이 둘러앉은 밥상은 단순히 한 끼 식사를 해결하는 자리가 아니라, 집안 어른들이 자신의 체험을 후손들에게 전달하는 인성교육의 장이었다. 그런데 핵가족이 보편화되면서 집안의 어른이 사라지고, 밥상머리 교육도 실종되었다. 우리나라 중·고교 학생의 절반가량이 '부모와 식사를 하지 않는다'고 답했다. 여성의 경제활동 참가율이 50퍼센트를 넘는 것도 밥상머리 교육을 무너뜨린 주요인이다.

하지만 유대인 가정도 2대, 3대가 어울려 사는 대가족이 많이 줄어들고 있기는 마찬가지다. 여성의 경제활동은 우리보다 더 활발하다. 그런데도 저녁마다 한자리에 모여 아이들에게 유대 민족의 정신과 전통을 심어 주는 노력을 게을리하지 않는다. "시작이 반이다"라는 말이 있듯이 오늘 당장 가족 식사시간을 만들어 보자. 아침 식사도 좋고 저녁 식사도 좋다. 가족이 모두 모일 수 있는 시간을 정해 하루 한 번은 반드시 식사를 같이 하자. 밥상머리에서 아이들의 고민을 들어주고, 엄마 아빠의 일상을 들려주는 과정에서 가족 간 유대와 사랑이 싹트고 인성교육도 절로 될 것이다.

4. 밥상 앞 교육의 회복

산업화가 되면서 우리의 식탁은 나홀로 식탁이다. 혼자서 먹는 경우가 많으며, 간혹 둘이든 셋이든 모여서 식사를 하더라도 대화는 거의 없다. 자녀와 같이 식사를 할 경우에도 예외 없이 고개를 푹 숙이고 문자나 인터넷 검색, 게임을 하기 때문에 서로 간의 대화는 완전히 단절된다. 우리 가정이 이렇게 점점 대화가 깨지고 있다. 가족 간의 대화와 소통이 무너진 것이 가정 붕괴의 큰 원인이라는 말이 있다.

과거 대가족 시대에는 한국 사회도 유대인들처럼 밥상머리 교육이 통했다. 3대 동거라는 독특한 가부장제가 있었기 때문이다. 3대, 즉 할아버지, 아버지, 손자가 한 집안에서 같이 살았기에 서로 조심하고 절제하며, 부모의 교육이 아래로 대를 이어가며 전달될 수 있었다. 3대가 동거하는 사이에 서로를 알고 배우며 가문의 전통을 몸에 익히게 되는 것이다.

우리네 한옥은 지금처럼 문이 닫히면 안에서 무얼 하는지 전혀 알 수 없는 구조가 아니었다. 사랑방에서 할아버지가 나오면 온 가족이 다 알 수 있었다. 아버지가 마루로 나와 기침을 한 번 하는 것이 서로가 주고받는 신호이기도 했다. 이렇듯 설령 자녀들이 할아버지나 아버지와 그리 많은 대화를 나누진 않았더라도 그분들의 언행을 보며 컸기에 그 자체가 가문의 교육이 될 수 있었다.

하지만 지금은 가족의 형태가 핵가족으로 변하기도 했고, 주거형태도 아파트 생활이 일반적이게 되면서 대화의 통로가 완전히 단절되고 말았다. 방과 방이 단절되고, 문과 문이 가족 사이를 갈라 버렸다. 식사 시간에 우두커니 혼자 밥을 먹는 아들이나 딸, 아버지와 엄마가 많아졌다.

식사 시간은 온 가족 구성원에게 마음의 양식이 되어야 한다. 그것을 지금도 실천하는 이들이 유대인 아버지들이다. 유대인 아버지 역시 주중에는 우리처럼 바쁘지만 그들은 안식일에 무조건 시간을 비워 둔다. 안식일에 가족들을 모두 불러 모아 놓고 할라를 먹으며 서로 대화를 시작한다. 할라는 안식일이나 축일에 먹는 유대인 전통 빵으로, 부유한 집에는 고기 등 더 좋은 먹거리가 있겠지만 가난한 아버지에게는 할라 한 쪽도 귀하다. 이렇게 귀한 할라를 한 쪽 한 쪽 나누며 조상들이 신앙을 지키기 위해 싸워 온 이야기를 해주는 아버지의 모습에 자녀들은 감사해한다.

그러면 유대인 어머니는 어떤가? 밥상머리에 같이 앉을 날이 주로 안식일이기에 어머니는 정성을 다해 안식일 밥상을 차린다. 슈퍼마켓에서 음식재료를 사와 그것으로 온 가족이 함께 먹을 수 있는 식사를 준비하는 것이다. 딸들은 이 과정을 바라보며 돕기도 하는데, 이때 어머니로서의 모성도 배우게 된다.

유대인 아버지는 안식일 저녁 시간에 밥상머리에 앉아 주로 창세기 2장 1절에서 3절을 읽는다.

"천지와 만물이 다 이루어지니라 하나님이 그가 하시던 일을 일곱째 날에 마치시니 그가 하시던 모든 일을 그치고 일곱째 날에 안식하시니라 하나님이 그 일곱째 날을 복되게 하사 거룩하게 하셨으니 이는 하나님이 그 창조하시며 만드시던 모든 일을 마치시고 그날에 안식하셨음이니라"(창 2:1-3).

그 식사 시간에 아버지는 자녀들에게 자신의 경험, 신앙적 지식과 소신을 이야기한다. 십수 년간 매일 들어온 다윗과 골리앗 이야기, 사무엘과 엘리야 선지자 이야기, 모세 이야기이지만 그 속에 담긴 하나님과 아버지의 사랑을 자녀들이 함께 배우는 것이다. 물론 자녀들이 마냥 듣기만 하는 것은 아니다. 유대인 아버지의 힘은 질문력이라고 하지 않는가. 계속 묻고 답하고 돌아가며 대화하는 중에 가족의 소중함이 묻어나고 가문의 전통도 이어지는 것이다. 밥상머리 교육은 질의응답의 연속교육이다.

우리 식탁에서 밥상머리 교육이 사라지고 있다. 단지 밥만 같이 먹는 것이 가족과의 식사여서는 곤란하다. 하루에 한 끼를 같이할지언정 가족들과, 특히 자녀들과 대화를 해야 한다. 계속 묻고 답하고 돌아가며 대화하는 중에 가족의 소중함이 묻어나고 가문의 전통도 이어지는 것이다.

이제부터라도 유대인 아버지들처럼 밥상머리 교육을 실천하라.

5. 지식보다는 지혜를

사람은 지식과 지혜를 모두 갖추어야 한다. 지식과 지혜는 비슷한 것 같지만 크게 다르다. 지식은 사물과 세상에 대한 정보이다. 지혜는 현명하고 슬기로운 판단력이다. 만약 지식만 풍부하면 아는 것이 많아도 매번 어리석은 결정을 할 것이다. 지식과 지혜를 모두 갖추어야 박식하면서도 슬기로울 수 있다.

> "교육방법은 영원하지 않고 항상 변화한다. 중요한 건 아이들에게 지식을 주는 게 아니라 그들의 성격을 개발해 주고, 호기심을 일깨워 주고, 카리스마를 길러 주고, 배우는 방법을 가르치는 것이다. 지금은 주머니 속의 돈이 아니라 머리가 밥을 먹여 주는 시대이다" (시몬 페레스 이스라엘 대통령).

21세기는 지식정보화 사회다. 지난 세기까지만 해도 정보를 접할 수 있는 계층은 극히 한정되어 있었지만 지금은 정보 독점구조가 해체되면서 인터넷, 모바일 기기 등을 통해 누구나 쉽게 각종 정보에 접근할 수 있다. 하지만 지혜가 부족한 지도자나 기업인은 여전히 많다. 국가 지도자나 대기업의 CEO가 잘못된 판단을 하면 개인의 삶은 물론 그가 이끄는 조직 자체가 순식간에 무너질 수도 있다. 지혜는 지식 습득 이전에 갖춰야 할 기본적인 소양인 셈이다.

한국의 자녀교육은 오로지 지식 향상에 집중되어 있다. 지식의 양을 늘리기 위해서라면 빚을 내서라도 사교육을 시키고, 이사나 선진국 이민도 마다하지 않는다. 학교에서도 지식을 더 많이 주입하는 데만 급급하다. 과중한 정보량에 버거워하는 아이들을 붙잡고 어떻게든 지식을 습득해 대학에 합격하도록 강요하는 것이 가정은 물론 학교교육의 전부가 되어 버렸다.

문제는 이렇게 강요된 지식은 자신의 것이 되기 어렵다는 점이다. 이해하고 응용할 수 있어야만 진짜 지식이다. 억지로 외움으로써 알게 된 지식은 결코 오래가지 못한다. 《생각의 탄생》이라는 책을 쓴 루트번스타인 부부의 표현을 빌리자면 "지식은 실로 허약하며 쓸모없고, 교육적 실패의 결과물에 불과하고, 겉만 번지르르한 학문적 성취의 외장"일 뿐이다.

지식은 인생을 살아가는 데 있어서 필요한 여러 조건 중 하나일 뿐이다. 어떻게 살 것인가, 지식을 자신의 삶에 어떻게 적용할 것인가를 결정하는 것은 바로 지혜이다. 유대인들은 지식에 앞서 지혜를 가르친다. 지혜로워야 지식도 제대로 활용할 수 있다고 보기 때문이다.

"물고기를 주어라, 한 끼를 먹을 것이다. 물고기 잡는 법을 가르쳐 주어라, 평생을 먹을 것이다." 탈무드에 나오는 말이다. 지식은 물고기와 같은 것이다. 부모가 자녀에게 자신이 잡은 물고기를 주는 것은 기존 지식이나 재산을 물려주는 셈이다. 물론 어떤 문제에 부딪쳤을 때 지식의 깊이나 양은 중요하나. 하시만 지식을 어떻게 활용하고 쓰느냐가 더 중요하다.

아무리 많은 재산과 지식을 물려받아도, 이를 제대로 활용하지 못하면 무용지물이다. 지혜는 지식을 올바로 활용함으로써 평생을 지탱하게 해주는 힘의 원천이다. 지식은 있으나 지혜롭지 못한 사람은 개인의 이익을 위해 자기가 속한 공동체에 피해를 줄 수도 있다. 지혜는 누구도 빼앗아가지 못하는 가장 귀중한 자신만의 재산이다.

글로벌 리더가 되려면 깊이 있는 지식은 물론, 뛰어난 판단력과 인간 및 사회에 대한 이해력, 예술적 감성을 고루 갖춰야 한다. 부모가 잡은 물고기를 억지로 입에 떠밀어 넣는 한국식 교육과 물고기를 낚는 지혜를 가르치는 유대인 교육이 어떤 결과를 가져올지는 자명하다. 다양한 독서와 토론을 통해 평생 삶의 지혜를 터득한 유대인과 오로지 대학입시를 위해 인생의 황금기를 지식 축적하는 데에만 보낸 한국인. 오늘날 유대인이 이룬 성취는 지식보다 지혜를 앞세운 교육의 힘을 보여주는 분명한 증거다.

6. 이상과 지혜를

이상이 없는 교육은 미래가 없는 현재와 같다는 것이 유대인의 교육관이다. 유대인은 구약성경의 창세기에서 하나님이 인간을 만들고 인간에게 세계를 맡겼을 때 세계를 보다 나은 것으로 만들 책임도 함께 맡겼다고 가르친다. 여기서의 세계란 현재의 세계를 의미한다. 유대인에게는 내세가 있지 않다. 이런 가르침을 어려서부터 수없이 되풀이해 듣고 성장하는데, 유대인에게 개혁자가 많다는 사실이 이 가르침을 증명한다.

프로이트, 마르크스, 아인슈타인 등과 같이 세계를 변혁시킨 유대인들, 특히 과학의 정설을 크게 바꾼 사람과 사회 개혁자는 유대인 가운데 많다. 그것은 유대인의 교육이 이상을 가르치기 때문이다. 앞서 말한 대로 유대인의 이상은 신이 칭찬하는 세상을 만드는 것이다. 그래서 유대인은 인간이 좋은 세상을 만드는 것이 곧 신의 정의를 행하는 것으로 가르친다. 그러니 많은 개혁자가 탄생할 수밖에 없다.

지구 위에 풍비박산 흩어져 살고 있거나 어딘가에 처박혀 살며 인간 이하로 천시당하고 압박당하는 현세적인 사실이 유대인에게 더욱 이상을 추구하도록 만들고, 모든 인간이 평화롭게 살며 정의가 행사되는 공평한 사회에 대해 꿈꾸도록 더욱 부채질했을 것이다. 그래서 많은 사회 개혁자가 탄생했는지도 모른다. 유대인 가정에서는 일주일에 하루 또는 안식일에 가족이 한자리에 모여 앉아 아버지로부터 성서나 탈무드를 배운다. 유대인은 사실 학교교육보다도 가정교육을 더욱 중요시한다. 왜냐하면 아이들의 생활은 가정이 중심이며, 성서나 탈무드 같은 자기 민족의 고전을 통하여 지혜를 배울 수 있기 때문이다. 이들 고전에는 5천 년에 걸친 유대인 삶의 지혜가 담겨 있기 때문이다.

유대인들이 자기네의 고전을 중요하게 여기면서 수천 년 전의 것을 아이들에게 가르치는 이유는 '지식은 발전해 가지만 지혜는 옛날과 다름이 없다'고 확신하기 때문이다. 그래서 묵어빠진 고전을 신선하게 해석하고 조금도 낡은 것으로 생각지 않고 가르쳐서 이상과 지혜를 추구하는 가정교육을 실시한다.

그런데 유대인은 이들 고전에 담긴 지혜를 책으로 읽게 하여 가르치기보다는 부모가 아이들에게 이야기로 들려주며 가르치는 방법을 택한다. 그들은 그것이 더 효과적인 교육방법이라고 생각한다. 왜냐하면 부모가 자녀에게 들려주는 교육은 생각하는 것을 강조하기 때문이다. 그래서 그들은 책을 읽는 것보다는 생각하는 것을 보다 강조한다.

"많은 사람들은 생각하는 것이 싫어서 책으로 도피한다"라는 말은 탈무드에 나오는 격언으로서 책의 민족인 유대인이, 교육에 가장 열심인 유대인이, 교육은 곧 하나님에 대한 예배요, 신의 뜻을 실천하는 것이요, 교육이 곧 종교라고 생각하는 그들이 책을 읽는 것은, 읽는 것이지 배우는 것은 아니라고 여기기 때문에 나온 말이다.

유대인 중에 유난히 독창적인 업적을 보인 노벨상 수상자가 많은 것은 그들이 단순히 읽기보다는 생각하기를 강조하기 때문일 것이다. 유대인들은 책에서 읽은 것을 생각하고 그것에서 새로운 것을 연상하는 연상력을 강조하는 교육을 실시한다. 그 연상력이야말로 바로 창조력이 아닌가. 보다 살기 좋은 세상의 창조는 유대인 가정교육이 읽는 것보다 생각하는 것을 강조하는 교육방법에서 오는 당연한 귀결일 것이다.

7. 기대감과 기대치

부모 뜻대로 자녀의 진로를 정하고 거기에 필요한 공부를 강요하는 것은 자녀를 불행하게 만드는 지름길이다. 아이의 개성을 찾아서 진로계획을 구체화하도록 이끌어 주는 것이 아이의 행복과 성공을 위한 최선이라는 것을 잊지 말자.

자녀가 성공하길 바란다면 절대로 부모가 원하는 진로를 강요해선 안 된다. 진정 하고 싶다는 마음이 안 생기는 공부나 일을 하면서 성공하길 바라는 것은 욕심이다. 아이가 하고 싶은 것을 시키는 것보다 더 중요한 것은, 잘할 수 있는 걸 시키는 것이다.

제2차 세계대전의 영웅인 영국의 윈스턴 처칠 수상은 학창 시절에 별 두각을 나타내지 못했다. 아버지가 일찍 세상을 떠나 불우한 어린 시절을 보낸 영향이 컸다. 어머니도 온전히 제 역할을 하지 못했다. 영국의 역사학자 제프리 베스트는 처칠의 전기 《절대 포기하지 않겠다》에서 처칠의 어머니 제니에 대해 다음과 같이 묘사한다.

"미망인이 된 제니는 줄곧 금전적 어려움에 시달렸고 상류사회가 용인한 몇 번의 연애를 했으며, 연하의 남자와 두 번 재혼했다가 이혼했다."

처칠이 이런 어머니 밑에서 제대로 학업에 정진했을 리 없다. 게다가 처칠은 말을 더듬고 발음이 약간 부정확해서 괴롭힘의 대상이었다. 영국 최고의 사립 고등학교인 이튼(Eton) 스쿨을 포기하고 대신 들어간 해로(Harrow) 스쿨에서는 3년 내내 낙제를 거듭했다. 3수 끝에 샌드허스트 육군 사관학교에 진학했으나 역시 성적이 좋지 않아 보병대 대신 기병대를 선택해야 했다.

하지만 처칠에게는 한 가지 뚜렷한 능력이 있었다. 바로 글쓰기였다. 그는 영문을 자유자재로 요리해 원하는 걸 만들어내는 능력이 있었다. 1941년 처칠이 해로스쿨 졸업식에서 했던 연설문은 아직도 회자될 정도로 유명하다. 장교로 임관한 처칠은 1895-1899년 쿠바와 인도, 남아공 등 전쟁터에서 싸우면서도 자신의 장기를 살려 일간지에 르포 기사를 썼다. 신문에 썼던 기사를 바탕으로 책도 여러 권 냈다. 그의 주특기인 글쓰기는 처칠을 대중들에게 확실히 각인시켜 정치인으로 성장하는 데 밑거름이 됐다. 처칠에게 노벨상을 안겨 준 것은 제2차 세계대전을 승리로 이끈 정치적 역량(평화상)이 아니라 《제2차 세계대전》이라는 책(문학상)이었다.

개인의 타고난 능력을 무시한 채 모든 과목에서 무조건 1등 하기를 강요받는 한국인은, 모두가 세도 교육의 틀에 맞춰 1등부터 꼴등까지 줄 세우기에 여념이 없다. 부모들도 그에 맞춰서 내 자녀가 무조건 남보다 뛰어나기만을 바란다. 세계는 빠른 속도로 다양화·전문화 하는데, 한국 사회는 붕어빵처럼 획일적인 인재를 찍어내고 있다. 한국 부모들은 자신의 아이가 남보다 뛰어나고 성공하기를 바란다. 이를 위해 사교육을 시키고 특목고에 보내기에 안달이다. 더 빠른 성공과 출세의 지름길이라고 믿기 때문이다. 이 과정에서 자녀의 자율성이나 독립성은 존재하지 않는다.

부모가 시키는 대로 공부하고 스펙을 쌓아온 아이가 성인이 돼서 스스로 판단하고 독립적인 결정을 내릴 수 있을지는 의문이다. 자녀의 성공을 바란다면 절대 부모의 가치관으로 특정 직업이나 진로를 강요해서는 안 된다. 자신이 하고 싶지 않은 공부나 일을 하면서 성공하기란 거의 불가능하다.

유대인들은 자녀의 선택과 판단을 존중한다. 그리고 자녀가 자기 주도적인 삶을 만들어 갈 수 있도록 인내심을 갖고 지켜본다. 자녀가 잘할 수 있는 일이 무엇인지를 관찰해 끊임없이 격려하고 자극을 주는 노력도 게을리하지 않는다. 다만, 자녀의 진로에 대해 조언할 때는 세심한 주의가 필요하다. '~해야 한다'라는 식의 강요는 금물이다. 자녀가 스스로를 돌아보고 생각할 수 있는 여지를 주도록 '아빠(엄마)는 ~라고 생각하는데, 네 생각은 어떠니?'와 같은 식의 대화가 돼야 한다.

8. 배우기 위해 많은 질문

한국의 어머니들은 흔히 "댁의 아드님은 어쩌면 그렇게도 얌전하고 착할 수가 있을까?"라는 칭찬의 말을 한다. 그러나 유대인들은 그런 칭찬의 말을 하지 않는다. 만일 나의 딸이나 아들이 그런 말을 듣게 된다면 나는 걱정이 되어 견딜 수가 없을 것이다. 왜냐하면 '얌전하다'는 말은 '공부를 할 수가 없다'는 말과 거의 같은 뜻이기 때문이다.

유대 속담에 "수줍은 아이는 배울 수가 없다"는 말이 있다. 그렇다고 이 말이 이른바 내향성의 아이는 공부를 못한다는 뜻이 아니다. 그게 아니라 부끄러움을 잘 타고 남 앞에서는 말도 못하고 언제나 얌전하게만 행동해서는 정말 학문을 몸에 익힐 수 없다는 것이다. 즉 아이들은 무엇이건 간에 서슴없이 물어보는 습관을 들이도록 하라는 것이다.

소련 문제 연구가이며 러시아 혁명사의 권위자로서 세계적으로 유명한 아이자크 도이처는 폴란드 태생인데, 불과 13세에 랍비가 된

천재적인 소년이었다. 그가 부모로부터 되풀이해서 듣고 또 듣던 충고는 "반듯하게 서서 자기의 생각을 정리하여 할 말이 정해지면 큰 소리로 분명하게 말하라"는 것이었다. 그는 랍비의 자격을 얻기 위한 발표 때에, 이 충고에 따라 불과 13세의 소년에 지나지 않았는데도 유대인들을 앞에 놓고 두 시간에 걸친 대연설을 하였다.

청중은 매혹된 것처럼 조용히 듣고 있었으며 감탄한 얼굴로 고개를 끄덕이고 있었다고 한다. 그리하여 그의 연설을 들은 약 1백 명의 랍비들이 판정을 내려 랍비로 임명을 받은 것이다. 유대인 사회에서 제일 존경받는 랍비가 되기 위해서는 수줍고 점잖은 것이 '덕'이 아니라 자기 생각을 분명하게 말하는 것이 덕이며 조건인 것이다.

한국 사람과 이야기할 때 제일 난처한 일은, 상대방과의 사이에 금방 침묵이 끼어드는 것이다. 사실 나 자신은 그다지 수다스런 편이 아니지만, 그래도 한국인 학부모하고 이야기하다 보면 나 혼자 계속해서 지껄이게 되는 수가 많다. 나는 어려서부터 말에 의해서 배우는 것을 습관으로 삼아 왔기 때문에, 침묵이란 배우기를 거부하는 일로밖에 생각되지 않는다.

침묵은 지식에 대한 연구의 결여이다. 침묵은 지식 획득을 포기하는 것이다. 분명하게 말을 한다는 것은 밖을 향해 자기 마음을 열어 놓는 일이다. 그렇게 함으로써 다른 사람에게 '나는 배우고 싶다'는 신호를 계속 보내는 일이 된다.

한국인 학부모가 자녀를 처음 학교에 보낼 때 하는 말은 "선생님 말씀을 잘 들어야 한다"는 것이다. 교실 안에서 교사 혼자 떠들고 여러 아이들이 말없이 듣고만 있는 광경은 생각만 해도 답답한 느낌이 든다. 그래서야 아이들이 교사의 가르침을 일방통행식으로 듣기만 할 뿐이지, 아무 의문도 갖지 않으며 독창성이 없는 인간이 되는 것이 아니겠는가. 유대인의 교육은 그런 것과는 판판이다. 유대인 어머니들은 "선생님에게 자주 물어보아라" 하고 일러 준 다음 아이들을 학교에 보낸다. 유대인의 아이들에게 요구되는 것은 암기가 아니라 이해하는 능력이다. 교사는 학생에게 문제를 던져 주고, 학생은 그것을 풀며 모르는 일은 묻고 또 물어 뿌리까지 캐서 이해하는 것이 학생의 의무이기도 하다.

5천 년 전부터 유대인에게 전해 내려오는 탈무드는 이렇게 가르친다. "교사는 혼자 지껄여서는 안 된다. 만일 학생들이 말없이 듣고만 있으면 많은 앵무새를 길러내게 되기 때문이다. 교사가 말을 하면 학생들은 그것에 대해서 질문을 해야 한다. 그리하여 교사와 학생 간에 주고받는 말이 활발하면 할수록 교육의 효과는 오르게 된다"라고 본다.

마빈 토케이어는 일본에서 《일본인과 유대인》이라는 책을 내어 베스트셀러가 되어 유대 붐을 일으킨 사람이다. 이 책이 나오자 그는 일본에 있는 오직 한 사람의 랍비로서 여기저기서 청을 받아 자주 강연을 다니게 되었다. 그런데 그때마다 참 이상한 느낌이 든다는 것이다. 왜냐하면 강연이 끝나도 누구 하나 질문을 하는 사람이 없으며, 청중은 모두 침묵만 지키고 있다는 것이다.

이것은 유대인의 상식으로는 도저히 생각할 수 없는 일이다. 유대인의 모임에서라면 이런 경우 강연자가 어쩔 줄 모를 만큼 많은 질문이 쏟아져 나오게 마련인 것이다. 그것은 강연자가 하는 말을 그저 받아들이고 머리속에 넣어 두는 일로 그치는 것이 아니라 모르는 일을 밝히고, 이해하려고 하는 의욕이 나타난 것이다. 그래야 비로소 정말 배울 수가 있는 것이 아닐까.

탈무드에는 두 나그네 이야기가 있는데, 유대인의 배우는 태도를 상징적으로 소개하는 이야기이기도 하다. 두 사람은 배고픔을 안고 어떤 외딴집을 발견하였다. 안에 들어가 보니 집안은 아무도 없이 텅 비었는데 높은 천장에 과일이 든 바구니가 매달려 있었다. 그러나 아무리 손을 뻗쳐 보아도 과일에 닿을 수가 없었다. 그러자 한 사내는 화를 내고 그 집을 나가 버렸다. 그러나 또 한 사내는 그와 달랐다. 너무도 배가 고파 몸을 움직일 기운도 없었지만 '천장에 과일 바구니가 매달려 있는 걸로 보아 누군가가 거기다 걸어 놓았음에 틀림없다'고 판단하고 집안을 이리저리 찾아보았다. 그리고 마침내 사다리 하나를 찾아내서 과일을 먹었다는 것이다.

유대인은 언제나 후자의 방법을 모범으로 삼아 왔다. 그저 자기 코앞에 갖다 주는 것이나 받아먹고 가만히 앉아 있는 일은 세상 없어도 하지 않았다. 유대인의 아이들은 손이 닿지 않는 곳에 매달려 있는 과일처럼 어려운 일을 하도록 자극받는다. 사다리를 한 칸 한 칸 오르는 것처럼 질문을 거듭하여 한 발자국씩 문제에 가까이 가게 가르친다. 그리하여 마침내는 과일, 즉 지식에 닿게 되는 것이다. 나는 이것이야말로 배움의 참모습이라고 생각한다.

유대인은 많은 발명이나 발견을 해왔으며 언제나 지적 개척자의 지위를 지켜 왔다. 그런데 그 비결은 5천 년 전부터 이러한 교육법으로 아이들을 가르치고, 늘 교사에게 도전하고 질문을 멈추지 않는 태도를 몸에 익혀 온 데서 기인한다고 생각한다. 그렇게 함으로써 자기 자신의 지(知)의 체계를 차츰 만들어 나가게 되고, 그것이 위대한 업적으로 이어졌던 것이다.

필자는 시골에서 학교를 다녔다. 당시 실력 있는 교사는 도시로 가서 교사가 되었으나 실력 없는 사람은 시골에 남아 있었다. 필자는 늘 예습을 해가지고 학교에 가서 질문을 많이 했다. 그러면 가끔 실력 없는 교사가 답변을 찾지 못해 쩔쩔매곤 했는데 그것이 즐거웠다. 못된 학생 노릇을 한 것이다. 그러나 질문을 잘하는 것은 지식

획득에 도움이 되었다고 본다.

9. 지속적인 질문에 성실한 답변

유대인은 자녀를 신의 축복으로 여겨 피임을 하지 않기 때문에 아이들을 많이 낳는다. 유대인 율법에 따르면 남녀는 최소한 두 명의 자녀를 키울 의무가 있다. 물론 산모나 태아의 건강에 문제가 있을 경우엔 예외여서 입양도 가능하다. 유대인 부모는 질문을 끊임없이 던지면서 아이들 스스로 할 일을 찾아가도록 유도할 뿐이다.

"왜 형한테 고함을 질렀니? 형이 깜짝 놀라지 않았을까?" "방을 이렇게 어지럽히면 먼지가 많아져 건강에도 해롭지 않겠니?" 등 질문으로 집안의 평정을 다스린다.

한국 학생들은 학습지 위주의 페이퍼 워크(paper work)를 열심히 하기 때문인지, 테스트(시험)에는 강한 것 같다. 문제지에서 해답을 찾아내는 능력이 뛰어나다는 말이다. 하지만 유대인이나 미국의 수업방식은 조금 다르다. 토론 위주의 창의적인(creative) 교육을 중시한다. 그들은 아이가 내성적이며 질문을 하지 않으면 답답해한다. 모르는 문제가 생기면 질문을 하고 토론을 통해 스스로 해답을 찾아나가는 과정에서 창의력이 길러지는 법인데, 종일 듣고만 있으니 시험 성적만 좋으면 뭐 하겠는가 하고 생각한다.

어린이는 태어나서 만 3세까지는 부모의 말과 행동을 모방하면서 학습한다. 주어지는 정보를 받아들여 반복적으로 익히는 수동적인 방식의 학습이다. 하지만 만 4세가 넘으면서부터 "이게 뭐에요?" "왜 이렇지요?" "이렇게 하면 안 되나요?"와 같은 질문을 끝없이 던지는 등 능동적인 태도를 보인다. 아이들의 이런 지적 호기심을 제대로 충족시켜 주는 것은 매우 중요하다. 부모의 대응 방식에 따라 아이가 지적으로 한 단계 성숙하는 계기가 될 수 있는 반면, 주입되는 정보만 받아들이는 수동적인 아이로 굳어질 수도 있기 때문이다. 아이들의 호기심을 억누르면 그만큼 지능 발달이 뒤처진다. 한국 부모들은 자녀를 수동적인 학생으로 키우는 데 선수다. 질문을 자주 하도록 유도하기는커녕 아이들이 자발적으로 던지는 질문에 답변하는 것조차 귀찮아한다.

그렇다면 유대인 부모들은 어떨까? 그들은 어렸을 때부터 자녀들에게 질문의 기회를 줄 뿐만 아니라, 더욱 적극적으로 질문을 하도록 격려한다. 질문을 중시하는 교육은 학교에서도 그대로 이어진다. 교사들이 가장 강조하는 게 '적극적으로 질문하라'는 것이다. 한국의 엄마들은 등교하는 아이들에게 흔히 이렇게 얘기한다.

"학교에 가서 선생님 말씀 잘 들어야 한다. 딴짓 하지 말고 선생님이 시키는 대로 해야 해."

그런데 유대인 엄마들의 당부는 영 딴판이다.

"학교에 가면 훌륭한 선생님께서 계시니까 모르는 게 있으면 꼭 물어봐야 한다. 선생님께서는 모르는 게 없는 훌륭한 분이시니 이것저것 질문을 많이 하렴."

이스라엘의 예시바(종교학교)에서는 "공부하다 따분해지면 일어서라"고 가르친다. 똑같은 내용이라도 일어선 상태에서 손짓 발짓을 섞어가며 격렬하게 논쟁하면 학습에 더 효과적이라는 게 유대인들의 믿음이다.

친구와 질문하고 답하는 '대화법'을 권하는 것도 종교학교의 특징이다. 옆 친구와 질문하고 대화를 이어가다 보면 아무리 지루한 과목도 흥미가 지속돼 문제해결 능력을 키우게 된다. 끊임없이 질문하고 답하는 과정을 통해 즉각적인 피드백을 주고받으면 어떤 문제에 대해 더욱 관심을 갖게 되고, 이런 관심은 집중력으로 이어지기 마련이다.

사람들이 비이성적 행동을 하는 심리적 이유를 분석한 《스웨이》(sway)의 저자인 유대인 롬 브래프먼도 질문이 최고의 학습법이라고 강조한다.

"학생은 질문을 통해 수업에 적극적으로 참여한다. 대부분의 학생은 수업시간에 선생님 말씀을 노트에 받아쓰는 것이 공부의 전부라고 생각하지만, 이것은 수동적인 공부이다. 공부에 흥미를 잃지 않는 중요한 방법이 바로 질문이다. 수업시간에 공개적으로 질문하는 것이 쑥스러우면 수업이 끝나고 선생님을 찾아가서 질문하라."

눈으로 책을 읽으면서 얻은 지식은 쉽게 잊히지만, 질문하고 토론해서 얻은 지식은 머릿속에서 잘 지워지지 않는다. 대화와 토론에 적극적인 사람들의 기억력이 훨씬 뛰어난 이유다. 아이들은 "이건 왜 그래?" "저건 뭐야?"와 같이 끊임없이 질문을 던져 부모를 당황하게 만든다. 이때 답변을 회피하거나 대충 알려주고 넘어가는 태도는 부모에 대한 신뢰감을 떨어뜨리기 쉽다. 부모가 건성으로 답변하면 아이들은 자신의 감정이나 호기심이 무시당하는 것처럼 느낀다.

아이가 질문이 많다는 건 호기심이 왕성하다는 뜻이다. 아이다운 상상력과 호기심을 잘 키워 줘야 창의력과 자신감을 갖게 된다. 따라서 부모가 알고 있는 범위 안에서 성의껏 적극적으로 답변하는 게 좋다. 그 과정에서 부모와 자녀 간의 신뢰가 싹트고, 아이도 배움의 즐거움을 느낄 수 있다.

10. 열렬한 토론 교육

이스라엘의 부모가 아이들의 질문에 답을 말해 줄 때는 아이가 절대로 그 답을 찾아낼 수 없는 것에만 한한다. 그리고 그런 질문일 경우에도 대화하는 과정을 아주 중요하게 여겨 마지막 순간까지도 아이에게 자기 생각을 말하게 한다. 유치원에서도 마찬가지이다. 유치원 교사는 아이들에게 많은 책을 읽어 주고 이야기를 들려준다. 아이들은 선생님이 들려주는 재미있는 이야기를 취한 듯 듣는다. 선생님은 그런 아이들에게 이야기를 끝마치면서 말한다. 선생님은 아이들이 토론을 하도록 유도하는 것이다. 아이들은 선생님이 이끄는 토론의 전개에 이끌려 가면서 어느덧 스스로 줄거리를 세워 생각하는 방법을 배우게 된다.

이처럼 매일 벌어지는 토론은 꼭 한 가지 답만을 끌어내는 데 의미가 있는 것이 아니라, 하나의 문제를 여러 가지 방식으로 생각하게 하는 데 의의가 있다. 그래서 아이들은 자기의 생각이나 느낌을 주저하지 않고 자유스럽게, 자신감 있게 발표하게 된다.

이스라엘의 선생님들이 가장 중요하게 여기는 것은 '아이들에게 합리적인 사고 습관을 가지도록 하는 것'이다. 그래서 그들은 아직도 어리광 부리기 좋아하는 아이들에게 토론으로 일관한 '헤브루타식 교육'을 끈기 있게 시켜 나간다. '헤브루타식 교육'이란 논쟁과 토론을 강조하는 이스라엘 특유의 교육방식이다. 이스라엘 사람들은 논쟁과 토론 교육만이 아이들의 사고를 합리적으로 길러 주는 가장 확실한 수단이라고 생각하고 있다. 그 생각은 옛날부터 지금까지 변함 없이 이어져 내려오고 있어 '헤브루타식 교육'은 오늘날 이스라엘 유아교육에서도 여전히 교육의 뿌리로 자리 잡고 있다.

유대인들이 자랑한 탈무드도 바로 이런 토론과 논쟁의 대화집이다. 과거 5천 년 동안 벌어진 수많은 유대교 현인들의 이야기가 토론식으로 담겨 있는 탈무드는 하나의 끝없는 토론 거리를 던지고 끈질기게 결론을 찾아 나간다. 이제는 탈무드가 종교인들이 아닌 일반인들에게는 중요한 교재로 취급받지 않지만 토론과 논쟁 교육의 근간임은 확실하다. 이스라엘 사람들을 두고 수다쟁이 같다고 말하는 사람들도 많다. 그것은 그들이 둘만 모여 앉아도 무언가에 대해 열띤 논쟁을 벌이는 모습을 보았기 때문일 것이다.

어떤 이스라엘 사람은 한국에 와서 가장 고역스러웠던 일 중 하나가 말없이 앉아 있는 침묵의 시간이었다고 말하기도 한다. 그들은 우리처럼 대화가 자주 끊기고 침묵이 찾아드는 일이 거의 없는데, 다 길을 가면서도 단 한 마디도 하지 않고 묵묵히 걷는 경우가 드물다. 두 사람만 모여도 열띤 토론을 하는 그들에게는 우리의 그런 모습이 낯설게 보일 수밖에 없는 것이다. 단 두 사람만 모여도 열심히 토론을 벌이는 그들의 습성이 "유대인 두 명이 모이면 세 가지 의견이 나온다"는 말이 생겨나게 했을 것이다.

둘만 모여도 논쟁을 벌이고, 그러다가 마침내는 좀 더 나은 제3의 결론에 이르게 되는 그들과 "사공이 많으면 배가 산으로 간다"는 결론 부재의 우리 속담은 주장하는 바가 전혀 다르다. "유대인 두 명이 모이면 세 가지 의견이 나온다"는 속담은 논리 싸움을 통해 최선의 결론에 이르는 유대인의 합리성을 잘 보여주는 것이라고 하겠다.

이스라엘 사람들의 합리적인 사고 습관은 어릴 때부터 길러진 것이다. 유치원 일과에는 반드시 하루에 30분 정도 교사와 아이들이 그날의 주제에 대해 열띤 토론을 벌이는 시간이 있다. 그래서 선생님과 아이들이 한 곳에 둘러앉은 모습을 쉽게 발견할 수 있다. 아이와 선생님이 토론을 벌이는 모습은 마치 작은 국회의 모습 같기도

하다. 선생님은 그날 토론의 주제에 대해 설명을 하고 토론의 방향을 잡아 줄 뿐 토론은 아이들이 주도해서 이끌어 나간다. 선생님은 아이들이 토론하는 모습을 주의 깊게 지켜보고 있다가 토론이 끝난 후에는 아이들의 의견을 모아 정리한 후 결론을 내려 준다.

이스라엘의 어린이들도 여느 어린이들과 마찬가지로 토론을 하는 중에 자신의 의견을 고집하면서 떼를 쓰거나 싸우기도 한다. 그런 경우 이스라엘의 선생님들은 일단 문제가 생긴 상황에 대해서 아이들에게 변론의 기회를 준 뒤 잘잘못을 가려 준다. 하지만 그 과정은 우리가 흔히 상상하듯 누가 잘못을 했다 아니다 하고 단순한 판결을 내리는 것이 아니다.

선생님들은 문제가 생겨난 상황에 대한 계속적인 대화를 통해 아이들이 자신의 잘못을 스스로 인정하도록 하고, 다음에도 그와 같은 경우가 생기면 어떻게 대처할 것인지에 대해 듣기도 한다. 언뜻 보기에는 너무 어린아이에게 지나친 교육을 하는 것처럼 보일지도 모르지만, 어린아이도 합리적으로 사고할 수 있는 하나의 인격체라는 것을 그런 교육을 통해 인정해 주고 있는 것이다.

11. 유대 랍비식 교육방법

한국의 대부분 어머니들은 자녀가 학교에서 집으로 오면 "오늘 학교에서 별일 없었니? 선생님 말씀 잘 들었니?" 등을 묻는다. 그러나 유대인 부모는 "오늘 선생님한테 무슨 질문을 했니?"라고 묻는 등 자녀를 다루는 법이 다르다. 지하철을 타다 보면 어머니와 자녀가 묻고 대답하는 모습을 가끔 볼 수 있다. 아이는 계속 어머니에게 질문을 던진다. 어머니는 처음 몇 번은 잘 대답하다가 나중에는 짜증을 낸다. 호기심이 많은 이 아이는 엄마의 이런 태도 때문에 좋은 교육 기회를 박탈당하고 있음을 볼 수 있다.

사실 필자의 부모 세대만 해도, 아니 필자 세대만 해도 "침묵은 금, 웅변은 은"이라는 가르침을 받아 왔다. 불필요한 말을 내뱉는 것보다 말하지 않고 다른 사람들의 말을 귀담아 듣고 있는 것이 오히려 더 낫다는 것이다. 그러나 시대가 달라졌다. 아버지는 돈만 갖다 주고, 교육은 어머니 혹은 학원 선생님이 맡는 식으로는 자녀를 제대로 키우기 어려운 사회가 되고 말았다. 정보의 홍수 속에 자녀들은 일찌감치 대화의 문을 닫고 휴대폰과 인터넷, 게임기 속에 파묻혀 버렸다.

여성가족부가 최근 발표한 가족 간 소통 자료를 보면, 하루 평균 아버지와 대화하는 시간이 30분 미만이라는 응답자가 전체의 42.1퍼센트였다고 한다. 심지어 6.8%는 전혀 대화하지 않는다고 대답했다. 물론 개인적으로는 전혀 대화하지 않는다는 응답자의 수치가 사실보다는 축소된 결과라고 본다. 조사를 하니까 마지못해 이야기를 하는 척 응답한 수치도 적지 않게 포함되었을 것이다.

필자의 아버지는 가부장적 권위가 강한 분이셨다. 말을 많이 하는 것을 싫어하셨고, 부모님 앞에서 자신의 의견을 또박또박 펼치는 것을 건방지게 생각하셔서 언짢아하는 모습을 자주 드러내기도 하셨다.

유대 속담에 이런 이야기가 있다.

"무에서 유를 만드는 기쁨을 깨달아라!"

그러기 위해서는 질문의 힘이 가장 중요하다. 일례로 텔아비브 교외에 사는 한 노인이 TV에 소개된 적이 있었는데, 그 이유는 그의 독특한 삶의 방식 때문이었다. 그는 하루에 질문 100가지를 반드시 하고 나서야 잠자리에 든다고 한다. 이 노인은 질문의 중요성을 몸소 실천하며 살아가는 삶의 좋은 예라고 할 수 있다. 물어보고 또 물어보는 질문의 힘은 자녀를 튼튼하고 실력 있게 키우는 방법이다. 이런 면에서 유대인들은 세계 최강이라는 칭찬을 받아도 부족하지 않다.

예수 그리스도 역시 유대인이었다. 그분도 늘 물으셨다.

"사람들이 나를 (인자를) 누구라 하느냐?"(마 16:13)

"너희는 나를 누구라 하느냐?"(마 16:15)

"무엇을 원하느냐?"(마 20:21)

예수님의 제자 마태의 직업은 유대인이 가장 싫어하는 직업인, 세금을 거두는 세금 징수원, 즉 세리였다. 하지만 마태는 예수님의 부름을 받아 예수님을 잘 따르는 제자가 되었다. 그리고 예수님이 돌아가시고 30년이 지난 후인 서기 60년대 후반에 예수님의 행적을 마태복음으로 펴냈다. 마태복음은 예수님이 계속해서 유대인들에게 질문을 던지는 모습을 보여주고 있다.

예수님은 질문을 하면서 자신이 가르치고 싶은 의도를 드러내셨고, 문답하는 와중에 대중이 이를 듣고 깨닫기를 바라셨다. 전형적인 유대 랍비식 교육 방법이다. 이처럼 유대인 사회는 질문력, 즉 질문의 힘이 지배한다. 유대인 아버지는 자녀에게 묻기를 멈추지 않는다. 그러니 대화가 끊어지려야 끊어질 수가 없는 것이다.

삶의 지혜를 키우기 위해 질문하라. 질문은 자신의 실력을 키우는 가장 좋은 방법이다. 묻고 또 물어라. 끊임없이 묻는 중에 진로와 꿈을 만들어가는 자신을 발견하게 된다. 유대인 아버지들은 자녀의 리더십을 키우기 위해, 그리고 책으로부터 배울 수 없는 일상의 교훈들을 가르치기 위해 많은 시간을 투자하고 있다.

12. 독서와 토론문화

미국에서 대통령 후보 간 토론이 텔레비전으로 처음 중계된 것은 1960년이었다. 케네디는 감성과 이미지에 호소하는 영상문화를 이해한 최초의 미국 정치인이었다. 정치적 경륜에서 한참 앞선 닉슨이 케네디를 상대로 토론을 벌인 반면, 케네디는 모니터를 똑바로 바라보며 국민들을 상대로 토론을 했다. 케네디가 닉슨을 압도할 수 있었던 것은 단지 젊고 미남이어서가 아니었다. 토론 능력이 뛰어났고, 연설의 달인이었기 때문이다.

그런 케네디를 만든 것은 어머니 로즈 여사였다. 그녀의 지론은 "세계의 운명은 좋든 싫든 간에 자기의 생각을 남에게 전할 수 있는 사람들에 의해 결정된다"는 것이었다. 그래서 자녀들이 네다섯 살 때부터 책 읽기와 토론 훈련을 시작했다. 어머니들 모임에서 추천하는 도서와 도서관 추천도서 등으로 매일 독서 리스트를 만들어 책을 읽게 했다.

자녀들이 사회 문제에 관심을 가질 무렵인 청소년기에는 신문을 토론 자료로 적극 활용했다. 신문은 사회의 변화와 흐름을 읽을 수 있는 안목을 길러 주기 때문이다. 케네디는 열다섯 살 때부터 지식인들의 신문인 〈뉴욕타임스〉를 정기 구독했다. 로즈 여사는 자녀들에게 아침 식사 전에 반드시 조간신문을 읽고 식탁에서 그날의 중요 이슈에 대해 토론을 하도록 유도했다.

논리적인 언어 사용과 글쓰기는 지도자가 갖춰야 할 핵심 요건이다. 유대인은 어려서부터 독서와 토론을 통해 논리적인 어법과 글쓰기 훈련을 한다. 그래서 대학에서 요구하는 각종 보고서와 논술, 에세이 등을 어렵지 않게 소화한다. 이는 유대인들이 논리적인 사고체계와 토론 능력이 요구되는 정치인과 법조인을 유독 많이 배출하는 이유이기도 하다.

　미국의 유대인 교육심리학자 벤자민 블룸은 가정의 언어 환경 수준을 높이려면 세 가지 조건이 중요하다고 강조한다.

　첫째, 가정에서 사용되는 어휘의 숫자다. 일상생활에서 흔히 쓰이는 낱말만 반복하는 가정과, 가족 간의 대화에 풍부한 어휘가 등장하는 가정과는 자녀들의 언어능력에 큰 차이가 있다.

　둘째, 일상의 대화에서 어떤 개념을 사용하느냐이다. 사과, 바나나, 시계, 가방 등 일상에서 흔히 접하고 눈에 보이는 사물을 나타내는 낱말과 평화, 행복, 사랑, 예술, 미래, 죽음 등의 추상명사는 개념의 수준에서 큰 차이가 난다. 아이들이 어려서 어려운 수준의 어휘를 제대로 이해하지 못하더라도, 꾸준히 사용하다 보면 어느 순간 갑자기 그 의미를 깨닫게 된다.

　자녀에게 추상적인 개념을 가르치는 것은 쉽지 않은 교육 과제다. 수학이나 과학을 어려워하는 학생들 중 상당수는 추상적 개념을 제대로 이해하지 못하는 데 원인이 있다. 유대인들이 추상적 개념에 강한 것은 눈에 보이지 않는 추상의 영역에 놓인 하나님의 존재를 떠올리는 훈련을 늘 하기 때문이다. 이처럼 일상생활에서 추상적 사고의 습관을 기르다 보면 언어능력과 논리력이 절로 키워진다.

　셋째, 표현 방식이다. 단순히 낱말을 나열하는 수준의 표현인가, 어느 정도 완벽한 문장으로 된 표현인가는 크게 다르다. 일상의 대화에서 적합한 어휘를 골라 문법에 맞는 문장으로 표현하는 훈련을 받은 아이들은 커서도 뛰어난 언어능력을 보인다.

　전문가들은 발표와 말하기 교육에 앞서 '생각하는 기본기'를 다져 주는 독서와 토론 교육이 필요하다고 말한다. 독서는 책을 읽는 과정에서 분석력, 비판력, 어휘력 등을 키워 준다. 아이가 책을 읽은 뒤에는 등장인물의 성격과 책의 구성 등에 대해 얘기해 보는 습관을 들이자. 책의 뒷이야기를 꾸며 보는 훈련도 논리적 사고를 키우는 데 도움이 된다. 가족이 함께 모이는 식사시간에 특정 주제에 대해 토론하는 생활을 습관화하는 것도 발표력 향상에 효과적이다. 토론 주제는 개인 신상이나 아이들이 흥미를 느끼는 내용도 좋지만, 간혹 국제적인 흐름을 알 수 있는 시사적인 주제를 끼워 넣는 것도 좋다. 어려운 주제를 가지고 토론하면 아이들이 말하는 태도도 의젓해진다.

13. 경청 후 나 메시지

오스트리아 출신의 언어·분석 철학자인 유대인 루드비히 비트겐슈타인은 인격은 말에 의해 나타난다고 했다. 말은 한 사람의 인격과 교양의 척도라는 뜻이다. 유대인들은 부주의한 한 마디의 말이 중요한 비즈니스 협상을 망치고, 화가 나서 부지불식간에 퍼부은 감정 섞인 말 한 마디가 자녀의 가슴에 평생 지울 수 없는 상처를 남길 수 있다는 점을 잘 안다. 그래서인지 유대 격언 중에는 입과 혀의 재앙을 경계하는 내용이 유독 많다.

조상 대대로 혀의 재앙을 경계하라는 말을 들어 온 때문인지, 유대인들은 말하기보다 듣는 것을 더 중시한다. "입을 다물 줄 모르는 사람은 대문이 닫히지 않는 집과 같다"는 격언을 실천하는 셈인데, 유대인들이 협상의 명수라는 소리를 듣는 것도 이런 전통과 무관하지 않다.

대개 협상 과정의 논리 싸움에서 말을 많이 하는 쪽이 위험에 더 노출되기 마련이다. 흥분하거나 감정적이 되어 손해를 보는 것도 말을 많이 하는 쪽이다. 말을 많이 하기보다 신중히 경청하면서 때때로 질문을 하다 보면 상대방이 진정으로 원하는 것이 무엇인지 귀중한 정보를 얻을 수 있다. 협상의 승자가 누가 될지는 자명하다.

말과 혀의 재앙을 경계하라는 메시지는 자녀교육에도 그대로 적용된다. 유대인 교육학자 벤자민 블룸은 물질 환경보다는 좋은 언어 환경을 만들어 주는 게 훨씬 중요하다고 강조한다. 좋은 언어 환경을 만들어 주기 위해서는 자녀의 말을 경청하고, 정확한 표현을 구사하는 게 기본이다. 유대인 부모들은 충분한 시간을 내어 자녀의 얘기를 듣는다. 자녀가 방해 받지 않고 자기 말을 할 수 있도록, 깊은 관심과 이해하려는 자세를 보여준다. 그리고 가능하면 부모의 조언에 앞서 자녀 스스로 판단하여 해결하도록 돕는다.

자녀를 꾸짖을 때도 비교육적인 언어 사용은 최대한 피한다. "자녀를 위협해서는 안 된다. 벌을 주든가 용서하든가, 어느 하나를 택하라"는 유대 격언이 있듯이, 위협하는 말은 절대로 하지 않는다. 반면 한국의 부모들은 일상적으로 협박한다. "너 엄마 말 안 들으면 아빠한테 이를 거야!" "숙제 빨리 안 하면 텔레비전 못 보게 할 거야!" "계속 반찬 투정하면 밥 안 준다." "한 번만 더 동생과 싸우면 매 맞을 줄 알아!" 이런 위협조의 말은 자녀에게 두려움을 안겨줄 뿐 아니라 부모에 대해 적개심을 품게 한다.

비교하는 말도 잘한다. "누나는 영어 100점을 맞았는데, 너는 또 70점이네. 언제 100점 한 번 맞아볼래!" "너는 형이 돼 가지고 동생 챙겨 줄 생각은 안 하고, 어째 매일 밖으로만 나도는 거냐?" "옆집 민수 좀 본받아라. 민수는 공부도 잘하고 운동도 열심히 하는데, 너는 매일 게임만 하고 있으니 어쩌면 좋니!" 이렇듯 특정 행동이나 성적을 기준으로 아이를 비교하는 것은 한 사람을 절망감에 빠뜨리고 다른 가능성을 잘라 버리는 역효과를 낳는다.

유대인 부모처럼 자녀에게 정확하게 말하는 법을 익히려면, 먼저 자녀 앞에서 솔직해져야 한다. 자녀에 대한 불만이 있더라도 흥분을 자제하고 자녀를 모욕하는 언사를 삼가는 것이 중요하다. 부모의 생각이나 기분을 전달할 때 '너는'이 아니라 '나는'으로 시작하는 말을 사용하고, 일방적으로 말하지 말고 자녀의 의견을 먼저 들은 뒤 조언하는 습관을 들여야 한다.

14. 말만 잘 듣는 아이는 바보

"선생님께 질문을 많이 해라."

이스라엘에서 학교나 유치원에 가는 아이들에게 부모들이 가장 많이 하는 말이다. 이스라엘의 부모들은 아이들에게 "선생님 말씀을 잘 듣거라"라고 타이르는 법이 없다. 말을 잘 듣는 착한 아이가 나중에 커서 훌륭한 어른이 된다는 생각을 하지 않기 때문이다. 그들에게는 아이가 말수가 적다는 것은 사회성이 약하거나 바보스럽다는 뜻으로 이해된다. 그래서 이스라엘에서 말없는 아이는 선생님들의 '특별 관심 대상'이 된다.

만약 우리가 이스라엘 부모에게 "아, 댁의 아이는 어쩌면 그렇게도 얌전하고 착할 수가 있지요? 댁의 아이는 어쩜 그렇게 말을 잘 듣지요?" 하고 우리 식의 칭찬이라도 한다면, 그 말을 들은 유대인 부모는 그날 밤 아마도 걱정이 되어 잠을 제대로 잘 수 없을 것이다. 그들에게 그런 칭찬은 '당신 아이는 바보'라는 말로 들리기 때문이다. 5천 년 전부터 유대인에게 전해 내려오는 탈무드에서는 다음과 같이 가르친다.

"교사는 혼자 지껄여서는 안 된다. 만일 학생들이 말없이 듣고만 있으면 많은 앵무새를 길러내게 되기 때문이다. 교사가 말을 하면 학생들은 그것에 대해서 질문을 해야 한다. 그리하여 교사와 학생이 주고받는 말이 활발하면 할수록 교육의 효과는 오르게 된다."

이스라엘 어린이 교육의 요체는 결국 모든 가르침을 대화로 풀어 나간다는 데 있다. 대화로 풀어 나가는 수업을 주도하는 것은 교사가 아니라 바로 아이들인 것이다. 칠판이나 분필, 책으로 수업을 진행하는 것이 아니라 말로써 수업을 진행하는 것이다. 이런 상황에서는 말을 하지 않고는 수업을 전혀 해나갈 수가 없을 뿐 아니라 그 무엇도 자기 것으로 만들 수가 없다. 그래서 아이들은 얌전히 있어서는 안 되겠다는 생각을 스스로 가지게 되고, 교사는 끝없이 질문을 던져 아이들이 그런 마음을 가지도록 유도한다.

이스라엘의 유치원 선생님들은 아이가 질문을 잘하고, 또 받은 질문에 대한 대답을 잘하는 것뿐만 아니라 자신의 생각을 많은 사람들 앞에서 조리 있게 잘 발표하는 것도 아주 중요하다고 생각한다. 교사들은 아이가 자신의 의견을 발표하거나 질문을 할 때, 또는 질문에 대한 대답을 할 때에는 항상 모든 친구들이 들을 수 있도록 똑똑한 발음으로 크게 말하도록 하고, 수줍은 동작을 하는 아이에게는 그 즉시 주의를 주어 바른 자세로 똑똑하게 자신의 의견을 말하게 한다.

끊임없이 대화를 하며 자란 이스라엘 아이들은 유별나게 질문이 많고 호기심도 많다. 그래서 때로는 불필요하게 많은 말을 할 때도 있다. 그러나 그런 경우에라도 이스라엘의 부모들은 "쓸데없는 말은 하지 마라"거나 "넌 뭐가 그렇게 궁금한 것이 많아?" 하고 귀찮아하지 않는다. 아이가 부모가 하는 말에 대해 꼬치꼬치 캐묻거나 자기주장을 고집할 때에도 말대답을 한다고 절대로 야단치지 않는다. 그래서 이스라엘에서는 "어디 어른이 말하는데 꼬박꼬박 말대답을 해?" 하는 말을 들을 수가 없다. 그런 위압적인 말이 아이의 말문을 막는 원인으로 작용한다는 것을 그들은 잘 알고 있기 때문이다.
　이스라엘의 교사들은, 아이의 침묵이란 배우기를 거부하는 일과 같다고 생각한다. 아이가 분명하게 말을 하는 것을 적극적으로 환경과 교류하고 싶어 하는 마음의 표현이라고 보는 것이다. 아이가 활발하게 말을 하는 것은 다른 사람에게, 엄마 아빠에게, 또는 선생님에게 '나는 배우고 싶어요'라는 신호를 끊임없이 보내는 것이라고 그들은 믿고 있다.
　궁금한 것을 묻고 선생님의 질문에 대답을 하는 동안 아이들이 적극적이고 능동적인 사고 구조를 가지게 된다고 생각한다. 대화식 수업은 아이들이 앞으로의 삶을 적극적으로 자신감 있게 꾸려 나갈 수 있도록 하는 기초 교육인 셈이다. 교사는 문제를 던져주고 아이는 그것을 풀기 위해 모르는 일은 묻고 또 물어 뿌리까지 캐서 이해하는 과정 속에서, 아이들은 자신의 사소한 일뿐 아니라 먼 미래의 삶도 잘 처리할 수 있는 능력과 자신감을 키워 나가는 것이다.

15. 유대인에게 영재교육은 특별히 없다

　이스라엘 사람들은 자기의 아이가 남보다 특출나기를 원하지 않는다. 그만그만하고 평범한 아이로 자라기를 바랄 뿐이다. 그래서 그들에게는 극성스러운 조기교육이니 영재교육이니 하는 것이 특별히 없다. 그들은 평범한 한 사람 한 사람이 모여 이룬 사회가 발전을 가져오고 조화롭다고 아이들에게 가르친다. 그리고 자신의 아이가 그런 사회의 한 구성원으로서의 역할을 충실히 해나갈 수 있는 사람으로 성장하도록 애쓴다. 그들은 어릴 때부터 혼자 특별히 잘나고 돋보이는 사람이 되라고 하기보다 조화를 이룰 수 있는 사람이 되라고 가르치고 있다.

  그에 비해 우리의 부모들은 아주 사소한 것에서부터 자신의 아이가 다른 아이보다 특출나기를 강요한다. 남보다 조금이라도 나아야만 경쟁에서 살아남고 도태되지 않는다고 생각하고 끊임없이 '생존방식'을 체득하도록 채근한다. 돌이 되기도 전에 남보다 먼저 걷게 하려고 노력하고, 세 살쯤 되면 말을 제법 하게 되는데 이 역시 남보다 빨리 말하는 능력을 갖추도록 온갖 노력을 다 기울인다.

  서너 살만 되면 아이들을 학원으로 보내서 읽고 셈하기를 배우도록 하고, 학교에 들어가기도 전에 한글 전부를 좔좔 읽고 쓰기를 바란다. 그러는 와중에 머리가 비상하게 돌아간다 싶으면 영재다 해서 특별한 대우를 하고, 그 아이의 부모는 한껏 부러움을 받는다. 그리고 그 아이의 앞날은 이미 보장된 듯 우쭐해한다. 어떻게 보면 우리 부모들은 거의 전부가 자기 아이가 영재가 되기를 바라고 그렇게 되도록 지나칠 정도의 교육을 시키고 있는 것이다.

  이스라엘에서는 영재나 하면 우리와는 다르게 우선 부담스런 눈으로 바라본다. 그래서 부모나 교사들이 아이를 잘 관찰하고 아이의 정서를 안정되게 만들어 주기 위해 최선을 다한다. 그들이 영재를 부담스럽게 보는 것은 아이가 안정된 정서를 가지고 평범한 한 사회인으로서 사회 속에 적응하지 못할 경우를 생각해서이다.

  그들은 뛰어난 몇 사람이 사회를 유지시키고 발전시킨다고 생각하기보다 평범한 사람들이 이루는 조화와 협동 속에서 진정한 발전을 가져올 수 있다고 믿고 있기 때문에, 한쪽으로 월등해서 쉽게 사회에 섞이지 못할 소지를 다분히 가지고 있는 영재를 예민하게 받아들이는 것이다. 아이가 특별나게 자라기보다 평범하게 자라기를 바라는 이스라엘 사람들의 이런 생각은 한 이스라엘 부부에 의해서도 잘 나타난다.

아이가 1학년에 들어가서 수업을 받지 않고 월반을 해서 2학년에 들어가 수업을 받아야 한다는 판정을 받았다. 그런 판정을 받은 아이의 엄마는 기뻐하기보다 걱정이 이만저만이 아니었다. 아이의 엄마는 자기 아이가 또래들과 자연스럽게 어울려 놀이도 하고 공부도 하고 친구를 사귀기를 더 바랐다. 만일 월반을 해서 2학년 수업을 듣다가 아이가 적응을 하지 못해 다시 1학년으로 들어가야 하는 일이 벌어질 경우 그 아이가 입을 심리적 타격을 아이의 엄마는 우려했던 것이다.

또한 자기의 아이가 평범하게 비쳐지지 않고 부담스런 존재로 인식되는 것은 생각하기조차 싫었다. 아이의 엄마는 결국 월반을 시키지 않기로 결심하고 1학년에 들여보냈다. 그 엄마의 결정은 우리의 교육풍토에서는 쉽게 이해할 수 없는 일로 생각될 수도 있지만 바로 거기에 이스라엘 사람들의 교육철학이 담겨 있다고 볼 수 있다.

이스라엘 사람들에게 있어 영재라는 의미는 우리가 생각하고 있는 것과 많이 다르다. 우리는 영재라 하면 모든 방면에서 남보다 특출난 것으로 여기고 있지만 그들에게 영재란 일정한 한 분야에서 뛰어난 아이를 두고 이른다. 그래서 어떤 분야의 영재를 특별히 기르는 예도 있다. 가령 체스 두는 영재나 스포츠 영재, 승마를 잘하는 영재, 컴퓨터 분야의 영재와 같은 식으로 한 방면으로 뛰어난 재주를 가진 아이를 그들은 영재로 친다.

그들은 영재라 해서 아이의 삶 전체가 시원하게 뚫린 고속도로처럼 성공적일 것이라 생각하지도 않고, 그것이 마치 행복한 삶을 보장해 준다는 식의 그릇된 착각도 하지 않는다. 오히려 그들은 영재를 발견하게 되면 그 아이를 어떻게든 다른 평범한 아이들과 똑같이 만들려고 노력하고, 아이가 심리적·정신적인 면에서 건전한 상태를 유지하도록 배려를 아끼지 않는다. 수단과 방법을 가리지 않고 어떻게든 남보다 뛰어나게 하려는 욕심에서 일찍부터 무엇이든 많이 가르치려고 드는 우리의 교육이 사회 전체의 조화보다는 치열한 경쟁에서 살아남는 방법의 터득에 치중해 있다면, 그들의 교육은 사회 구성원의 한 사람으로서 잘 적응하고 조화를 이룰 수 있는 교육에 더 큰 의의를 두고 있는 것으로 보인다. 그리고 아이의 정서적인 면도 꼼꼼하게 신경 쓰는 모습에서 건강한 인간의 모습을 소중히 여기는 의식의 한 단면을 엿볼 수 있다. 그들은 결코 "남보다 뛰어나라"고 말하지 않는다. 다만 "남과 다르게 되라"고 말할 뿐이다.

제4장

유대인의 교육제도

1. 탈무드식 토론 교육

구약성경은 유대 민족의 역사책과 같다. 성서 속 인물인 아브라함이 유대 민족의 조상이다. 아브라함은 5천 년 전 지금의 팔레스타인 가나안 땅에 정착한다. 아브라함의 손자 야곱에게 열두 아들이 있었는데, 그 각각이 부족을 이루었다. 그중 10개 부족이 없어지고 2개(유다 지파, 베냐민 지파)만 남았는데, 오늘날의 이스라엘은 유다의 후손들이라고 볼 수 있다.

1948년 이스라엘이 건국되면서 2천 년 동안 나라 없이 떠돌던 세계 각지의 유대인들이 몰려들었다. 그들은 불안한 안보 상황과 천연 자원의 부족 등 어려운 점이 많았지만, 뛰어난 교육 시스템을 바탕으로 60년 동안 50배의 경제성장을 한 하이테크 강국을 이루었다. 2008년 8월 한국에 온 투비아 이스라엘리(Tuvia Israeli) 주한 이스라엘 대사는 히브리 대학에서 정치학을 전공한 직업외교관이다. 그는 유대인의 특성을 한마디로 "교육에 대한 열정"이라고 설명했다.

한국과 이스라엘의 현대사는 매우 유사하다. 두 나라 모두 우여곡절 끝에 1948년에 건국을 하지만, 한국은 곧바로 전쟁이 일어나면서 많은 희생을 치렀다. 이후 한국은 새마을운동을 통해 '한강의 기적'을 일궜고, 이스라엘은 키부츠(Kibbutz, 집단생활 공동체)를 통해 경제성장의 토대를 닦았다.

이 과정에서 이스라엘만의 특징이라고 한다면, 대학 설립을 국가 설립만큼이나 중요하게 추진한 점이다. 어느 정도냐 하면, 건국되기 30년 전에 이미 세계적인 대학부터 설립했다. 1918년 인구가 10만 명도 안 되고, 도로 등 기본적인 인프라도 없던 예루살렘에 히브리 대학을 만들었다. 인재를 키우는 교육기관을 먼저 만들어야 산업을 발전시키고 국가도 세울 수 있다는 확신 때문이었다. 이 대학 상임 이사회에 아인슈타인, 프로이트, 바이츠만(이스라엘의 초대 대통령) 등이 참여했다. 뒤이어 1925년에 테크니온 대학, 1934년에 바이츠만 과학연구소, 1956년에 현재 이스라엘에서 가장 큰 대학인 텔아비브 대학이 설립된다.

당시 인구 200만 명의 작은 나라(현재는 710만 명)가 세계적인 대학을 4개나 갖게 된 셈이다(과학전문지 〈사이언스〉는 2008년 '미국을 제외한 지역의 최고 연구 대학교'로 바이츠만 과학연구소와 히브리 대학을 선정했다). 이러한 교육에 대한 열정이 인구 710만의 소국 이스라엘을 세계적인 하이테크 국가로 성장시킨 것이다.

유대인이라면 누구나 토라와 탈무드를 공부한다. 그런데 구약성경에 해당하는 토라는 수수께끼처럼 간결하고 의미심장하게 서술되어 있다. 그 때문에 수세기에 걸쳐서 많은 학자들과 종교지도자들이 그 해석에 있어서 서로 질문하고 답변하며 논쟁을 해왔다. 그 논쟁이 구전되다가 책으로 엮은 것이 탈무드다. 그래서 토론을 통해 특정한 현상에 대해 계속 의문과 질문을 제기하고, 액면 그대로 받아들이는 대신 더 나은 해결책을 끊임없이 찾고 탐구하는 유대식 교육을 '탈무드식 토론 교육'이라고 부른다.

탈무드는 학교 커리큘럼에서도 비중이 크다. 학교마다 차이는 있다. 졸업 후 랍비의 자격을 얻게 되는 예시바(Yeshiva, 유대인 전통교육기관) 같은 종교학교에서는 핵심 과목으로 가르치고, 종교적 색채가 없는 일반 학교에서는 일반 과목 중의 하나로 다룬다. 하지만 분명한 것은 탈무드가 유대인들에게 '해야 할 것'과 '해서는 안 될 것'을 가려 주는 매뉴얼이라는 사실이다.

이스라엘 인구는 매우 다양한 그룹으로 구성돼 있다. 초정통파(ultra-orthodox) 유대인과 아랍계 이스라엘인은 맞벌이 등 경제활동 참여나 육아에서 주류 유대 시민과는 여러 모로 다르다. 주류 유대인의 기준을 적용하자면, 육아에 대해 부모가 공동 책임을 진다. 맞벌이가 대부분인 젊은 부부들을 위해서 국가적 차원의 지원도 뒷받침된다. 남편이 출산한 아내를 보조하기 위해 3개월간의 휴가를 낼 수 있고, 영·유아 보육시설을 수준 높게 유지하고 있으며, 엄마들이 양육과 일을 병행할 수 있도록 탄력 시간근무제도 운영한다. 아빠들도 엄마들만큼이나 교육에 관한 중요한 결정과 상담 과정에 빠짐없이 참여하며, 아이들과 재미있고 유익한 시간(quality time)을 보내야 한다.

유대 교육은 아이가 어릴 때부터 토라와 탈무드를 읽게 하고, 읽은 내용에 대해 토론하고, 그 과정에서 정리된 생각을 글로 표현하게 하니까, 오래전부터 조기교육을 실시해 온 셈이다.

유대인 교육 중 가장 강조하는 것은 첫째가 독서이다. 독서의 중요성은 아무리 강조해도 지나치지 않다. 그다음으로 당연히 여기지 않는 자세, 모든 것에 의심을 품고 기존 권위에 도전하며 끊임없이 질문을 던지는 자세이다. 이것이 창의적인 혁신을 만들어내는 원동력이다. 마지막으로 독립심과 자기희생, 실패를 두려워하지 않는 자세를 꼽을 수 있다.

한국의 놀랄 만한 경제적 성공에 교육제도가 핵심적인 역할을 했다는 것은 의심의 여지가 없다. 다만 한 가지 개선을 바란다면, 유대인의 전통교육법이 강조하는 '질문 교육'이 강화되었으면 한다. 질문을 두려워하지 않고 항상 더 나은 답변을 찾기 위해 노력하는 것, 이것은 교육에서 굉장히 중요한 핵심 요소이다. 또 하나 지적할 점은 독서이다. 요즘 한국인의 독서 시간이 급격히 줄어들고 있는 것으로 아는데, 이는 위험한 일이다.

최근 20년간 우리는 새로운 형태의 문맹(文盲)에 놓여 있음을 발견할 수 있다. 젊은 세대가 역사와 문학, 예술 등을 계속 공부할 수 있도록 교육 시스템이 균형을 잡아 줘야 한다. 우리가 3D, 4D 같은 우수한 하이테크 기술을 갖춘다고 한들, 그 안에 담을 콘텐츠가 훌륭하지 않다면 무슨 소용이 있는가.

2. 유대인의 경제교육

유대인은 돈도 하나님께서 주시는 것으로 믿었고, 사실 돈에 대해서는 중립적인 생각을 가져왔다. 즉 유대인은 돈을 좋다고 가르치지도 않고 나쁘다고 가르치지도 않지만, 거래 관계와 신용관계에서는 철저하게 투명한 거래를 하도록 가르쳐 왔다. 유대인 아버지는 형제나 자매끼리도 돈 계산을 철저히 하도록 가르치고, 통장도 각각 나누어 주며 서로 소유를 확실히 구분하도록 가르친다.

같은 가족이라도 내 것과 네 것을 완전히 구분하도록 가르침으로써 변명이나 실수의 구실을 절대 주지 않는다. 특히 이유 없는 돈을 자녀들에게 주지 않는 것이 유대인의 철칙이다. 그러니 용돈의 개념도 우리와는 다르다. 유대인은 초등학생에게는 웬만해서 용돈을 주지 않는다. 만약 용돈을 줄 경우는 그 돈을 반드시 어디에 쓸 것인지 계획을 세우고 부모님에게 이야기한 다음 쓰게 한다. 소위 결과에 대한 책임을 묻자는 것이다.

이런 치열한 재무교육 때문에 돈을 쓸 때는 한 번 더 깊이 생각하는 것이 유대인의 전통이 되었다. 그들이 절약하는 모습을 보고 있으면 유대 민족이 세계에서 가장 검소한 민족이라 할 만하다는 생각이 든다. 유대인들의 규례에서는 마흔이 되지 않으면 고급 모피 코트도 입지 않는다고 한다.

특히 유대인의 재무설계가 주목받는 이유는 대물림 재무설계라는 점이다. 유대인 아버지는 종신보험이나 연금보험 등을 귀하게 여긴다. 이것은 숨길 수 없는 사실이다. 아버지는 자녀들이 어릴 때 자녀들에게 적금통장을 만들어 주거나 자녀에게 종신보험을 들게 하고 자신도 들어 둔다. 이것을 세습하기 때문에 2, 3대에 걸쳐 내려가면 자녀들은 자신이 번 것보다 훨씬 많은 돈을 저축하고 관리하게 되는 것이다. 종신보험에 가입 후 부모가 사망하게 되면 자식들이 사망보험금을 탄다. 그러면 그 사망보험금을 20년 납으로 분할한 뒤 또 종신보험에 가입한다. 그들은 이런 식으로 시간의 흐름을 3세대 정도, 즉 70년 정도의 미래를 내다본다.

유대인 자녀들에게 경제관념을 확실하게 가르쳐 주는 방편에는 키부츠와 같은 공동체 생활도 있다. 대부분의 유대인 자녀들은 부모의 집이 아닌 '어린이집'에서 협동생활을 한다. 일찍부터 자립심을 키워 주고 공동체 생활을 통해 내 것과 남의 것을 확실하게 구분할 수 있도록 키우는 것이다. 이 때문에 이들은 형제까지 경쟁상대로 여기기도 한다.

또 자신들의 재무설계 프로그램에 다른 사람이 들어오지 못하도록 철저하게 방어선을 친다. 그 예가 바로 '보증 금지'다. 유대인은 회당 안에서는 절대 금전거래를 하지 않는다. 유대인들은 돈은 그냥 있는데 사람이 속인다고 믿는다. 사람이 사업에 실패하고 재테크에 실패하는 바람에 결국 돈을 갚지 못한다는 것이다. 그래서 유대인 아버지들은 자녀에게 이렇게 충고해 준다.

"안 갚아도 너의 재무설계를 흐트러뜨리지 않을 정도로 돈거래를 해라. 보증도 마찬가지다. 빌려주려거든 빌려준 다음에 그 사실을 잊어버려라."

구제와 차용의 의미는 근본적으로 다르다. 구제는 그냥 주는 것이므로 상대방에게 두고두고 고마운 마음을 받을 수 있다. 그러나 차용은 빌려 주는 것이므로 상대방이 갚지 못하면 우정까지 놓칠 수 있다. 유대인 아버지들은 어린 자녀들에게 탈무드를 읽어 주며 다음 격언들을 아예 외우도록 가르친다.

- 현금을 벌 수 있는 방법은? 쓰지 않는 것이 곧 버는 것이다
- 부자가 되는 간단한 방법이 있다. 그것은 내일 할 일을 오늘 해치우고, 오늘 먹어야 할 것을 내일 먹는 것이다.
- 현금은 가장 능력 있는 중개인이다.
- 좋은 수입만큼 좋은 약은 없다.
- 겨울 땔감에 필요한 돈을 여름철 한가한 때 놀면서 낭비하지 마라.
- 부자도 굶주림에 고통 받을 때가 있다. 굶으라는 의사의 지시를 받았을 때다.

당대에 벌고 당대에 다 써버리는 것은 어리석은 일이다. 나무를 심는 일은 최소 20-30년 후에서 몇백 년 후를 내다보는 것이다. 대물림 재무설계도 이처럼 멀리 내다보고 해야 한다. 자식과 손자가 함께 풍요로워지도록 준비해 주는 것, 이것이 유대인 아버지들의 사명감이다. 멀리, 더 멀리 내다보는 인내와 지혜가 필요하다.

3. 저축하는 습관

유대인들의 경제교육은 일찍 시작된다. 그래서 돈을 지나치게 숭배하지도 않지만 그렇다고 경시하지도 않는, 균형 잡힌 경제감각이 길러진다. 유대인들은 돈을 찬양하지 않지만 멸시하지도 않는다. 돈은 더러운 것도 아름다운 것도 아니며, 그저 유용한 도구이므로 가능하면 많이 갖고 있는 편이 좋다. 그렇다고 돈을 숭배해서는 안 된다. 돈을 숭배하는 자가 우습게 보이는 것은, 그가 물질을 숭배하고 있기 때문이다. "돈의 선악은 돈의 주인인 인간이 결정하는 것이다"라고 말한다. 이러한 경제교육의 힘은 실제적인 수치로 나타난다. 미국 전체 인구 중 유대인의 비율은 2퍼센트를 약간 웃도는 800만 명 정도이지만, 미국 국내총생산(GDP)의 20퍼센트가 유대인들 몫이다. 미국 내 다른 민족보다 10배나 많다.

유대인들은 어려서부터 부모가 돈의 중요성과 개념을 알려주는 등 조기 경제교육을 실시한다. 아버지가 사업을 할 경우 자녀를 직접 일하는 현장에 데려가서 고객을 대하는 태도나 사업하는 자세, 자금을 관리하는 방법 등에 대해 교육을 한다. 아버지가 무슨 일을 하고 돈은 어떻게 버는지, 수입은 얼마나 되는지를 자세히 알려준다. 아이들은 사업 현장에서 직접 부모가 얼마나 어렵게 돈을 모으는지 보기 때문에 용돈을 헤프게 쓰는 법이 없다.

유교의 청빈(淸貧)사상이 뿌리 깊은 동양은 물론, 서양의 기독교 문화에서도 돈은 더러운 것이라며 천시하는 경향이 있다. 하지만 유대인은 결코 돈을 천시하지 않는다. 돈은 유용한 것이기 때문에 적극적으로 추구해야 한다고 가르친다. 상당히 현실적이다. 그래서인지 유대 격언 중에는 돈이 삶을 풍요롭게 하고 다양한 기회를 줄 수 있다는 내용이 많다.

돈이 살아가는 데 유용한 기회를 제공해 준다는 실례로 유대인 부모들이 자녀에게 들려주는 얘기가 있다. 돈을 주고 이름을 사야 했던 조상들의 가슴 아픈 사연이다. 유대인은 18세기 이전까지만 해도 제대로 된 이름이 없었다. 오스트리아와 프랑스 정부는 유대인 등록부를 만들어 돈을 받고 이름을 팔았다. 돈이 많은 사람은 비싼 값을 치르고 로젠탈(장미), 골드블룸(황금꽃)과 같은 아름다운 이름을 얻을 수 있었지만, 돈이 없는 사람은 월프손(늑대)과 같은 고약한 이름밖에 살 수 없었다. 돈을 너무 밝히면 죄악을 낳지만, 돈을 무시하거나 천시해서도 안 된다는 교훈을 주는 얘기다.

돈에 대해 이런 중립적인 생각을 가진 탓인지, 유대인은 생후 8개월이 지나 걸음마도 하기 전의 아이들에게 동전을 쥐어 주고, 아침·저녁 식사 전에 저금통에 넣게 하는 방식으로 교육한다. 돈에 대한 개념이 생기기 시작하면 본격적으로 용돈을 준다. 대개 자녀가 학교에 들어가기 전인 5세 무렵이다. 쓰기 위한 목적이 아니라 저축을 하기 위한 용돈이다. 돈의 가치와 저축의 즐거움을 알려주기 위해서다. 유대인에게 '수전노'의 부정적 이미지가 덧칠된 이유도 돈을 쓰지 않고 저축에 집착하는 태도 때문이다. 오랜 기간 이민족의 박해를 받으면서 '저축한 돈만이 우리를 보호해 줄 수 있다'는 생각이 굳어졌다.

어렸을 때 저축하는 습관을 들이면 평생 지속된다. "세 살 버릇 여든까지 간다"는 우리 속담과도 일맥상통한다. 자수성가한 재벌이 흥청망청 돈을 쓰는 경우는 찾아보기 어렵다. 하지만 막대한 부를 상속받은 2세나 3세가 사치와 낭비를 일삼고 돈을 헤프게 쓰다가 빈털터리로 전락하는 경우는 심심치 않게 볼 수 있다. 어려서부터 저축하는 습관이 몸에 밴 사람에게는 낭비가 있을 수 없다. 돈을 모으는 즐거움을 아는 사람이 현명한 소비도 할 수 있다. 자녀에게 용돈을 주고 저축하는 습관을 들이는 것은 건전한 소비의식도 함께 가르치는 일석이조의 교육법이다.

경제교육은 빠르면 빠를수록 좋다. 미 연방준비제도이사회(FRB) 의장을 다섯 번이나 연임하며 '미국의 경제대통령'으로 불린 앨런 그린스펀은 늘 조기 금융교육을 강조한다. 그린스펀 또한 유대인 주식 중개인이었던 아버지에게서 다섯 살 때부터 주식과 채권이 무엇인지를 배우며 경제 감각을 익혔다. 유대인은 자녀가 초등학교 때 어린이 펀드에 가입시켜 용돈을 투자하게 함으로써 자연스럽게 경제 개념을 심어 준다. 물론 펀드의 경우 원금을 까먹을 수도 있다. 하지만 손실을 경험하는 것도 좋은 공부다.

투자에는 위험이 따르고 인내심이 필요하다는 것을 배울 수 있는 기회가 된다. 투자의 귀재이자 세계 두 번째 부자인 워런 버핏의 아버지도 자녀들에게 조기 경제교육을 시켰다. 교육 수단은 주로 독서였다. 그는 어린 아들에게 주식 및 창업 관련 저서를 읽게 함으로써 일찍이 경제 자립을 꿈꾸게 했다.

아이를 현명한 경제 주체로 키우려면 어렸을 때부터 경제가 무엇이며, 왜 중요한지를 가르치는 과정이 필요하다. 전문가들은 경제교육은 빠르면 빠를수록 좋다고 말한다. 어렸을 때부터 돈이 무엇이며, 언제 어떻게 쓰는지를 익히는 것은 행복한 삶을 꾸리기 위한 필수 조건이기 때문이다. 아이에게 올바른 경제교육을 시키려면 부모부터 경제를 제대로 알아야 한다. 평소 신문의 경제면과 관련 서적 등을 꾸준히 읽어 경제에 대한 기본지식을 넓히자.

경제교육은 아이가 저축하는 습관을 들이고, 자신의 소비욕구를 잘 조절하는 데 초점을 맞춘다. 이를 위해 정기적으로 용돈을 주되, 그중 30-50퍼센트 정도의 저축할 돈을 감안해 용돈을 주는 것이 좋다. 용돈은 아이의 나이와 관계없이 일찍 주는 것이 좋다. 아이가 용돈을 받으면 우선 저축부터 하고 남은 돈으로 생활하는 습관을 들이자. 그래야 어른이 돼서도 월급을 받으면 저축부터 하고 나머지로 생활하는 자세가 길러진다.

아이들과 함께 쇼핑을 할 때는 꼭 필요한 것만 구입하는 습관을 들여야 한다. 아이가 먹고 싶은 과자나 장난감을 사고 싶어 떼를 쓸 경우에도 단호하게 대응해야 한다. 물론 아이가 마음에 상처를 입지 않도록 "이 물건을 갖고 싶은 네 마음은 이해하지만, 건강에 나쁘거나 꼭 필요하지 않은 물건을 사줄 수는 없다"는 태도를 보여야 한다. 소비를 미루는 습관을 들이는 것도 중요하다. 오늘 당장 사야 할 물건이 아니라면, 나중에 사도록 소비를 미루는 법을 익히는 것은 바른 소비습관의 시작이다.

4. 전통과 기록

"기록하는 습관을 가진 자에게는 실패가 없다"(유대 속담).

3500년 전에 기록된 내용을 현재도 변함없이 지키는 것이 유대인 사회다. 그것을 위해 유대인들은 기록을 중시하도록 철저히 교육받아 왔다. 족장시대 때부터 유대인 족장들은 다음 세대에게, 그다음 세대에게 계속해서 절대 잊지 말아야 할 것을 가르쳤다. 모세오경 바로 뒤에 나오는 여호수아 4장에는 전통과 기록을 중시하는 유대인들의 모습이 분명하게 기록되어 있다.

"너희는 너희의 자손들에게 알게 하여 이르기를 이스라엘이 마른 땅을 밟고 이 요단을 건넜음이라 너희의 하나님 여호와께서 요단

물을 너희 앞에서 마르게 하사 너희를 건너게 하신 것이 너희의 하나님 여호와께서 우리 앞에 홍해를 말리시고 우리를 건너게 하심과 같았나니 이는 땅의 모든 백성에게 여호와의 손이 강하신 것을 알게 하며 너희가 너희의 하나님 여호와를 항상 경외하게 하려 하심이라 하라"(수 4:22-24).

이것은 이스라엘 민족이 범람하는 요단 강을 건너 가나안 땅으로 들어갈 때 하나님의 힘으로 강물을 맨발로 건너 가나안 땅에 걸어갈 수 있도록 한 기적을 기념하기 위해 열두 지파가 각 지파마다 돌 한 개씩을 가져다가 기념석으로 세우던 장면이다. 무신론자들은 이 장면을 마치 SF 영화의 한 장면처럼 느낄 수도 있다.

하지만 성경에서 물이 갈라진 것은 요단 강이 처음은 아니다. 이집트 왕자 모세가 홍해를 가르는 기적이 첫 번째 기적이었다. 모세가 홍해를 갈라서 바다를 건넜다면 모세의 제자 여호수아는 요단 강을 가르고 건너갔던 것이다. 이 위대한 기적을 절대 잊어버리지 않기 위해 각 지파는 요단 가운데에서 돌 하나씩을 주워와 이 돌로 건너편 가나안 땅에 기념석을 세웠던 것이다.

먼 훗날 이스라엘의 자녀 중 누군가가 이렇게 물어볼 수 있을 것이다.

"아버님, 할아버님, 우리 선조가 여기 가나안 땅에 들어오기 전에 이 낯선 땅에 왜 12개의 돌을 기념석으로 세웠을까요?"

그러면 유대인 아버지들은 이렇게 대답해 줄 것이다.

"그건 하나님을 잊어버리지 않기 위해서란다. 하나님이 요단 강을 갈라 주셔서 우리 민족이 힘들이지 않고 강을 건넜단다. 그것을 기념하고 절대 잊어버리지 않기 위해 기념석을 세웠지. 우리 선조들이 잘난 것이 아니고 하나님이 얼마나 위대한 분인지를 절대 잊어버리지 말아야겠다는 의미에서 이 기념석을 세워 놓은 거란다."

유대인들은 자신들을 돕는 절대 창조주 하나님이 계시다는 사실을 알고 있었다. 그리고 그들은 이집트에서 민족 전체가 탈출해 나올 때 하나님이 얼마나 위대한 분인지 충분히 깨달았다. 그래서 그들은 요단 강을 건너 가나안 땅으로 들어갈 때도 돌을 모아 기록으로 남겨 두었다. 또한 그 모든 상황을 기록(성경)으로 남겨 후손들에게 전하고 있다. 유대인들이 성경을 말할 때 부르는 이름과 우리가 흔히 알고 있는 이름은 좀 다르다. 지금 개신교에서 쓰는 성경은 66권인데 그중에 신약성경에 해당하는 부분은 유대인들에게 없다. 먼저 그들은 창세기·출애굽기·레위기·민수기·신명기를 모세가 쓴 5권의 경전이라 해서 모세오경이라 하고 이를 '토라'라고 불렀다.

구분	성경 이름	비고
토라	창세기·출애굽기·레위기·민수기·신명기	모세오경이라 부름
선지서	여호수아·사사기·사무엘서·열왕기서	전 선지서
	이사야서·예레미야서·에스겔서-이상 대선지서 호세아·요엘·아모스·오바댜·요나·미가·나훔·하박국·스바냐·학개·스가랴·말라기-이상 소선지서	후 선지서
성문서	시편·욥기·잠언	지혜서
	아가서·룻기·예레미야애가·전도서·에스더	오축(유대인들이 유월절 명절에 낭독하던 5개의 두루마리를 말함)
	다니엘·에스라·느헤미야·역대기	그 외의 책

다음으로 선지서와 성문서를 중요한 성경 기록으로 남겨 보존해 왔다. 이를 표로 그리면 위와 같다.

유대인은 어느 곳에 가든지 기록을 잘하는 민족이다. 유대인 아버지들은 그래서 늘 메모지나 수첩을 들고 다니며 약속이든 일정이든 간에 이를 기록하는 버릇을 갖고 있다. 수첩이나 종이가 없으면 심지어 담뱃갑에 적기도 한다. 요즘은 스마트폰이 널리 보급되어 이를 메모하는 데 활용하는 이들도 많다.

미국 오클라호마 시티의 유대인 가정에서 태어난 것으로 알려진 앨런 그린버그는 1949년 미주리 대학교 경영학과를 졸업했다. 그는 뉴욕 월스트리트에 취업했는데, 당시 월스트리트에서 아이비리그 출신이 아닌 사람을 받아 준 것은 그가 유일했으며, 신문에 실리기도 했다. 주급 32.5달러의 말단 직원으로 시작한 앨런 그린버그는 1978년 최고경영자(CEO) 자리에 올랐는데, '메모 경영'이라는 독특한 경영 형태로 기업 브랜드 가치를 크게 높였다. 그가 처음 CEO를 맡았을 때의 기업 자산은 4,600만 달러였으나 나중에 퇴임할 때인 1993년에는 직원수 6,300명에 시가총액 18억 달러의 투자은행으로 변모했다는 기록이 나와 있다.

앨런 그린버그는 학벌을 중시하지 않고 능력 위주로 인재를 뽑았으며, 직원을 철저하게 관리하고 통제하되 메모지를 통해 말단 직원에 이르기까지 자신의 경영철학을 전달한 것으로 유명했다. 그의 메모 스타일은 《회장님의 메모》(Memos from the Chairman)라는 제목의 책으로도 출간되었다. 2001년 그가 회장직에서 물러난 지 7년 만에 회사가 글로벌 위기를 겪자 앨런 그린버그는 사재 36만 달러를 털어 직장을 잃은 베어스턴스의 저임금 근로자에게 나누어 줄 정도로 기업과 근로자를 사랑하는 모습을 보여주기도 했다.

대한민국의 아버지는 여전히 숨 가쁘다. 돈 버는 데 숨 가쁘고, 은퇴 준비도 못한 채 언제 잘릴지 몰라 숨죽인다. 그저 돈 버는 데만, 자신의 가족을 챙기는 데만 모든 노력을 기울인다. 대한민국의 부모들이 자식들에게 재산만을 남겨 주려고 기를 쓰는 한 이 나라의 미래는 없다. 누구나 인생을 살다 보면 폭풍의 한복판에 휩쓸리는 날이 온다. 자신은 그렇지 않을 것이라고 아무도 확실하게 말할 수 없으며, 우리 가정은 절대 안전하다고 장담할 수 없다.

하루 평균 40명씩 자살한다고 해 '자살왕국'이라는 오명을 입은 대한민국에서 살아가고 있는 사람들에게 정말 필요한 것은 재산이 아니다. 자신은 누구이며 어디서 왔는지에 대한 자신의 뿌리 찾기부터 해야 한다. 전통을 발견하고 깨닫는 데서 자아를 찾게 될 것이다. 이 시점에 유대인 아버지가 남겨 준 기록 문화의 가치와 귀중함을 익힌다면 어느 사회에 가든, 어떤 조직에 가든 대접받는 존재가 될 것이다.

유대인 아버지들은 늘 메모지나 수첩을 들고 다니며 무엇이든 기록하는 버릇이 있다. 기록하고 메모하라. 기록하는 자를 당할 사람은 없다. 결코 모든 것을 다 외울 수는 없는 일이다. 쓰면서 생각하게 되고, 메모하면서 외우게 된다. 기록하고 메모하는 습관만이 자신의 오류를 시정하고 보다 발전된 방향을 찾게 만드는 지름길이 될 것이다.

5. 기록하는 수첩

요즘 한국 사회에서는 아무도 어른들의 말을 경청하지 않는다. 예를 들어 며느리는 음식 만드는 방법을 알고 싶으면 시어머니께 여쭈어 배우기보다 인터넷에서 레시피를 찾아본다. 시어머니의 경험과 지혜보다 컴퓨터를 더 신뢰하는 것이다. 이렇듯 우리는 더 이상 어른과 선배의 지혜가 필요 없는 시대에 살고 있다. 원하는 정보를 찾기 위해 세 번 이상 클릭하기를 싫어하는 쓰리 클릭 룰(three click rule) 시대에 살고 있는 자녀들은 부모 세대의 충고든 잔소리든 경륜을 기다리기 싫어하는 것이다.

유대인 아버지들은 항상 수첩을 가지고 다닌다. 메모왕, 기록왕이라고 표현할 수 있을 정도로 그들은 기록하는 것을 중시하며 기록에 힘쓴다. 유대인들은 왜 그렇게 기록에 집착하는 걸까? 그것은 아마 그들이 어려서부터 배워 온 일종의 유산이기 때문일 것이다. 한 유대인 아버지가 아들이 다니는 학교에서 특강을 펼쳤는데, 제일 먼저 보여준 것은 꼬깃꼬깃한 수첩의 내용이었다. 할아버지가 물려주고 아버지가 다시 물려준 가죽으로 만든 수첩이었다. 그 속에는 이런 내용이 들어 있었다.

- 한 녀석에게 고함을 쳤다면 다른 한 녀석에게는 칭찬을 해줄 것
- 클래식을 좋아하는 아이와 록 음악을 좋아하는 아이를 한 배에 태우지 마라.
- 자녀를 수평교육으로 바로 세울 수 없음을 인정하라.
- 오직 여호와 하나님 수직 신앙만이 세상 풍조를 이기는 방법임을 잊지 마라.

이 간단한 4개의 메모는 성경적으로 시사하는 바가 매우 크다. 한 마디로 다르다는 것을 인정하라는 주문이다. 아버지도 사람인지라 자녀들을 비교하게 되지 않겠는가? 그것을 가문의 어른들이 이미 알고 자녀들에게 수첩으로 물려준 것이 바로 다름과 틀림의 사상이었던 것이다. 하나씩 자세히 들여다보자.

한 녀석에게 고함을 쳤다면 다른 한 녀석에게는 칭찬을 하라는 내용은, 변덕을 부리라는 것이 아니라 채찍과 당근을 함께 사용해 자녀를 키우라는 요구다. 또 한편으로는 자녀마다 성향이 다 다른데 일괄적으로 야단만 친다고 고칠 수 있는 게 아니라는 교훈이기도 하다.

둘째, 클래식을 좋아하는 아이와 록 음악을 좋아하는 아이를 한

배에 태우지 말라는 내용은, 자녀에게 획일적인 것을 강요하지 말라는 의미다. 역시 다름을 인정하고 각 자녀의 특성에 맞게 대응해 잘 가르치라는 주문이다.

셋째, 자녀를 수평교육으로 바로 세울 수 없음을 인정하라는 내용에서 수평교육이라는 말이 눈에 들어온다. 수평교육은 현대 사회에 만연한 평등주의 교육방식이다. 교사가 교육할 권리가 있다면 자식도 의당 교육받을 권리가 있다. 두 권리는 동일하므로 절대 서로 침범할 수 없다는 것이다. 이 수평식 교육문화가 우리 교육 사회를 점령해 나가고 있다. 교육현장에선 체벌이 없어지고 벌점이 등장했다. 그런가 하면 군대에서는 군대 폭력이 심해지니까 병영 안에서 동기끼리 내무반을 쓰게 한다. 기가 막힐 일이다. 군대는 위계질서가 바로 서야 한다. 이스라엘 군대는 자유롭지만 계급에 따른 질서 하나만은 아무도 못 따라갈 정도다. 수평이라고 질서가 없어도 된다는 발상은 참으로 한심하다.

넷째, 오직 여호와 하나님 수직 신앙만이 세상 풍조를 이기는 방법임을 잊지 말라는 내용은 사실 유대인들에겐 철칙과도 같다. 유대인에게 여호와 신앙만큼 절대적인 것은 없다. 모든 출발, 모든 질서, 모든 창조의 처음이 여호와이므로 신앙을 제대로 세우려면 토라를 철저히 공부하고 익히며 실천하도록 가르치라는 것이다.

유대인은 기록의 민족임이 세상에 널리 알려져 있다. 우리나라도 《조선왕조실록》, 《승정원일기》 등을 기록으로 남겨 세계적으로 기록을 중시하는 민족이라고 알려져 있다. 그런데 그 출발점은 유대인이 훨씬 앞서 간다. 이들은 우리나라의 단군시대 때부터 기록을 성경으로 남겼다. 예를 들어 이런 것이다.

이스라엘이 연합국의 도움으로 팔레스타인에 1948년 독립국을 세우자 주변 아랍 연방에서 도대체 무슨 근거로 이 땅에 유대인 나라를 세우느냐며 난리가 났다. 그때 유대인들이 원래 팔레스타인이 자기 나라 땅이었다고 주장할 때 근거로 내세운 것이 바로 고대 문헌인 성경의 기록이다.

토라 창세기 23장이 바로 이 근거를 밝혀 놓은 부분이다. 아브라함의 부인 사라가 죽자 아브라함이 사라의 매장지를 헷 족속[1]에게 사기로 해 협상 끝에 은 400세겔(팔레스타인의 중량 단위. 약 11.42그램에 해당)을 주고 헤브론 지역을 사들인 것이다. 헤브론은 지금 예루살렘 지역 30킬로미터 지점의 작은 도시다. 이 기록이 유대인의 최초 부동산 투자였다는 우스갯소리가 등장할 정도로 대단히 의미 있는 기록이다. 유대인은 이런 상업적 활동까지 모두 기록에 남겼기에 2천 년이라는 긴 시간이 지나서도 팔레스타인에 다시 부활할 수 있었던 것이다.

어디 이것뿐이랴. 그 유명한 《안네의 일기》를 보라. 안네는 1929년 독일 프랑크푸르트에서 태어난 유대계 독일인이다. 안네는 제1차 세계대전 때 독일군 장교였던 은행가인 아버지 오토 프랑크와 어머니 메디트 사이에서 태어난 행복한 집안의 소녀였다. 1933년 나치당의 히틀러가 정권을 잡으면서 유대인 학살 정책이 만연하자 안네의 집안은 네덜란드 암스테르담으로 망명을 했다.

일기를 쓰기 시작하는 1942년, 안네의 아버지가 생일선물로 일기장을 사주면서 이 일기책은 시작되었다. 나치가 네덜란드를 점령하고 유대인을 색출해서 수용소로 끌고 가던 때였다. 안네의 일기는 바로 그 시기를 그려낸 유대인 소녀의 작품으로, 전 세계인의 가슴을 울린 유명한 책이 되었다.

---

1) 당시 중동 3대 민족 중 하나. 이집트와 대등한 강대국으로 성장해 기원전 20세기경 바벨론을 침략하고 아모리 족속까지 수중에 넣어 국토가 광대하고 세력이 당당했다. 기원전 14-13세기경에는 최대의 전성기를 이루다가 기원전 717년에 멸망했다.

기록을 좋아하는 유대인들은 지금도 세계 곳곳에서 수첩에 뭔가를 적고 있다. 과연 유대인 아버지의 수첩이 그저 케케묵은 예전 유물에 불과할까? 가문의 역사, 집안 어른의 가르침의 역사가 과거로부터 지금까지 전해져 왔다는 것은 그만큼 그들이 전통과 질서를 존중할 줄 아는 민족임을 드러내 주고 있는 것이다.

기록왕 유대인을 본받아야 한다. 살기 위해 기록한다는 말은 한편으로 참 서글프지만, 전 세계의 재계와 문화계 선두주자들의 습관이 기록하는 것이라는 점을 우리는 기억해야 한다. 일기를 쓰거나 업무일지를 쓰는 것을 대단히 싫어하는 것이 한국인이고 우리 자녀들이다. 그러나 삶의 기록을 남기는 것만큼 중요한 것은 없다. 과거를 기록하고 그것을 성찰해 고쳐 나가는 습관을 가진다면, 그것은 틀림없이 남다른 경쟁력이 될 것이다.

6. 감사하는 습관

감사는 가정이나 직업에 대한 만족감과 기쁨을 증가시킴으로써 인간관계를 향상시키고 사랑이 넘치도록 만들며, 갈등을 해소하고 협력을 도모하도록 한다. 진심으로, 의식적으로, 미리, 무조건 실천하는 감사는 아무리 견디기 힘든 상황이라도 가치 있게 여기도록 만드는 힘이 있다.

유대인들은 2천 년 동안 박해를 받아 온 민족이다. 제2차 세계대전 때는 전체 유대인의 절반가량이 학살되는 끔찍한 참사를 겪었다. 이처럼 오랜 기간 생명을 위협받는 절망적인 상황에서도 유대인들은 여호와에 대한 감사와 찬미를 잊지 않았다. 나치 수용소에서 힘없는 아이들과 노인들이 죽어가는 모습을 보면서도 감사의 기도를 올렸다.

유대인들의 이런 태도는 종교적 가르침과 밀접한 연관이 있다. 16세기의 유대 신비주의자 이삭 루리아는 생의 모든 단계에서 기쁨을 얻어야 한다고 강조했다. 현대의 랍비 메나헴 슈네르손은 "좋게 생각하라. 그러면 좋아질 것이다"라고 충고했다. 이런 태도는 자녀교육에도 그대로 나타난다. 유대인은 아무리 작은 일에도 기뻐하고 감사하는 마음을 갖도록 가르친다. 여호와에 대한 감사는 부모와 국가에 대한 감사로 이어진다. 식사를 할 때면 농사를 짓는 농부에 대해 감사하고, 잠자리에 들 때는 자신을 돌봐 준 부모와 선생님에게 감사한다. 감사하는 마음을 갖는 어린이는 남을 배려하고 이해하는 마음도 절로 생긴다.

반면에 요즘 우리 한국 사회는 매사에 잘되면 내 탓이요, 못 되면 남의 탓이다. 이런저런 모임에서 기도하는 모습을 종종 접하는데, 종교에 관계없이 기도 내용의 대부분은 기복적이다. 집안 행사의 경우 가족의 건강은 기본이고 사업이 잘돼 돈을 많이 벌거나 자녀들이 원하는 대학에 들어가고 취업에 성공하기를 갈구하는 내용이 대부분이다. 어려운 이웃을 배려하고 기부를 많이 하자든가, 우리 사회의 공동선을 위해 노력하자는 내용은 찾아보기 어렵다.

"어른이나 아이들이나 감사할 줄을 모르고 '달라는 기도' 일색이요, 물질주의가 팽배한 탓인지 기도가 갈수록 물질을 갈구하는 내용으로 변질되고 있습니다."

어느 성직자의 얘기다.

7. 개성교육 중시

이스라엘의 한 유치원생이 어느 날 이상한 헤어스타일을 하고 등교했다. 그 아이는 "다른 친구들과 달라 보이니 좋지 않아요?" 하고 자랑스럽게 말했다. 아이의 말처럼 그 모습이 다른 아이들에 비해 색다르게 보이기도 하고 아이들 가운데 두드러져 보이기도 해서 웃을 수밖에 없었다. 이처럼 이스라엘의 어린이들은 어려서부터 남과 다르게 되고 싶어 하는 욕구를 가지고 있다. 아이들 스스로가 개성을 가지고 싶어 하는 것이다. 아이들이 그런 사고방식을 가지게 된 것은 부모나 선생님의 영향이 크다.

이스라엘의 부모들은 아이 스스로가 개성을 찾는 것을 아주 자랑스럽게 생각한다. 아직 어린아이가 머리에 무스를 바르고, 꼬랑지 머리를 기르고, 유별난 옷을 입으려고 한다 해서 그것 때문에 아이를 야단치지는 않는다. 남과 달라 보이고 싶어 하는 욕구로 그런 행동을 했다고 보기 때문이다.

그러나 아이가 껌이나 침을 아무 곳에나 뱉는다던가 물건을 엉망으로 만드는 행위는 주의를 준다. 그것을 아이의 개성이라고 생각할 수는 없고 나쁜 버릇이라고 보기 때문이다. 이런 경우를 제외한 나머지 경우에는 아이에게 무조건 '그런 행동을 해서는 안 된다'라고 말하지 않는다. 그것은 아이가 자기의 개성을 스스로 키워 나가기도 전에 그 싹을 잘라 버리는 것과 같다고 여기기 때문이다.

이스라엘의 부모들은 자기 아이가 다른 아이와 똑같이 생각하고 똑같이 행동하고 똑같은 것을 배우는 녹음기, 고정적이고 상투적인 사람이 되지 않도록 하기 위해서는 아이의 개성을 찾아 주어야 한다고 누구나 생각하고 있다. 그래서 어릴 때부터 아이를 세심하게 관찰하면서 자기 아이가 다른 아이들하고 어디가 다른가를 찾아내어 그것을 북돋아 주는 데 온 마음을 쓴다.

이스라엘의 부모들은 아이의 개성과 관심을 잘 살려 준다. 그들은 옆집 아이가 피아노를 배운다고 해서 피아노에는 아무런 취미도 없는 아이를 억지로 등 떠밀어 피아노 교습소에 보내지 않는다. 아이가 피아노에 남다른 재능은 없어도 관심을 가지고 있거나 음악적 재능이 있다고 판단되면 아이에게 피아노를 가르치는 것이다.

이스라엘의 부모들은 아이를 유심히 관찰하여 아이가 어학에 재능이 있다고 생각하면 "너는 동시통역가가 되면 좋겠구나" 하고 말해 주지만 "너는 어학을 잘하니 수학만 더 잘하게 되면 틀림없이 일류 대학에 들어갈 것이다" 하는 소리를 하지는 않는다. 그들은 아이의 재능과 개성을 살리는 데는 노력을 아끼지 않지만 그 재능과 개성을 일류 대학에 들어가는 방편쯤으로 여기지는 않는 것이다.

이스라엘 사람들이 개성을 이렇게 중요하게 생각하는 것은 모든 사람이 서로를 인정하며 조화롭게 어울려 사는 것에 가치를 두고 있기 때문이다. 똑같은 능력을 가진 평범한 사람들이 경쟁을 하게 되면 경쟁에서 살아남는 사람은 언제나 소수이기 마련이지만, 개개인마다 남과 다른 능력을 가지게 되면 모두가 서로 서로에게 도움을 주면서 조화롭게 공존을 할 수 있다고 그들은 생각하고 있다. 그래서 남과 다른 능력을 가지기를 강조하는 것이다.

이스라엘의 부모들이나 선생님들은 아이가 하고 싶어 하는 것은 물론이고 이 세상에 널려 있는 것은 무엇이든 모두 한번 해보도록 권유한다. 그들은 아이 하나하나가 각기 다른 세계를 품고 있는 작은 우주와 같다고 생각하고 있기에, 그 우주를 고유하게 보전하고 발전시키기 위해서는 비록 실패를 하더라도 많은 것과 직접 부딪치고 겪으면서 다양한 경험을 가져야 한다고 생각하는 것이다. 그리고 그런 과정을 겪는 동안 아이는 자기만의 세계를 지키고 만들어 가는 능력을 가지게도 된다고 말한다.

우리의 어머니들은 아이의 고사리 같은 손을 잡고 유치원에 다니자마자 벌써 대학은 어디로 보내고 장래 직업은 무엇으로 했으면 좋겠다고 하는 원대한 계획을 세운다. 그러나 그것은 아이의 특성과는 아무런 상관이 없다. 순전히 어머니의 욕심과 기대와 희망일 따름인 것이다.

"당신 아이가 커서 무엇이 되었으면 좋겠어요?" "대학에서는 무엇을 전공하게 하실 건가요?" 하고 이스라엘의 어머니들에게 묻는다면, 그들에게는 그 질문이 바보 같은 질문으로밖에 들리지 않는다. 그에 대한 결정은 전적으로 아이에게 달려 있기 때문이다.

이스라엘 사람들은 부모의 희망이나 기대, 사회적으로 인정받는 직업을 갖도록 아이에게 권하지 않는다. 그것보다는 자기의 방식으로 행복을 추구하며 살아가는 개성 있는 삶을 이루어 나가도록 격려한다. 그리고 그런 삶이 진정으로 행복한 삶이라고 아이들에게 가르치고 있다.

이스라엘 사람들은 아이의 개성을 찾아 주고 그 바탕 위에서 자기의 인생을 스스로 계획하고 발전시켜 가도록 옆에서 든든한 조력자의 역할을 하는 것이 어른의 도리이고 책임일 뿐이라고 말하며, 부모나 선생님의 가치관으로 아이를 가르치고 키우는 것은 대단히 위험한 일이라고 생각한다. 개성을 중요시하고 그것을 충분히 길러야 한다는 유대인들의 생각이 그들 삶의 전반에 진하게 깔려 있음을 알 수 있다.

8. 개성을 살리는 교육

다른 민족도 그렇겠지만, 우리 한인들이 미국에 정착하는 가장 큰 원인 중 하나가 보다 성공적인 자녀교육을 미국에서 시키기 위해서라고 하면 부정할 사람이 별로 많지 않을 것이다. 우리처럼 자녀교육에 온 힘을 기울이는 민족도 많지 않다. 오죽하면 오바마 대통령도 한국인들의 교육열을 높이 평가하고 대중 앞에서 되풀이하고 있지 않은가.

자녀교육이 쉽지 않다는 것은 누구나 아는 사실이다. 더욱이 우리같이 낯선 땅에 와서 생계를 위해 밤낮을 가리지 않고 뛰어야 하는 이민 1세들에게는 성공적인 자녀교육이 얼마나 힘든지 다 아는 사실이다. 생계 유지를 위해, 좋은 교육구의 집 마련을 위해 뛰다 보면 자녀교육에 할당해야 하는 시간을 거의 다 뺏기게 마련이다. 그렇다고 핑계만 대고 있을 수도 없다.

우리의 하루하루는 아이들에게 정말로 중요한 배움의 시간이 되고 있다는 사실을 명심해야 한다. 대개 부모가 담배를 피우면 자녀도 담배를 피우게 되고, 폭행을 하면 따라 하게 되고, 거짓말하면 자녀도 거짓말하게 되기에 며느리 얻을 때 사위 구할 때 돈보다 가정교육을 우선시하라고들 한다.

필자의 아이들이 의사, 검사, CPA가 된 것은 온전히 그들 자신의 개성에 의한 선택이었다. 장남은 어려서부터 의사가 되겠다는 집념이 강했다. 열여섯 살에 처음 자동차를 사주었더니 자동차 번호판에 Dr. Cha라는 이름을 달고 다녔다. 왜 Dr. Cha라고 했느냐고 물으니 장차 의사가 되겠다는 것이다. 어려서부터 승부욕이 대단했다. 학교 성적뿐 아니라 모든 면에서 남에게 뒤지고는 못 견디는 아이로 성장했는데, 그런대로 의사가 되고 골프도 즐기며 3남매를 두고 잘 살고 있다.

둘째 아들은 경영학을 한다더니 법학으로 마음을 돌려서 지금은 LA 시 부장검사로 바쁘지만 보람찬 생활을 영위하고 있다. 딸은 대학원에서 노인학을 공부한다더니 오빠는 의대, 동생은 법대 가는 것에 자극을 받아 CPA 공부를 해서 FoxTV(채널11) 경영 담당 부사장까지 승진하여 열심히 일하다 지금은 가정을 이루어 행복하게 살고 있다. 아이들에게 무슨 전공을 택하라고 하지 않고 저희들이 결정해서인지 직업에 대한 불만 없이 열심히 일하고 있다.

여기에서 잠깐 유대인들의 자녀교육을 살펴보자. 자녀교육에 성공한 사람들은 누가 뭐라 해도 유대인들이다. 유대인 중에는 저명인사가 많다. 과학자 아인슈타인을 비롯해서 심리학자 프로이트, 지휘자 번스타인, 그리고 로스차일드와 몰간 같은 재벌이 있고, 한때 세계를 주름잡던 미국의 전 국무장관 키신저 같은 거물들이 수두룩하다. 이처럼 동서고금에 걸쳐 문화, 경제 등 여러 부문에서 세계의 정상을 차지했던 유대인은 놀랄 만큼 높은 비율을 보이고 있다. 현재 미국에선 전 인구 중 유대인의 비율은 불과 2퍼센트에 불과하지만 전 미국 유명대학의 교수 중 30퍼센트가 유대인이며, 세계 각국에서 뽑히는 노벨상 수상자 중 약 20퍼센트가 유대인이다.

이러한 유대인 특유의 실력은 어디에서 나오는 것일까? 유대인의 두뇌가 예로부터 뛰어났기 때문은 아닐 것이다. 민족에 따라 태어날 때부터 두뇌의 우열이 있다고 한다면 벌써 이 세상은 머리 좋은 민족에 의해 지배되었을 것이다. 그럼에도 불구하고 유대인이 다른 민족보다도 우수한 인재를 배출해 온 것은 그들의 자녀교육 방법이 다른 민족의 교육방법과 상이한 점이 있다는 것이다.

유대인의 유아교육을 보면 버릇 가르치기, 부모와 자식 관계에서 독자적인 생각과 방법을 갖고 있다. 그도 그럴 것이 유대 5천 년의 역사는 그 대부분이 박해받는 역사였다. 제2차 세계대전 후 1948년 이스라엘이 건국되기까지 유대인은 오랜 세월을 조국 없이 떠도는 유랑 민족이었다. 땅도, 돈도, 지위도 유대인을 지켜 주지 못했다. 따라서 믿을 수 있는 것은 자기의 머리 속에 쌓아 둘 수 있는 지혜나 지식뿐이었다.

영어의 Jewish Mother라는 말은 여러 가지 뜻을 가졌는데, 그 하나가 '아이들에게 학문의 필요성을 귀 아프게 알려주는 극성스런 어머니'라는 뜻이다. 그러나 유대인들의 어머니들은 한국의 극성스런 '교육 어머니'들과는 조금 다른 것 같다.

가령 이웃집 아이가 피아노를 배운다고 해서 우리집 아이에게도 피아노를 배우게 하거나, 다른 아이들이 모두 일류 학교를 목표로 공부한다고 해서 우리 아이에게도 같은 일을 요구하는 일이 없다. 늘 아이들 옆에 붙어서 "남보다 뛰어나라, 다른 아이보다 앞서라" 하고 부채질하며 공부를 재촉하지도 않는다. 피아노는 자기가 배우고 싶다면 배우도록 해줄 뿐이다.

우선 어느 학교가 '일류'인지도 유대인들은 거의 신경을 쓰지 않는다. 또 한국의 어머니들과 같이 아이가 유치원에 다닐 때부터 벌써 대학은 어디로 보내겠다고 원대한 계획을 세우는 부모는 찾아보기 힘들다. 유대인이 늘 입에 담는 말 중의 하나가 "아인슈타인은 8세까지 열등아였다"는 것이다. 아인슈타인이라면 물론 상대성이론을 발견한 세계적 물리학자 앨버트 아인슈타인을 말하며, 그는 유대인이다.

그러나 어렸을 때의 그는 말을 늦게 배웠으며 4세까지도 부모는 그가 '저능아'라고 믿고 있었다고 한다. 학교에 들어가서도 머리가 잘 돌아가지 못했으며, 그뿐만 아니라 친구하고도 어울리지 못했기 때문에 1학년 담임 교사는 생활기록부에 "이 아이에게는 아무런 지적 업적도 기대할 수 없다"라고 썼다고 한다. 마침내 교사는 그가 교실에 있으면 다른 아이들에게 방해가 되니 학교에 보내지 않았으면 좋겠다고 부모에게 말할 정도였다고 한다.

유대인 어머니들은 아이들에게는 저마다 개성이 있으므로 어느 아이도 획일적으로 생각하지 않고 저마다의 개성에 따라 긴 안목으로 보아 주고 싶어 한다. 바로 그것이 '유대적 교육 어머니'의 방식인 것이다. 우열을 다루게 된다면 승자는 언제나 소수이기 마련이다.

그러나 저마다 남과 다른 능력을 갖게 된다면 모든 인간은 서로를 인정할 수 있고 공존할 수 있는 것이다. 남보다 우수한 사람이 되기보다는 다른 사람과 다르게 되라고 교육시킨다. 아이들은 일찍부터 그의 개성, 소질, 독창성이 인정되고 발전되도록 도움을 받아야 한다.

학교에서는 빛을 보지 못한 아인슈타인이지만, 집에만 오면 늘 자신을 격려해 주고 무엇이건 생각하게 하는 부모님을 대할 수 있었다. 특히 아인슈타인의 어머니는 아들 편이 되어 학교 공부에서 뒤진 부분을 만회할 수 있다고 늘 자신 있게 강조했다. 그의 어머니의 교육철학은 남보다 우수하기보다는 다른 사람과 다르게 되라고 아들의 개성을 파악하고 개성을 중시한 것이었다.

아인슈타인은 토막지식을 잘 외어서 시험이나 잘 치르는 공부가 아니라 혼자서 생각하고 추리하며 상상하는 능력이 우수하다는 것을 그의 어머니는 잘 알고 있었다. 이와 같은 어머니의 사랑, 자신감과 용기를 잃지 않도록 격려하는 가정교육, 그리고 개성을 존중하며 그가 가진 장점을 최대한으로 길러 주는 부모의 태도가 상대성이론을 발견한 세계적 물리학자로 만들었다고 볼 수 있다.

모든 사람들의 얼굴이 각각 다른 것처럼 능력, 성격, 태도 등에 있어서도 자기 나름의 독특한 개성을 지니고 있다. 이 개성이 최대한으로 개발되고 신장될 때 개인의 진가가 나타나는 것이다. 부모가 설정한 틀에 들어가도록 하는 것은 개성을 죽이는 것이다. 결국 이로 인해 많은 경우 한 사람의 소중한 장점을 사장시킬 수 있다. 개성과 적성을 고양시켜야 한다. 획일적인 교육방법, 남과 같이 되라고 하는 교육방법은 지양되어야 한다.

9. 남과 다른 점을 살리는 교육

세계적인 영화감독 스티븐 스필버그는 어린 시절 눈에 띄는 똑똑한 아이가 아니었다. 하지만 자연과 사물에 대한 호기심만은 일등이었다. 그의 어머니는 스필버그를 유대인 거주 지역에서 편협하게 키우지 않고 기독교들이 사는 지역에서 자유롭게 어울리도록 했다.

아이가 학교에 가기 싫다고 하면 아프다는 거짓 편지를 학교에 보내기도 했고, 스필버그가 어렸을 때 찍은 영화에 기꺼이 배우로도 출연했다. 일단 자녀의 이야기를 들어본 뒤 옳다고 행각하면 만사 오케이였다. 자녀가 호기심과 열의를 느낄 수 있는 일에 부모도 관심을 갖고 참여해야 하며, 학업 성적에 연연하기보다는 자녀가 몰두하며 평생 잘할 수 있고 행복해할 수 있는 분야를 찾아 주어야 한다는 게 그녀의 생각이었다.

"솔직히 나는 단 한 번도 전형(典型)적인 어머니였던 적이 없어요. 아들이 원하면 들어줘야 한다고 생각했을 뿐이에요. 그것이 아이의 독창성을 살리는 길이라고 믿었습니다."

전형을 벗어난 특이한 어머니였지만, 남과 다른 아들의 개성을 인정하고 아들이 원하는 것을 마음껏 누릴 수 있게 해준 교육방식이

스필버그의 창의성을 키운 것만은 분명하다. 스필버그는 한 인터뷰에서 "내 이야기를 가장 재미있게 들어주고 늘 대화를 충분히 나누며 옆에 있을 수 있는 사람은 어머니뿐이라고 생각한다"라고 말했다.

아버지도 자녀교육에 관한 한 별반 다르지 않았다. 그는 어느 날 저녁 유성이 쏟아질 것이라는 기상청 예보를 접한 뒤 열세 살 아들을 데리고 사막으로 차를 몰았다. 사막에 담요를 깔고 아들과 함께 눕자 하늘에서 거대한 유성이 쏟아져 내렸다. 그날의 경험은 5년 뒤 스필버그의 첫 영화 〈불꽃〉으로 탄생했고, SF 영화 〈미지와의 조우〉의 토대가 되기도 했다. 아버지는 내심 아들을 엔지니어로 키우고 싶었지만 8밀리미터 무비 카메라에 열광하는 아들의 재능을 꺾지는 않았다. 한국 부모들처럼 자식의 개성을 살려주기보다 안정적인 직업을 갖도록 윽박질렀다면 세계적인 영화감독은 탄생하지 못했을 것이다.

한국 사람들은 가족끼리 외식을 하거나 직장에서 회식을 할 때 음식 종류를 통일하는 경우가 많다. 동류의식을 느낄 수 있고 음식이 빨리 나오는 장점도 있기 때문이다. 직장 동료들과 점심을 먹기 위해 중국집에 가서도 자장면, 짬뽕 등으로 통일하는 경우가 흔하다. 한마디로 획일적이고 몰개성적이다. 남이 하니까 나도 한다는 식이다. 텔레비전 드라마에서 유명 연예인이 입고 나온 옷이나 액세서리가 금세 유행하고, 음식이나 책까지도 트렌드를 따른다. 문제는 이런 몰개성적인 문화가 독창적이고 창조적인 능력을 죽인다는 것이다.

유대인 가정은 아이들의 개성을 최대한 존중하고 키워 주기 위해 노력한다. '다른 학생과의 경쟁에서 이기라'고 강요하기보다는 '남과 다르게 되라'고 가르친다. 아이들은 모두 다르다. 형제자매라고 해도 성격이나 관심 분야에 큰 차이를 보이기 마련이다. 이에 따라 아이를 올바르게 키우기 위한 유대인 부모의 제1원칙은 '유연성'이다. 부모가 아이의 개성을 잘 파악해 그에 맞게 반응하고 가르치는 것이 무엇보다 중요하다고 여기는 것이다. 이것이 우리 아이가 남과 다르게 잘할 수 있는 것, 우리 아이만의 장점을 찾아 키워 주려고 노력하는 이유다.

자녀들은 자기가 좋아하고 잘하는 과목이 있기 마련이고, 그런 과목에는 흥미를 느끼고 열심히 하는 게 일반적이다. 그런데 한국 부모들은 자녀가 모든 과목에서 1등 하기를 바라면서 학교 성적에 일희일비한다. 성적이 나쁘면 화를 내고 자녀를 윽박지른다. 다른 형제나 친구들과의 비교도 서슴지 않는다. 그 결과 아이들은 자존심에 큰 상처를 입고 자신감도 잃게 된다. 갈수록 마음이 위축돼 성적이 더욱 떨어지는 악순환에 빠진다. 자녀가 영어는 잘해도 수학은 못할 수 있다는 평범한 사실을 인정해야 한다. 그래야 자녀의 미래가 보인다.

"형제의 머리를 비교하면 양쪽을 다 죽이지만, 형제의 개성을 비교하면 양쪽을 다 살릴 수 있다"는 유대 격언이 있다. 사람은 얼굴도, 성격도, 지적 능력도 모두 다르다. 나름대로의 개성을 지닌 존재이다. 그 개성을 최대한 살려 주는 것, 그것이 유대인 자녀교육의 핵심이다. 세상을 이끌어 가는 위대한 인물들은 바로 개성을 정확히 파악하고 그 개성을 살려 주기 위해 노력한 교육의 결과물이다.

천재적인 아이는 학습을 잘하는 아이가 아니라 남과 다른 아이다. 한국의 학부모들은 바로 이 점을 간과하고 있다. 그래서 자기 자녀를 남의 자녀와 끊임없이 비교한다. 비교 기준은 오로지 성적이다. 그것도 모든 과목에서 뛰어나기를 원한다. 아이들의 호기심이 창의성의 원천이라는 점을 인정하지 않는다. 순응하고 말 잘 듣는 착한 모범생을 원할 뿐이다. 이제부터는 내 아이가 어떤 개성이 있는지, 어떤 것을 좋아하는지 관찰부터 시작하자.

10. 맞춤학습법

"유대인 아버지는 두 가지 약을 먹어야 한다. 한 가지는 분별력, 또 한 가지는 하고 싶어도 참을 줄 아는 절제력이다"(유대 속담).

자녀들은 하나님께서 주신 선물이라고 말한다. 그래서 유대인 아버지들은 자신의 자녀들을 한 가지 똑같은 방식으로 함부로 가르치려 하지 않는다. 왜냐하면 자녀들은 생김새가 다르듯이 성격도 특성도 저마다 제각각이기 때문이다. 유전학자들은 사람마다 고유한 성격과 기질을 가지고 태어난다고 말한다. 자녀란 타고난 개성으로 무장한 아름다운 영혼들이다. 유대인 아버지는 각각의 자녀들에 맞게 해야 할 것과 하지 말아야 할 것의 구분을 명확히 가르친다. 이것이 유대인들의 첫 번째 교육방법으로, 그야말로 맞춤학습법이다. 물론 계명을 어기는 모든 악한 행위들은 금지된다.

맞춤학습법이란 성경에 나오는 싱경 위인들의 싦의 빙식에 맞추이 하는 학습방법이다. 이삭은 두 아들을 분리해 교육했다. 그래서 맏이에서는 사냥꾼답게, 외향적인 성격답게 밖으로 돌아다니며 세상물정을 배우게 했다. 훗날 에서는 에돔 족속의 조상이 되었다. 동생 야곱에게는 가정을 이끌어 나가는 데 필요한 가사일과 가계 운영일을 가르쳤다. 그는 가업을 잇는 일과 기업경영에 소질이 있었다. 그 결과 야곱은 훗날 70명에 이르는 대식솔을 거느리고 흉년의 이스라엘을 벗어나 이집트에 가서 자손을 퍼뜨리는 역할을 무난히 해낸다.

성경의 아버지들은 자녀들이 그들에게 주어진 소명을 잘 감당하기를 바라고 기대한다. 여기서 중요한 것은 성격이나 지적 관심사 또는 직업적 관심사 등 모든 면에서 자녀는 부모와는 다르다는 사실이다. 즉 아이가 자신을 닮길 무조건적으로 원하기보다는 자녀에게 적합한 맞춤교육을 제대로 실시하는 것이 훨씬 중요하다.

잠언 22장 6절은 "마땅히 행할 길을 아이에게 가르치라"고 말한다. 그렇다. 유대인 아버지들은 이 말씀을 마음에 담아 자녀 모두가 똑같이 사랑받을 자격이 있다는 것을 믿으며, 이들을 똑같이 다루지 않고 특별하게 다루는 것이다. 자녀의 특성에 맞게 아이를 가르치는 일은 다름과 틀림의 구분을 분명히 해주는 데서부터 시작된다는 것을 잊지 말아야 한다. 자기와 생각이 다르다고, 모양이 다르다고 모두가 틀린 것은 아니다. 다름을 인정해야 한다.

또 유대인 아버지는 자녀가 친구들을 사귈 때도 이 맞춤학습법을 이용하도록 권하고 있다. 가릴 친구와 가리지 않아도 될 친구를 구분하라는 것이다.

탈무드에 이런 이야기가 있다. 친구 중에는 세 가지 종류가 있다. 우선 첫째 그룹의 친구는 음식물과 같은 존재로, 매일 먹는 음식처럼 삶에 빠질 수 없는 존재다. 매일 만나도 서로를 위해 도움이 된다. 둘째 그룹의 친구는 약과 같은 존재다. 때때로 필요하므로 버릴 수는 없는 존재다. 셋째 그룹의 친구는 질병과 같은 존재다. 도무지 필요가 없어 만나지 않는 것이 낫다.

유대인 아버지는 자녀들에게 이렇게 가르쳐 왔다.

- 둘이서 싸움이 날 때 타협을 하는 자는 인격이 높은 사람이다.
- 친구에게 돈을 빌려주면 우정을 잃기 쉽다.
- 친구에게 돈을 빌려 주지 않으면 친구를 잃기 쉽다.
- 입을 다물고 있는 친구가 입을 벌려 남의 말을 잘하는 친구보다 낫다.
- 거짓말을 잘하는 친구와 도적질을 하는 친구 둘 중에 누가 나은가? 그나마 도적질하는 이가 낫다. 거짓말하는 친구는 평생

옆에서 거짓말을 하지만 도적질하는 친구는 한번 훔쳐가면 다시는 가까이 오지 않기 때문이다.

친구를 가려 사귀도록 가르치는 유대인 아버지들을 보며 우리 아버지들은 아들의 친구 이름을 몇 명이나 알고 있는가, 아들에게 어떤 맞춤학습법을 제시하고 있는가 돌아보게 된다.

"좋은 친구는 양약보다 낫다." "친구 따라 강남 간다." 이런 말들이 있을 정도로 친구는 방향을 정하는 데 큰 영향을 미친다. 잠언 27장 6절에 "친구의 아픈 책망은 충직으로 말미암는 것이나 원수의 잦은 입맞춤은 거짓에서 난 것이니라"라고 했다. 좋은 충고를 해줄 수 있는 친구를 사귀도록 가르치는 것은 아버지의 책무이자 의무다.

11. 거짓말 속에 창조성이

"엄마, 오늘 나 코끼리를 탔어" 하고 밖에서 돌아온 아이가 어머니에게 마치 사실인 것처럼 말한다. 어머니는 즉시 그 말을 받아 "거짓말 좀 작작해요. 자꾸 거짓말하는 버릇하면 못써!" 하고 야단을 친다. 이런 광경은 어린아이가 있는 가정이라면 흔히 볼 수 있는 일이다. 발달 심리학의 통계에 의하면 일반적으로 어린이는 세 살 무렵부터 거짓말을 하기 시작해서 초등학교 2-3학년쯤에는 그런 경향이 가장 심하다고 한다.

물론 거기에도 개인차가 있기 마련이어서 거짓말이 심한 아이, 적게 하는 아이가 있으므로 어머니의 근심거리가 된다. 그러나 아이의 지적 능력이라는 면에서 얘기한다면, 거짓말을 잘한다고 해서 부모는 너무 걱정할 필요가 없다. 오히려 거짓말을 잘하는 아이는 거짓말도 제대로 못하는 아이보다 훨씬 창조성이 풍부하다는 것이 심리학적으로도 증명이 되어 있다.

왜냐하면 거짓말을 한다는 것은 자기가 경험하지 못한 일을 마치 경험한 것처럼 얘기할 수 있는 능력, 즉 말과 행위를 분리시킬 수 있는 능력이 있다는 것을 뜻하며, 무에서 유를 만들어 내는 창조적 능력과 밀접한 관계가 있기 때문이다. 바꾸어 말해서, 거짓말을 잘하는 아이는 그만큼 창조성이라는 면에서 큰 소질을 지니고 있을 가능성이 있다고 하겠다.

적어도 거짓말을 하는 아이를 곧 나쁜 아이라고 단정해서 덮어놓고 야단을 치는 어머니는 아이로부터 창조적인 사고의 기회를 빼앗을 염려가 있는 것이다. 표현력의 부족으로 거짓말을 하는 경우도 있다. 큰 쥐를 본 아이가 고양이만 한 쥐를 보았다고 하는 경우가 있다. 표현력의 부족에서 오는 거짓말이다.

12. 창조적인 교육

"이상한 기술을 찾는다면 이스라엘에 가라"는 말이 생겼을 정도로 기발한 창의력을 가진 인재들이 많은 나라가 이스라엘이다. 1990년대 중반 히브리 대학 유전공학연구실에서 방울 토마토가 처음 태어났고, 인터넷 메신저 프로그램을 개발해 수억 달러를 벌어들인 것도 이스라엘 벤처기업이다. 사막 한가운데 바닷물을 끌어들여 김을 양식하기도 한다.

학교 자체 기술로 연구용 인공위성 테크샛(TECHSAT)을 쏘아 올린 테크니온 공대는 이스라엘 핵심 이공계 인력의 70퍼센트를 배출해 온 창의적 인재의 산실이다. 이 대학의 나노 광학연구소 에레즈 하스만 교수는 "가장 중요한 미래의 덕목은 창의력이다. 이제 틀에 박힌 사고방식으로 세계적인 기술 개발을 꿈꾸는 건 어림도 없다"라고 강조한다.

이들은 기존 질서와 권위, 통념을 거부하고 모든 것에 의문을 던지는 창조적 인간이었다. 창조는 모방이나 개선과는 차원이 다르다. 기존 틀과 통념을 무너뜨리는 일정의 파괴 행위다. 그런 만큼 보통 사람들이 창조적 사고를 하기란 쉽지 않다.

미국의 뇌 과학자 그레고리 번스는 《상식파괴자》(Iconoclast)라는 책에서 그 이유를 세 가지로 정리했다. 우선 인간의 뇌는 익숙한 걸 좋아하고 낯선 것을 싫어한다. 사람들은 또한 자기 아이디어가 조롱 받을 수도 있다는 생각에 지레 두려움을 느낀다. 설령 성공적인 아이디어가 있어도 다른 사람들을 설득해 현실화하는 능력이 떨어진다.

하지만 구글의 공동 설립자 브린과 페이지는 익숙한 것을 거부하고 늘 새롭고 낯선 것을 추구한 반항아였다. 권위와 규칙을 무시하고 상식적인 사고방식에 의문을 던짐으로써 창의적 혁신을 이뤄낸 것이다. 아인슈타인이 노벨 물리학상을 빈는 자리에서 "세상 사람들은 규칙을 지키는 것이 가장 중요한 가치라고 생각하지만, 나는 반대로 규칙을 뒤집었을 때 우리에게 가장 필요한 새로운 규칙이 탄생할 것이라고 믿는다"라고 했던 것도 비슷한 맥락이다.

아이폰과 아이패드로 IT의 역사를 새로 쓰고 있는 애플의 최고경영자 스티브 잡스 또한 새로운 아이디어를 대중에게 설득할 수 있는 능력을 지닌 상식 파괴자였다. 유대인들은 어렸을 때부터 여호와라는 추상적인 존재를 그리는 상상력을 통해 창의력을 키운다. '어린이의 생각은 하늘의 구름처럼 떠다녀야 한다'는 게 유대인의 오랜 믿음이다. '유대인 두 명이 모이면 세 가지 의견이 나온다'는 말이 있다. 그만큼 유대인들은 논쟁과 토론을 통해 다양한 해결 방안을 찾는다. 히브리식 교육이란 바로 논쟁과 토론을 중시하는 교육이다.

창의력은 기존 사고의 틀을 깨는 자유롭고 독창적인 생각을 말한다. 창의력을 키우기 위해서는 눈에 보이지 않는 추상적인 것을 생각하고 상상해 보는 훈련이 중요하다. 어렸을 때부터 독서와 토론, 자유로운 사고와 왕성한 지적 호기심을 통해 상상의 나래를 마음껏 펴는 유대인들이 뛰어난 창의력을 보이는 것은 당연하다.

반면에 한국의 학부모는 자녀들이 정해진 틀 안에서 생각하고 학습하기를 강요한다. 그 틀을 벗어나는 아이는 가정에서든 학교에서든 일탈로 간주돼 제재와 벌을 받는다. 미국의 경제학자 에릭 하누세크 교수(스탠퍼드 대)는 권위와 위계질서를 존중하는 한국의 문화가 창의성을 옥죄고 있다고 분석한다.

"창의력은 학교에서 가르치는 게 아니다. 권위와 위계질서를 극복할 수 있는 문화 기반을 만들어야 창의력도 꽃필 수 있다. 내가 가르쳐 본 한국 학생들은 너무 예의가 발라 내가 엉뚱한 소리를 해도 이를 지적하지 않는다. 이런 위계질서를 중시하는 문화가 훗날 직장에서도 창의성을 발휘하지 못하게 한다."

창의력은 공부만 해서는 절대 길러지지 않는다. '여유'와 '놀이'가 필요하다. 2002년 노벨 화학상 수상자 쿠르트 뷔트리히 박사(73세)는 한국 학생들의 창의력이 떨어지는 이유를 공부만 강요하는 입시제도 때문이라고 지적한다.

"한국의 중·고교 학생들은 밤낮 없이 너무 열심히 공부만 한다. 대학에 진학하기 위해 공부만 해야 하는 환경에서 학생들이 창의적이 되긴 힘들다. 어린 학생들은 놀아야 한다. 재미있는 일을 해봐야 한다. 그래야만 창의적이 된다. 한국의 고교생들은 고등학교 때 너무 힘을 쏟은 나머지 대학에서의 학업은 그다지 중요한 일이 아니게 된다."

요즘 기업들은 문제를 제대로 발견하고 창의적으로 해결할 줄 아는 인재를 선호한다. 문제를 스스로 찾아내 주도적으로 해결하는 '해결사형 인재'야말로 기업들이 바라는 진짜 인재다. 창조경영을 하려면 당연히 창의적으로 사고하는 인재들이 필요하다. 문제는 우리 교육 시스템이 이런 인재들을 길러내지 못한다는 데 있다. 고등학교 때부터 오로지 대학입시를 목표로 점수경쟁에만 매달리는 풍토에서 창의적 인재가 나오기는 어렵다. 지금의 우리 교육제도로는 자연과학과 인문학, 예술이 자유롭게 소통하는 융·복합형 인재를 키우는 것이 거의 불가능하다.

기업문화도 바뀌어야 한다. 최근 들어 많은 기업들이 위에서 목표를 만들어 실행하는 '톱다운' 대신 아래의 다양한 의견을 수렴하는 '바텀업' 방식을 장려하고 있는 것도 사실이다. 하지만 한국 기업들은 여전히 창의적이면서도 조직과 잘 융화할 수 있는 성실한 인재를 선호한다. 조직에 대한 충성심과 결속력, 경영진의 상명하달식 관리와 독려가 중시되는 문화 탓에 튀는 사람을 용납하지 않는다.

창의적 인재들은 대체로 고집불통이고 기인이다. 스스로 '괴짜'라 여겼던 브린은 어른이 되어서도 떼쓰는 10대 아이같이 짓궂은 장난을 즐겼고, 중요한 미팅에도 롤러블레이드를 타고 뒤늦게 도착하곤 했다. 수도승처럼 은둔형 천재인 페이지는 비즈니스를 논하는 자리에서 공공연히 PDA를 들여다봤고, 권위자들과 토론할 때 존경하는 '척'도 하지 않았다. 스티브 잡스 또한 변덕스럽고 공격적이며 까다로운 성격이었다. 사석에서 만난 한 대기업 임원은 창의적 인재가 발붙이기 어려운 국내 기업의 풍토를 이렇게 설명한다.

"창의적 인재들은 보통 사람과 다르다. 성격이 모질거나 괴팍한 경우가 많다. 그런데 대다수 기업은 창의적이면서 성격도 좋은 사람을 원한다."

13. 유머 감각 지원

전 세계에 흩어져 핍박받아온 유대인들은 다른 어느 민족보다 유머를 즐긴다. 그래서 '웃음의 민족'으로도 불린다. 친구끼리는 물론 교사와 학생, 부모와 자식 간에도 유머를 주고받는다. 교실에서의 유머는 긴장된 학생들의 마음을 풀어 주고, 공부에 지친 머리에 여유를 준다. 부모와 자식이 격의 없이 나누는 유머는 굳어진 자녀들의 마음을 풀어 주고, 집안 분위기를 부드럽게 만들어 준다.

유머는 교육적으로도 도움이 된다. 한국 사람들은 농담을 잘하는 사람을 보면 흔히 '실없는 사람'으로 여기지만, 유대인은 그렇지 않다. 유머나 조크에 해당하는 히브리어 '호크마'는 '예지', '지혜'를 뜻한다. 유머를 단순한 농담으로 여기지 않고 수준 높은 지적 활동으로 간주한다. 유대인 금융재벌 로스차일드는 "나의 무기는 조크"라고 말하곤 했다. 아인슈타인은 노벨 물리학상을 받는 자리에서 유머의 중요성을 이렇게 강조했다.

"나를 키운 것은 유머였고, 내가 보여줄 수 있는 최고의 능력은 조크였다. 세상 사람들은 규칙을 지키는 것이 가장 중요한 가치라고 생각하지만, 나는 반대로 규칙을 뒤집었을 때 우리에게 가장 필요한 새로운 규칙이 탄생할 것이라고 믿는다."

유머 능력은 창의적 사고력과 밀접하게 연관된다. 그래서 유대인들은 부자가 되거나 높은 자리에 오를수록 유머를 중요하게 생각한다. 유머를 인간이 가진 가장 강력한 힘 중의 하나라고 생각한다. 실제 유머만큼 폭넓은 상상력과 순간적인 기지를 요구하는 것도 없다. 타인의 감정과 생각을 순식간에 읽은 뒤 그에 알맞은 한 마디 조크를 던져 상대방을 굴복시키는 것이 유머의 백미이다. 그만큼 유머는 연상력과 순발력, 빠른 두뇌 회전을 필요로 한다.

유머로 먹고 사는 코미디언 중에 유대인이 많은 것도 이런 배경 때문이다. 미국 코미디언의 80퍼센트 이상이 유대인이다. 유머는 권위를 깨는 데도 유용하다. 비즈니스 거래 때의 딱딱한 분위기를 단번에 반전시킬 수 있는 것도 유머의 힘이다. 마빈 토케이어는 "자기 목표를 향해 달려가는 사람에게 웃음은 자동차의 가속 페달과 같다. 낯설고 긴장된 자리에서 던지는 한 마디 유머는 화기애애한 분위기로 이끌 뿐만 아니라 자신의 가치와 역량을 드높이는 힘이 된다"라고 말했다. 그래서 유대인은 유머가 부족한 사람을 만나면 "머리를 숫돌에 갈아야겠다"라는 말을 쓴다. 칼날을 숫돌에 갈듯, 유머가 인간의 지성을 날카롭게 연마한다고 믿기 때문이다.

유머를 잘하는 사람은 두뇌가 유연하고 창조력이 있다. 그래서 새로운 상황을 재빨리 파악해 자신의 것으로 소화할 줄 안다. 열심히 공부하는 것만으로는 성공하기 어렵다. 유대인들은 성실하기만 한 사람은 성공할 확률이 낮다고 본다. 성실하고 고지식한 머릿속에는 상상력과 개성이 들어갈 사리가 없기 때문이나. 항상 웃음을 잃지 않는 여유와 유머는 유대인 성공의 원동력이다. 웃음에 인색한 한국 사람들이 배워야 할 덕목이다. 어른들 세계에서는 물론 아이들 사이에서도 유머 감각은 또래들의 인기를 얻는 중요한 요인이다. 유머 감각이 있는 아이는 언어 능력이 뛰어나고 대인관계에서도 자신감을 얻게 된다. 엄마 아빠가 평소 아이들과 농담을 자주 하고 웃음이 넘치는 가정을 만들도록 노력하자.

14. 다름과 틀림의 차이

유대인 아버지는 늘 생각한다. 내 자녀가 어떻게 하면 신앙적으로 바른길을 걸어갈 수 있을까 하고 말이다. 그러면서 옳고 그른 것의 차이와 다르고 틀린 것의 차이를 가르친다.

히브리어(유대 민족어)로 '하타'라는 말은 '죄'를 뜻한다. 원래 이 말은 '과녁을 벗어나다'라는 의미로 사용되었으나 '중앙에서 멀어지다', '틀리게 되다'처럼 그 의미가 바뀌었다고 한다. 유대인들에게 있어 죄란 곧 과녁을 벗어난 것이며, 여호와의 명령을 벗어난 것이다. 여기서 과녁은 곧 여호와의 명령이고 율법이며, 토라의 진정한 생명이 있는 말씀이다.

그래서 유대인에게 틀린 것은 곧 죄악을 의미하니, 이는 이들에게 대단히 민감한 사안이다. 예를 들어, 안식일을 범하는 것은 하타가 된다. 지켜야 할 것을 지키지 않았으니 이는 죄악이다. 예수님이 안식일에 병자를 고치고 시각장애인을 눈뜨게 한 것을 보고 수많은 유대인 지도자들이 분노하고 개탄한 것을 주목하라. 그들에게 안식일을 범하는 것은 가장 큰 죄악으로 여겨졌던 것이다. 예수님은 이런 유대인들의 형식주의적인 신앙을 비난했다. 하지만 유대인들은 형식주의자들이라는 비판을 받을 만큼 죄가 되는 부분에 근접하지 않기 위해 애를 쓰는 민족이다. 유대인 아버지들은 이 점에서 틀린 것과 다른 것을 자녀들에게 엄격하게 구분시킨다. 유대인 아버지는 자식들에게 틀린 것은 바로잡도록 가르치고, 다른 것은 그대로 인정하도록 가르친다. 남과 다르다는 것을 인정한다는 의미는 뛰어나거나 차별하거나 하는 의미가 아니라 각기 자기 개성을 갖고 살도록 허용한다는 말이다.

또 유대인 아버지는 이런 이야기로 자녀들을 가르친다.

"아들아, 돈을 버는 것이 쉬울까, 쓰는 것이 쉬울까?"

아들은 이렇게 대답한다.

"아무래도 쓰는 게 쉽다고 대답하길 바라시는 것 같은데 저는 버는 게 쉽다고 생각합니다."

"그것은 왜 그런 것이냐?"

"우리나라 속담에 '돈을 버는 것은 누구나 나름대로 방법을 알고 있지만 돈을 어떻게 쓰는가는 알 수가 없다'라는 말이 있지 않습니까?"

"그래? 그렇다면 사람마다 서로 돈에 대해 생각하는 게 다르지 않니? 누구는 어렵게 벌어서 남들에게 기부하고, 누구는 그 돈으로 기업을 일으키고, 또 누구는 그 돈을 탕진해 버리지. 이중에서 누가 맞고, 누가 틀린 것이냐?"

"돈을 탕진해 버리는 것은 분명히 잘못된 일입니다. 나머지는 서로 생각의 차이가 아닐까요?"

"그래, 그것은 맞는 말이다. 앞의 두 사람이 돈을 서로 다른 곳에 쓰는 것은 틀린 것이 아니라 서로 다른 관점에서 돈을 대하기 때문이다. 아들아, 사람이 주인이 되어야 한다. 사람이 주인이 되지 않으면 돈이 주인이 된다. 창조주 여호와 하나님께서 돈을 이 세상에 허락하신 것은 우리가 돈의 주인이 되길 바라신 것이다. 기부하는 사람은 가난한 사람을 우선으로 생각하기 때문이며, 기업을 일으키는 사람은 그것으로 사람을 고용하고 세상을 풍요롭게 하겠다는 생각이 우선이라서 그런 것이다. 만일 저 혼자 잘 먹고 잘살려고 기업을 하는 이가 있다 해도 여호와 하나님은 그를 이용해 고용을 늘리게 되어 여러 사람이 일할 수 있게 되니 틀렸다고 말하기는 어려운 것이다."

돈을 벌기 위해 기업을 하는 것 자체는 절대 틀린 것이 아니라는 것이다. 이것이 유대인 아버지들의 보편적인 생각이다. 기업을 일으키는 것, 창업을 하는 것에 대해 동기가 어떠하든 이웃에게 도움이 된다면 잘하는 일이고 맞는 일이라고 보는 관대함이, 그들에게 있어 세계 최고의 기업가들을 줄줄이 배출해 내는 동기가 된 것이다. 이렇게 하나하나 따지며 가르쳐 나가는 것이 유대인 아버지의 교육방법이다.

15. 머리를 좋게 하는 교육

'유대인은 머리가 좋다'는 것이 세계적으로 인정되고 있는 것 같다. 사실 미국에서 세칭 아이비리그(동부 지역 명문 대학군)라고 불리는 하버드, 예일, 컬럼비아, 프린스턴 같은 일류 대학에서는 교수진의 30퍼센트가 유대인이라고 한다. 또 1905년에서 1973년까지의 노벨상 수상자 310명 중 유대인 또는 유대계의 수상자는 10퍼센트 이상이나 되는 43명에 이른다. 최근에는 15퍼센트 이상이다.

그러나 이것은 유대인이 선천적으로 우수하다는 뜻이 아니다. 왜냐하면 인종이나 민족에 따라 지능이 우수하고 열등한 차이가 있을 턱이 없기 때문이다. 다만 다음과 같이 생각할 수 있다. 즉 유대인은 어려서부터 유대인답게 사는 것은 몸을 움직여 일하는 것이 아니라 머리를 써서 두뇌의 기능을 충분히 발휘하여 일하는 것이라고 늘 가르침 받아 왔다. 또 유대인이 어려서부터 받은 교육의 시스템(학교, 가정)은 유대인이 늘 머리를 써서 일하도록 만들어져 있으므로 머리를 쓴다는 것은 유대인으로서 매우 자연스런 일로 되어 있는 것이다.

바꾸어 말하면, 유대인이 자라난 환경이 모두 머리를 쓰지 않고는 못 배기도록 만들어져 있었던 것이다. 그 결과가 앞에 든 데이터로서 나타난 것이라고 생각된다. 그렇다고 해서 물론 유대인이 육체노동에 대해서 편견을 가지고 있는 것은 아니다.

마빈 토케이어의 경우를 예로 들어보자. 그는 1936년 뉴욕에서 태어났는데 초등학교 1학년 때부터 동시에 두 학교를 다녔다. 아침

8시에 집을 나와 저녁 5시까지는 미국의 보통 초등학교에 다녔고, 그 학교의 수업이 끝나면 버스로 40분 거리에 또 다른 학교를 다녔다고 한다. 거기서 네 시간에 걸쳐 히브리어를 사용하며 유대 문화의 교육을 받은 것이다. 이러한 상태는 대학에 들어가서도 마찬가지였다. 오전 9시에서 오후 6시 반까지는 다른 미국인들과 함께 여느 대학에 다녔고, 그런 뒤 유대인의 대학인 예시바 대학으로 가는 것이었다. 그러므로 대학을 졸업할 때 그는 두 개의 학위를 한꺼번에 딴 셈이다.

그런데 그는 공부뿐 아니라 스포츠 면에서도 테니스와 야구 두 가지를 잘했다. 특히 야구는 대학팀의 선수까지 되었다. 그래서 프로 야구팀으로부터 그에게 입단해 달라는 청이 들어온 것이다. 시카고 화이트삭스 구단주의 스카우트 손길이 뻗어와 피처로서 데려가려고 한 것이다. 그는 손가락 모양이 여느 사람과 달랐기 때문에 스트레이트를 던져도 볼이 저절로 쳐져서 여간해서는 홈런을 때릴 수 없는 구질의 공을 던질 수 있었기 때문이라고 한다. 그는 이 권유에 대해서 아버지와 차분하게 상의를 하였다. 그때 아버지는 "너에겐 야구가 맞지 않다"고 말했다고 한다. 앞서 말한 것처럼 토케이어는 초등학교 때부터 두 학교를 다니며 머리를 최대한으로 쓰도록 길러져 왔다. 두뇌의 가장 완벽한 시스템을 거쳐 온 것이다.

그러므로 아무리 '황금의 손가락'을 타고났다 한들 프로 야구선수라는 직업은 그에게 맞지 않는다고 아버지는 판단한 것이다. 결국 그는 직업 선수로서의 권유를 떨쳐 버리고 랍비의 길로 나아갔다. '머리를 쓰라'는 것은 유대인 아이라면 누구라도 늘 부모로부터 받는 가르침이다. 그 때문에 유대인의 어머니가 아이를 할 수 없이 때릴 때는 볼을 때릴지언정 결코 머리를 때리지 않는다. 뇌에 무슨 장애가 생길까 극단적으로 무서워하기 때문이다.

그러므로 '유대인은 머리가 좋다'고 흔히 말하지만, 선천적으로 머리가 좋다기보다 일상적으로 머리를 활동시키도록 늘 가르침 받은 결과라고 할 수 있을 것이다. 다시 말하면 유대인뿐 아니라 누구든지 이러한 환경에서 자라면 높은 지적 수준의 인간으로 성장할 수 있다는 말이 된다.

그런데 같은 머리를 쓰는 법이라 해도 지식을 가르쳐 주는 것과 지식을 얻는 법을 가르치는 것은 다르다. 물론 뒤의 것이 훨씬 낫다는 것은 아무도 의심하지 않으리라. 이것을 단적으로 표현하는 오랜 유대인의 속담이 있다. "물고기 한 마리를 주면 하루를 살지만 물고기 잡는 법을 가르쳐 주면 일생을 살 수 있다"는 것이 그것이다. '물고기'를 '지식'과 바꿔 놓고 생각하면 이 속담의 뜻을 금방 알 수 있다. 아이들에게 학문만 가르치는 것이 어른의 역할이 아니다. 배우는 방법을 가르쳐 주면 그것으로 충분하다고 유대인은 생각하는 것이다.

그런데 한국에서 학교 교사에게 요구되는 일이란 어느 일정한 양의 지식을 아이들의 머리 속에 집어 넣어 어떻게든 시험에 통과할 수 있는 능력을 붙여 주는 일인 것 같다. 즉 상급 학교에 입학시키는 일에 대부분의 기대가 모아지고 있는 것 같다. 이것은 물고기 한 마리를 주는 것과 같은 일이다. 합격은 할 수 있지만 그 뒤엔 별 쓸모가 없게 되는 것이 아닐까.

그보다는 차라리 지식의 세계를 어떻게 해서 자기의 것으로 삼느냐 하는 방법에 대해서 학생을 이끌어 준다면 어떨까. 그렇게 해줄 수 있다면 학생들은 그 방법을 다른 것에도 응용할 수 있게 되고, 학문에 대한 흥미가 증대되어 갈 것이다.

이러한 이유로 유대인의 학교에서는 학생들에게 리포트를 제출시킬 때 먼저 될수록 많은 자료를 수집하라고 요구한다. 그리고 그 자료를 짜맞추고 배열해서 자기 머리로 리포트를 만들게 한다. 리포트의 평가는 그 내용이 아니라 자료를 어떻게 다루었느냐가 포인트가 된다. 이처럼 유대인은 모든 기회를 통해서 머리를 최대한으로 쓰도록 하는 시스템 속에서 길러지는 것이다.

16. 즐거움이 없는 교육과 달콤한 교육

아이들이 공부를 싫어하게 되는 책임의 태반은 어른에게 있다고 유대인은 생각한다. 이 점에 대해서 말하자면 한국에서는 공부를 '잘하지 않으면 안 되는 것'으로 생각하는 것 같고, 학교나 유치원을 '가지 않으면 안 되는 곳'이라고 생각하고 있는 것만 같다. 그러므로 아이들은 자연히 공부나 학교를 '의무'라고 생각하게 된다. 이 세상에서 의무처럼 따분한 것이 어디 있겠는가. 할 수 없이 가는 곳이 좋아질 리가 없고, 안 하면 벌을 받는 일이 즐거워질 이유가 없다. "난 공부하기 싫어" 하고 반항하면 "안 하면 안 돼"라는 한결같은 어른들의 대답이 돌아온다. 그래서 아이들은 더욱 공부가 싫어지는 악순환이 계속되는 것이 아닐까.

유대인의 눈에는 이런 일들이 참 기묘하게 보이는 것이다. 왜냐하면 유대인에게는 배움이란 인간에게 있어서 기쁨이라고 가르침 받았기 때문이다. 스스로 길을 열며 지혜의 체계를 만드는 것이 즐거움이 아닐 수 없다.

동양 각국에서는 의무교육이 실시되고 있는데 혹시 부모들은 이 '의무'라는 것을 잘못 알고 있는 것은 아닐까? 그것은 어른으로서 아이들에게 교육을 받게 할 의무는 되어도 아이들이 좋은 성적을 받아와야 할 의무는 아닌 것이다.

　유대인의 학교에서는 공부란 '달콤하고 즐거운 것'이라는 인상을 아이들에게 주기 위해 노력한다. 이스라엘의 초등학교에서는 갓 입학한 학생들이 처음으로 교사와 접하는 등교 첫째 날은 공부의 '달콤함'을 아이들에게 가르쳐 주는 날이다. 교사는 신입생을 앞에 놓고 히브리어의 알파벳 22자의 글자를 써 보인다. 손가락을 꿀에 담그어 꿀이 묻은 손가락으로 알파벳을 쓰는 것이다.

　그러고는 "이제부터 여러분이 배우는 것은 모두 이 22글자가 출발이 됩니다. 그것은 꿀처럼 달고 맛있는 거예요" 하고 말해 준다. 또 학생 하나하나에게 케이크를 주는 학교도 있다. 하얀 설탕을 덧씌운 달콤한 케이크이다. 케이크 위에는 히브리어의 알파벳이 역시 설탕으로 쓰여 있다. 학생들은 교사를 따라 설탕 알파벳을 손가락 끝으로 더듬어 가며 손가락을 빤다. 이것도 '배움이란 꿀처럼 달다'는 것을 가르쳐 주는 의식이다.

　공부를 하지 않으면 나중에 후회할 것이라고 가르치는 어른들은 그들 자신이 어렸을 때 공부가 하기 싫어서 죽을 뻔하지나 않았나 싶다. 그래서 자기의 의무감을 그대로 아이들에게 전하는 것이 아닐까. 그들은 아이들 틈에 끼어 꿀이나 설탕을 빨아먹으며 공부를 고쳐 할 필요가 있는지도 모른다.

제5장

이스라엘의 교육제도

1. 13세 때 창업 가능한 자본금

유대 아이들은 성인식 때 창업 가능한 자본금이 생긴다.

전 세계를 통틀어 부지런하고 열성적인 부모를 꼽으라면 유대인 아버지를 능가할 이들이 있을까? "일찍 일어나는 새가 먹이를 더 많이 찾는다"는 유명한 속담을 세계에서 가장 먼저 적용한 민족을 이야기하라면 서슴없이 유대 민족, 그것도 유대인 아버지들을 꼽을 것이다. 유대인 아버지들은 자녀들이 돈을 향해 거침없이 온 열정을 쏟아부을 수 있도록 어릴 때부터 가르친다. 즉 유대인 아버지들은 자녀들을 돈에 관한 한 '일찍 일어나는 새'로 키우는 것이다.

세계적으로 네덜란드인들은 돈 계산이 빠르기로 소문난 민족이다. 이미 16세기에 전 세계를 항해하면서 해외무역을 할 정도였다. 오죽하면 그들의 계산 방식인 '더치페이'라는 말이 지금도 유행하고 있을 뿐 아니라 시행되고 있다. 그런데 네덜란드인들이 겁을 내는 민족이 있다. "가까이하지도 말고 섞이지도 마라"고 외면하는 그룹은 바로 유대 민족이다. 전 세계 고리대금업을 석권해 버리고, 유럽의 재정을 쥐락펴락하며, 세계 경제를 흔들어대는 주류 경제의 실세가 유대인들이다. 그들은 왜 그렇게 경제적으로 앞서 가게 되었을까? 그건 바로 유대인 아버지들의 경제 교육관 때문이다.

유대인 아버지는 한국의 어머니처럼 좀 극성스럽다. 그들은 보통 아이가 태어나면 가장 먼저 아이 앞으로 보험증권을 들거나 적금통장을 만들어 준다. 유대인들은 집중 투자를 싫어하며 3·3·3원칙을 중시한다. 분산 투자를 하는 것이다. 아무튼 그래서 유대인 아버지들은 아이에게 통장을 만들어 줄 때도 보험증권, 적금통장, 증권통장 이렇게 3개를 만들어 준다. 그러고는 네다섯 살 생일 때쯤부터 돈에 대한 개념을 가르치기 시작한다. 유대인 아버지가 보험을 바라보는 눈은 우리나라 아버지들이 가지는 보험에 대한 인식보다 훨씬 낫다. 그들은 보험을 하나의 보장으로만 보지 않고 최장기 투자의 수단으로 여긴다.

우리나라 사람들은 돈을 현찰로 주는 것에 익숙하다. 아마도 세뱃돈의 전통과 영향 때문이 아닌가 생각된다. 그러나 유대인 아버지들은 절대 현금을 주지 않는다. 우리는 100만 원에 가까운 스마트폰을 졸업 혹은 입학 선물로 사주지만, 유대인 아버지들은 차라리 100만 원짜리 정기적금 통장을 만들어 준다. 그러다 보니 열 살쯤 되면 통장에 제법 돈이 쌓이고, 성인식을 하는 열세 살 무렵에는 거금을 만지게 된다.

물론 그 통장은 아버지의 철저한 통제 아래 있기 때문에 정작 자신은 돈 없는 아이에 불과하다. 유대인 아버지는 자녀들과 함께 이 돈이 모이면 무엇을 할 건지 토론한다. 돈이란 실체는 통장에 갇혀져서 없지만 그 돈을 가지고 구체적으로 무엇을 할 것인지를 고민하는 연습을 미리부터 시키는 것이다.

한편 유대인 자녀들의 성인식은 그들에게 있어 신앙적·경제적 전환점이라 할 수 있다. 성인식 때는 유대인 자녀들에게 많은 돈이 들어간다. 잔치에 참여한 가족과 친척들이 성인식을 하는 자녀들에게 제법 많은 돈을 주고 가기 때문이다. 물론 이것도 현찰보다는 증서 같은 것들이 더 많다. 하여튼 이때 많게는 수천만 원에서 수억 원의 축하금을 아이들에게 전해 주는 집안도 있다고 한다. 소위 한 밑천 잡는 것이 성인식이라는 것이다.

그러면 왜 유대인 아버지는 자녀에게 이 많은 돈을 미리 주는 것일까? 돈 쓰는 법, 돈 버는 법을 알아야 거친 세상에서 살아가는 법을 배울 수 있기 때문이다. 물론 유대인들 중에 부자가 많아서 그런 탓도 있겠지만, 대부분의 경우 축하해 줄 아이들을 위해 친척들이 미리부터 적금 같은 것을 들어 두었다가 통장째 넘겨줌으로써 목돈이 생기는 것이다. 그래서 성인식 한 번에 우리 아들딸들이 결혼할 때 부조금 받는 식의 목돈이 마련되는 것이다.

유대인 자녀들은 나이가 열세 살 정도만 되어도 창업 가능한 정도의 자기 자본이 이미 형성된다. 그때부터 돈을 어떻게 쓸 것인지에 대해 고민하는 시간을 갖는다. 유대 민족이 우리나라 청년들보다 경제적으로 앞서 가는 데는 이런 이유가 있다. 일찍 일어나는 새가 먹이를 더 빨리 찾듯이 준비된 창업자가 더 빨리 성공에 이를 수 있다. 유대인 아버지들은 이를 위해 자녀를 훈련시켜 가는 것이다.

2. 13세의 성년식

유대 사회에서는 자녀가 13세가 되면 성년의식을 치른다. 남자의 성년식은 '바 미쯔바'(Bar Mitzbah, 계명의 아들), 여자 성년식은 '뱃 미쯔바'(Bat Mitzvah, 계명의 딸)라고 불린다(일부 교파에선 여자의 경우 신체 성숙이 빠르다는 이유로 12세에 성년식을 하기도 한다). 성인식을 마치면 종교적으로 책임 있는 사람, 즉 완전한 성인이 된다. 성년식은 유대교 회당인 시나고그에서 지역사회의 행사로 거행된다. 결혼식처럼 일가친지와 친구 등 많은 사람이 모여 축하를 해준다. 이 자리에서 13세 아이는 자기가 지금까지 공부한 내용을 참석자들 앞에서 발표한다. 1년 전부터 정성을 다해 준비해 온 발표문이다.

성년식을 마치면 연회장이나 대형 식당을 빌려 결혼식 피로연과 비슷한 축하모임을 갖는다. 이때 참석자들은 현금으로 부조한다. 뉴욕의 직장인이라면 대개 200달러 정도 낸다. 축하객 100명이 왔다면 2만 달러의 거금이 모이는 셈이다. 부모는 이날 들어온 돈을 예금 하거나 채권을 사서 묻어 뒀다가 사회생활을 시작하는 자녀에게 준다. 이처럼 유대인 청년들은 쌈짓돈을 갖고 사회생활을 시작하게 된다.

서양인은 동양인에 비해 자주성, 독립성이 강하다. 반면, 동양인은 서양인에 비해 독립성이 떨어지고 의존적인 편이다. 이런 성격의 차이는 선천적인 것이 아니라 교육에 의해 결정된다. 서양 사람들은 어려서부터 자녀의 독립성과 자주성을 키워 주기 위한 훈련을 한다.

가령 아이가 어느 정도 자라면 독방에서 혼자 자도록 훈련시킨다. 아이가 운다고 당장 방에 뛰어 들어가 달래 주지 않고, 방문 밖에서 "엄마 여기 있으니 안심해"라고 얘기하며 기다린다. 성격이 형성되는 어린 시절에 자립심과 개척정신, 독립성을 키워 주기 위해서다. 심리적 이유(離乳)를 빨리 시작하는 셈이다.

동양인, 특히 우리나라 사람들은 부모와 자식 간의 정에 얽매여 심리적 이유를 두려워하는 경향이 있다. 부모 자식 간에 돈독한 관계를 형성한다는 이점은 있겠지만, 자녀가 나이가 들어서도 독립된 인격체로 성장하는 것을 방해하는 문제가 있다. 학교를 졸업해 자립할 나이가 되었는데도 취직을 하지 않거나, 취직을 해도 독립적으로 생활하지 않고 부모에게 경제적으로 의존하는 '캥거루족'이 대표적이다. 우리나라 20-30대 직장인 5명 중 1명은 취업 후에도 부모의 경제적 도움을 받는 캥거루족이라는 조사 결과도 있다.

대부분의 국가는 20세에 성년식을 치른다. 우리나라의 전통적인 성년식은 양반 남자의 경우 관례를 올려서 관을 쓰고 붓과 벼루를 하사 받아 문필로 세상을 살아갈 대우를 받는다. 여자들은 계례를 올린다. 주로 결혼 직전에 혼례식과 함께 올리는 것이 보편적이다.

요즘은 1985년부터 5월 셋째 월요일을 '성년의 날'로 정해 만 20세가 된 젊은이들을 축하해 주고 있다.

그러니까 유대인의 성년식은 다른 민족에 비해 7-8년이 빠르다. 유대인이 성년식을 빨리 치르는 이유는 일찍부터 독립심을 키우기 위해서다. 유대인은 중학교에 들어갈 나이가 되면 모든 것을 독립적으로 결정하고 행동한다. 이 시기는 심리적으로 부모의 지배나 가정의 구속에서 벗어나고 싶어 하는 '청년 전기(前期)'에 해당한다. 바로 이 시기에 자주적이고 독립적인 인격체로서의 책임의식을 느끼도록 성년의식을 치르는 것이다.

술 마시고 담배 피우는 등 어른의 행동을 허용한다는 것이 아니라, 유대 율법과 전통에 대한 책임을 지며 유대 공동체 생활의 모든 영역에 참여할 수 있는 특권을 부여한다. 우리나라를 비롯해 대개의 성년의식은 어른이 되는 젊은이들을 훈계하고 축하하는 방식이지만, 유대의 성년식은 당사자인 젊은이가 직접 공부하고 준비한 의견을 발표함으로써 자주성과 독립심을 키우는 것이 특징이다.

3. 노인은 전통의 전달자

"늙은이는 자기가 다시는 젊어지지 않는다는 것을 알고 있지만, 젊은이는 자기가 늙어 간다는 것을 잊고 있다"라는 유대의 격언이 있다. 인생을 아는 노인과 인생을 모르는 아이들 사이에 세대 간 간격이 생기는 것은 어쩔 수 없는 일이다. 그러나 그보다 중요한 문제가 있는 것 같다. 그것은 가족이 부모와 자식, 2세대 가족으로 되어 가고 있는 문명사회에서 노인이 무시되고, 그에 따라 문화의 전통을 잃어가는 경향이 나타나고 있기 때문이다.

유대인에게 있어서 문화적인 전통은 공기나 물과 마찬가지로 귀중한 것이다. 구약성경의 가르침이 지금도 충실히 지켜지고 있는 것을 보아도 그것을 알 수 있을 것이다. 유대 노인들은 전통의 메신저이므로 결코 무시당하는 일이 없다. 오랜 경험과 지혜를 후세에 전하고 가르치는 것을 언제나 유념하고 있다. 또 젊은이들은 노인의 이야기에 귀를 기울여 유대 5천 년 역사를 꿰뚫는 생활방식을 취하려고 노력한다. 히브리어에는 경어가 없지만 노인에 대해서는 '공손한 태도'로 얘기하는 것이 존경의 표현이 된다. 그러므로 노인에게 난폭한 말씨를 쓰는 사람은 유대의 전통을 경시하는 자로서 도리어 경멸당할 뿐이다.

한국사회에서도 최근엔 핵가족화 때문인지 노인 문제가 갑자기 클로즈업되고 있는 것 같다. 자식들로부터 소외되어 설움 속에 사는 노인들의 이야기가 자주 들린다. 이 같은 사회 문제는 별도로 하더라도 필자가 보기에는 노인을 문화의 메신저로 생각하는 사상이 희박한 것 같다. 시람의 구실을 끝마치려고 하는 그룹으로서 노인들을 파악한다면, 연민하든가 버려두든가 하는 길밖에 젊은이들이 취할 태도가 없다.

한국에서는 옛날에 고려장이라 하여 나이가 많은 노인을 산에다 버린 관습이 있었다고 하는데, 노인을 문화의 메신저로서 생각하는 유대인에게는 생각할 수 없는 일이다. 유대인과 같이 노인이라는 '육체'가 아닌 경험과 지혜가 풍부한 '정신'에 주목하는 사고법이 확립되면, 노인을 대하는 태도 또한 달라질 수 있지 않을까 하는 것이다. 노인은 연민의 대상도 버림받아야 한 대상도 아니며, 아이들이 살아가는 데 있어 필요한 지혜와 조언을 해주는 사람인 것이다. 그렇기 때문에 존경을 받게 되는 것이다.

4. 조상과 전통의 소중함

탈무드에는 "노인을 존중하지 않는 청년에게 행복한 노후란 없다"라는 말이 있다. 노인이 존중받는 사회는 안정감이 있다. 노인은 젊은이들에게 선행을 권유한다. 이미 자신이 나쁜 짓을 할 힘이 없기 때문이기도 하지만, 그래도 악행을 할 수 없는 사람들을 존경하는 사회는 좋은 사회임이 분명하다. 젊을 때부터 노인을 진정으로 존중해 온 사람만이 자기가 나이가 들었을 때 자존감을 가질 수 있다.

이스라엘의 기적은 역사와 전통의 힘이다. 이 민족은 항상 약소민족이었다. 항상 반대파가 있었다. 항상 불만족스러운 상황에서 살아왔다. 모세 시대 이래 항상 더 나은 것을 위해 투쟁하는 것이 유대인들의 DNA이다. 유대인처럼 역사와 전통을 중시하는 민족도 흔치 않다. 자녀들이 할아버지, 할머니 등 조상에 대한 공경심을 갖도록 하는 데도 각별히 신경을 쓴다. 가족이 모이면 조상의 얘기를 들려줌으로써 조상에 대한 자긍심과 함께 뿌리를 잊지 않도록 한다.

유대인 부모는 자녀들에게 매주 기도 제목을 정해 주는데, 이때 부모와 조부모의 건강, 조상에 대한 감사 등을 주제로 주면서 자연스럽게 효(孝)에 대한 개념을 심어 준다. 할아버지, 할머니에 대한 존경심은 부모에 대한 존경심으로 이어지고, 가족이라는 일체감을 형성하는 데 큰 도움이 된다. 집안에 위기가 닥치거나 큰일이 생겼을 때 혼연일체가 돼 극복할 수 있는 원동력이 되는 것은 물론이다.

이처럼 어렸을 때부터 조상과 전통의 소중함을 배웠기 때문인지, 집안에 무슨 일이 생기면 남의 일이 아닌 자신의 일이라 여겨 참여의식이 대단하다. 아버지와 아들이 땀을 흘리며 정원을 손질하고, 어머니와 딸이 정겨운 대화를 나누며 집안 청소와 음식을 하는 경우를 유대인 가정에서는 흔히 볼 수 있다.

나치 독일 치하에서 학살당한 유대인은 600만 명에 달한다. 당시 전 세계 유대인의 절반에 육박하는 숫자다. 유대인 가운데 가족이나 친척 한두 명이 피해를 입지 않은 경우는 찾아보기 어렵다. 유대인은 어려서부터 자녀들에게 유대 민족이 걸어온 형극의 역사를 들려준다. 조상들이 겪은 박해와 고난의 역사는 유대 어린이들을 전율하게 하지만, 그런 고통스런 감정은 민족적 정체감과 자긍심을 더욱 굳게 해주는 계기가 된다.

1967년 이스라엘과 아랍 국가들 사이에 전쟁이 일어났을 때 미국의 주요 국제공항은 이스라엘행 비행기를 타려는 유대인 젊은이들로 장사진을 이뤘다. 비록 미국에서 태어난 미국 시민권자이지만, 풍전등화의 위기에 놓인 조국을 외면할 수 없다는 애국심의 발로였다. 어떤 역경 속에서도 유대 민족의 전통을 잃어버리지 않도록 가르쳐 온 교육의 힘이었다.

하지만 유대인 부모는 억압과 박해의 역사를 결코 잊지 말라고 가르치면서도 "그러나 용서하라"는 말을 잊지 않는다. "네가 너 열심히 공부하고 훌륭한 사람이 되면 그런 치욕의 역사는 반복되지 않을 것"이라는 긍정적 사고로 연결시킨다.

한국인도 가정교육을 통해 조상의 뿌리를 알려주지만, 유대인의 교육과는 상당한 차이가 있다. 조상이 왕족이거나 양반 출신이었다는 등 신분과 가문을 강조하는 가정교육은 많이 하지만, 우리 민족의 정체성을 강조하는 교육을 하는 부모는 별로 없다. 임진왜란이나 한국전쟁 같은 민족의 비극을 알려주는 경우에도 복수와 증오의 감정을 키우는 경우가 많다. '내 원수를 반드시 갚아 달라'는 식이다. 이런 사고방식은 박두진 작사, 김동진 작곡의 "6·25의 노래"에서도 엿보인다.

"아, 아, 잊으랴! 어찌 우리 이날을 조국을 원수들이 짓밟아 오던

날을 / 맨 주먹 붉은 피로 원수를 막아내어 발을 굴러 땅을 치며 울분에 떤 날을 / 이제야 갚으리 그날의 원수를 쫓기는 적의 무리 쫓고 또 쫓아 / 원수의 하나까지 쳐서 무찔러 이제야 빛내리 이 나라 이 겨레."

우리나라는 유교 문화의 전통이 뿌리 깊다. 동방예의지국으로 불릴 정도로 충효(忠孝)사상을 강조해 왔다. 그런데 경쟁과 효율을 중시하는 신자유주의가 유입되면서 장유유서의 질서가 무너지고, 돈이 모든 것을 좌우하는 물질주의 사회가 되어 버렸다. 부모 자식 간의 끈끈한 연대감이 사라지고 개인주의만 남은 게 오늘날 대한민국 가정의 모습이라고 볼 수 있다. 뿌리를 찾고 노인을 존중하며 전통문화를 사랑하는 교육이 필요하다고 본다.

5. 남녀 부동석

이스라엘의 유대교인들은 아주 보수적인 사고방식을 가지고 있다. 그래서 그들은 어린아이 때부터 남녀를 갈라서 생각하게 한다. 유치원도 남녀를 분리해 수업한다. 유대교인들은 아이가 태어난 지 8일이 되면 사내아이의 경우는 랍비에게 데려가 할례를 받게 한다. 할례란 생후 8일째 되는 날 사내아이의 성기의 포피를 베어 내는 의식이다. 우리가 익히 알고 있는 포경수술과 같다.

그리고 열세 살이 되면 성인식을 치른다. 그들은 그것을 '바르 미쯔바'라고 일컫는데 '바르 미쯔바'란 신의 계율을 지키는 아들이라는 뜻이다. 성인식을 치른 남자아이는 권위를 가지고 존경을 받는 인물이 될 것을 다짐하게 된다. 그리고 여자아이들은 회당에서 명명식을 갖는다. 이런 절차는 그들이 장차 가정을 이룰 경우, 가정의 중심에 남편이 굳건히 자리 잡고 아내가 그를 떠받들면서 아이를 기른다는 구조로 연결되는 것으로 안정된 가정생활, 사회생활의 기초가 된다. 유대교인의 아이들은 이미 생후 8일째의 의식에서부터 이처럼 남녀성 구별을 명확히 깨닫고 또 그렇게 자란다.

그들은 요사이도 회당에 가면 남자와 여자가 따로 앉아 예배를 드린다. 전통적인 유대인 회당에서는 여성들의 예배 참여가 금지되어 있고 남자들만이 모여 예배를 드리며, 아이들도 사내아이만 아버지의 손을 잡고 회당에 따라다니게 된다.

예루살렘 메아샤림 지역에 사는 옛 정통파 유대인의 정숙한 부인은 모두 우리나라 여승처럼 삭발을 하여 머리에 두건을 쓰고, 화장하는 것을 금하여 화장을 하지 않고, 바깥 출입을 삼가고, 어쩔 수 없이 외출을 할 때에는 머리에 가발이나 두건을 쓰고 나간다. 그들은 남녀 간의 내외를 철저히 지키고 있어 버스 안에서도 정통파 유대인 남자 곁에는 여성이 앉지 않으며, 젊은 여성 곁에 할아버지뻘 되는 누인이라 할지라도 남자는 앉지 않는다. 결혼도 자유로운 연애를 통해서 맺어지는 것은 엄두도 내지 못하고 중매 결혼을 한다. 철저하게 '남녀 부동석'이 이루어지고 있는 것이다.

어른들의 생활뿐 아니라 영아원이나 유치원에서부터 아이들을 남녀로 분리해 교육을 시키는 것만 봐도 우리의 '남녀 칠세 부동석'보다 더 엄격하게 남녀를 구분한다는 것이 실감이 난다. 종교인 유아원에 다니는 여자아이들은 일반 유아원 아이들이 놀이에 편한 바지를 입는 것과는 달리 모두 치마만을 입는다. 여자가 몸매를 드러내는 바지를 입는 것이 율법으로 금지되어 있기 때문이다.

'남녀 칠세 부동석'이란 말은 우리의 전유물인 것처럼 생각하는 우리에게조차 요즘은 낯선 것이 사실이다. 그들의 생활 태도가 폐쇄적이고 시대에 뒤떨어져 보이기도 하지만, 또 한편으로는 전통을 지키려는 꿋꿋한 의지로 보여 신선하게 느껴지기도 한다.

6. 소득에 따른 교육비 차이

한국의 경우에는 교육비 때문에 아이를 유치원에 보내지 못하기도 한다. 그러나 이스라엘에서는 교육비 때문에 아이를 유치원에 보내지 않고 그냥 놀리는 일은 드물다. 한국의 경우 유치원 교육비는 유치원에서 정한 대로 일률적으로 내는 것이 관례인 데 반해 이스라엘의 유치원 교육비는 부모의 소득 정도에 따라 달리 책정되기 때문이다. 이스라엘에서는 부모의 소득에 비례해서 교육비를 받도록 법으로 정해 놓고 있다.

이스라엘에서는 만 세 살이 되는 아이를 유치원에 보낼 때에는 우리 돈으로 136,000원에 해당하는 돈을 한 달 교육비로 지불해야 한다. 그들은 적지 않은 유아 교육비 부담을 줄이기 위해서라도, 오히려 아이를 가진 여성이 직장생활을 꼭 해야 한다는 적극적인 사고방식을 가지고 있다. 이스라엘의 부모들은 반드시 아이를 유치원에 보내야 한다고 생각한다. 유치원에 보내야만 기초교육이나 사회성 교육, 인성 교육을 전문적이고 단계적으로 받을 수 있다고 생각하기 때문이다. 그들은 교육기관에 대해 매우 깊은 신뢰를 가지고 있기 때문에 부모가 아무리 교육을 잘한다고 하더라도 유치원하고는 비교가 될 수 없다고 여기는 것이다.

실제적으로도 이스라엘의 교육제도는 유아교육에서부터 대학에 이르기까지 시설이나 커리큘럼이 아주 훌륭하게 되어 있고, 국가에서도 교육에 대한 투자나 뒷받침을 최대한으로 하고 있다. 그래서 부모들은 유치원 교육이나 학교교육을 전적으로 믿고 의지하는 것이다. 유치원에서 교육비를 책정할 때의 근거 자료는 아이 부모의 소득명세서이다.

부모들이 자신의 소득명세서를 유치원의 행정부서에 갖다 주면, 유치원에서는 그에 맞게 교육비를 정해 통지해 준다. 이스라엘의 부모들은 자신의 소득과 자녀의 수, 집안의 경제 규모와 지출 액수 등을 자세히 적은 자료를 행정부서에 내고, 행정부서에서는 그 자료를 면밀히 검토한 뒤 교육비를 결정한다. 이런 교육제도 덕분에 이스라엘의 아이들은 집안 형편이 곤란하더라도 부모의 경제 사정에 맞는 교육비를 내고 유치원에 다닐 수가 있게 된다.

유치원은 오후 1시까지 아이를 돌봐 주지만, 어린이의 집은 부모들이 일터에서 돌아오는 오후 4시까지 아이를 돌봐주는 것이 차이점이다. 이스라엘의 부모들은 일을 마치는 시간에 따라 유치원이나 어린이의 집을 선택한다. 이스라엘 마을에는 어린이의 집이나 유치원이 거의 하나씩 있다.

이스라엘에도 순수한 사립유치원이 있지만, 시설 면이나 교육과정이 공립유치원이나 국가의 보조를 받는 어린이의 집과 거의 차이가 없다. 이스라엘의 사립유치원은 우리나라의 놀이방 정도의 수준을 상상하면 된다. 간혹 사립유치원에 아이를 보내는 부모도 있다. 그러나 그런 경우는 주로 자신의 아이를 특별히 신경 써서 보아주어야 할 경우로, 아이의 숫자가 적은 이점 때문에 사립유치원을 선택하는 것이지 시설이나 교육과정 때문에 선택하는 것은 아니다.

이스라엘에서는 유아기 때 교육을 아주 중요하게 여기기 때문에 유치원이나 어린이의 집에 많은 시설과 재정을 투자하고 있어 부모들이 사립유치원에 보낼 필요를 전혀 느끼지 못하고 있다. 이스라엘에서는 교육부나 지역단체, 학교 등에서 개발한 새 교육 프로그램이 나올 경우 제일 먼저 빈민 지역의 아이들에게 그 프로그램으로 교육을 시킨다. 생활 수준이 열악한 아이들은 환경이 좋은 아이들에 비해 사고 면, 정서 면, 표현 면, 논리 면에서 뒤떨어지기 때문에 빈민 지역 아이들의 수준을 평균 아이들의 수준으로 끌어올리자는 데 그 핵심이 있다.

빈민 지역의 아이들이 그 프로그램을 모두 소화하고 나면 일반 아이들에게 그 프로그램을 교육시킨다. 이스라엘에서는 그런 과정이 늘상 반복되기 때문에, 빈민 지역의 아이들은 교육의 기회뿐 아니라 지적인 능력 면에서도 고른 수준이 될 수 있는 혜택을 받고 있다.

이스라엘의 부모들은 자기들이 내는 교육비가 비싸다고 생각하지 않는다. 유치원에서는 놀이뿐 아니라 다양한 교육을 아이에게 받게 하고, 완전한 인격체로 자라는 바탕을 마련해 주기 때문이다. 그리고 그 외 잡다한 아이들 뒤치다꺼리를 성심성의껏 하고 있는 유치원 교사들의 노고를 생각한다면 교육비가 비싸다고 투덜댈 수가 없다는 것이다.

이스라엘 사람들은 그 때문에 소득명세서를 제출하면서 교육비를 싸게 만들 수 있는 무슨 방법이 없을까 하고 궁리하거나, 집안 사정이나 환경을 실제보다 더 나쁘게 말하지 않고 있는 그대로의 현실을 솔직하게 털어놓는다. 이스라엘의 교육은 모든 사람에게 공평한 기회를 제공하는 가운데 뛰어난 몇 사람을 키워 내는 것이 아니라, 평범하고 고른 수준의 한 사람 한 사람을 키워 내는 데 역점을 두고 있다.

7. 공부는 장기 마라톤

한국 학생들의 성적은 세계적으로 비교해도 우수한 편이다. 그런데 대학만 가면 학습 경쟁력이 곤두박질친다. 미국 명문대에 입학한 한국인 학생 가운데 44퍼센트가 중도 탈락한다. 미국 유학생 중 한국인 비율이 세계 1, 2위를 다툴 정도로 많지만, 미국 기업에 취직해 역량을 인정받는 비율은 터무니없이 낮다. 이는 한국 학생들이 지나친 입시 위주의 교육에 매달려 인격적인 수양이나 창의적인 사고체계를 갖추지 못했기 때문이라고 본다.

사람이 지속적으로 정신적 긴장감을 유지하기는 쉽지 않다. 재충전 없는 전력질주는 오래가지 못한다. 고등학교 때까지 열심히 하던 한국 학생이 대학에 들어가서 주저앉는다. 공부를 단기전으로 몰아가면 성공 가능성은 크게 준다. 반드시 장기 레이스로 생각해야 한다. 개인별 차이, 과목별 차이, 시기별 차이를 존중해 무리하지 않고 자기 페이스대로 갈 수 있도록 배려하는 것이 최선이다.

유대인 중·고생들의 국제 학업성취도나 올림피아드 성적은 한국, 싱가포르, 중국, 베트남 등 아시아권 학생들에 비하면 신통치 않은 편이다. 그런데 대학이나 대학원에서의 성취도는 눈부시다. 대학 졸업 후 연구 결과는 더욱 향상된다. 과학·의학 분야의 한국인 노벨상 수상자는 한 명도 없지만, 유대인은 이 분야 노벨상의 3분의 1을 거머쥐었다. 그 이유는 공부를 평생에 걸친 장기 레이스로 보고 오버 페이스를 경계하는 데 있다.

유대인에게 교육은 삶 자체다. 공부란 학교에서만 하는 것이 아니라 평생을 통해 이어지는 마라톤 경주이다. 따라서 처음에 너무 빨리 달리면 금방 지쳐서 중도에 기권하게 된다. 유대인 문화에 헌 책방이 존재하지 않는 것도 책은 평생 함께하는 소중한 자산이고, 내 후손들에게 물려줘야 한다는 생각이 강하기 때문이다. 더욱이 유대인들은 어렸을 때부터 자기가 좋아하는 것을 찾아 스스로 공부하는 방법을 체계적으로 익힌다. 미국 명문대의 교육방식이 대화와 토론 위주로 진행되는 것도 유대인들이 높은 학업 성취도를 보이는 배경이다.

유대인의 교육 생산성이 뒤늦게 빛을 발하는 가장 중요한 이유는 자녀의 성적에 집착하지 않기 때문이다. 유대인들은 개성을 존중한다. 당장의 성적에 연연해 아이들을 다그치거나 무리한 공부를 강요하는 법이 없다. 성적보다는 배움의 가치를 소중히 여기고, 공부에 대해 흥미와 자신감을 갖도록 유도한다. 한국 부모들처럼 한번 경쟁에서 뒤지면 평생 낙오할까 두려워 성적에 집착하기보다는, 아이의 성장단계에 맞춰 잠재력과 가능성을 키워 주는 데 주력한다. 개성을 살려 주면서 자기 페이스대로 꾸준히 공부하도록 유도하는 것이 성공 확률이 가장 높다는 말이다.

8. 유대인과 한국인의 자녀교육

유대 민족의 지능지수(IQ)가 다른 민족보다 높다는 증거는 어디에도 없다. 핀란드 헬싱키 대학이 2002년 세계 185개 나라 국민들의 IQ를 조사한 결과 이스라엘 국민들의 평균 IQ는 95(26위)로 한국(106, 2위)이나 미국(98, 19위)보다 낮았다. 실리콘밸리의 유대인 국제변호사 앤드류 서터도 유대인의 성공법칙을 담은 책 《더 룰》(The Rule)에서 "유대인의 성공비결을 유전자나 생물학적인 특성이라고 간주하는 건 환상에 불과하다"고 지적한다.

그렇다면 유대인 성공의 진짜 비밀은 무엇인가? 바로 '교육'이다. 유대인의 우수성은 그들의 독특한 교육법에 기인한다. 독특하다고 했지만, 어찌 보면 누구나 알 수 있는 평범한 내용들이다. 유대인 교육의 핵심은 지식교육과 인성교육의 균형, 즉 흔히 말하는 전인교육

(全人敎育)이기 때문이다. 그걸 누가 모르느냐고 하겠지만 문제는 실천이다. 유대인들은 전인교육을 실제로 일상생활의 규범으로 실천한다. '자녀교육은 신에 대한 의무'라는 종교적 열정이 더해지면서 더 강제성을 부여하고 있기 때문이다.

교육이라면 한국도 지지 않는다. 한국인과 유대인의 교육열은 둘째가라면 서러워할 정도로 막상막하이다. 한국의 부모들은 자식 교육을 위해 목숨을 건다고 해도 과언이 아니다. 무리를 해서라도 자녀를 좋은 학교나 학원에 보내려고 하기 때문에, 유명 학원들이 몰려 있는 곳은 아파트 값이 천정부지로 치솟는다. 아내와 아이들은 해외 학교로 가고 아빠는 국내에서 홀로 생활하는 기러기 가정의 증가 추세도 가파르다. 유대인 부모들도 유사하다. 미국에서 유대인 밀집 지역은 '좋은 학군'이 형성되면서 집값이 비싸진다. '주이시 맘'(Jewish mom)은 '교육열 높은 부모'를 부르는 속어가 되었다.

그런데 교육 성취도를 놓고 보면 유대 민족이 압도적으로 뛰어나다. 전 세계에 흩어져 있는 유대인은 세계 인구의 0.25퍼센트(약 1,500-1,700만 명)에 불과하지만, 역대 노벨상 개인(조직 및 단체 제외) 수상자의 22퍼센트를 점한다. 인터넷 사이트 '유대인 정보'(www.jinfo.org)에 따르면, 1901년부터 2009년까지 유대인 노벨상 수상자는 180명으로, 개인 수상자 5명 중 1명꼴이다. 게다가 2004-2007년의 유대인 수상자 비율은 33퍼센트까지 올라간다. 인구 비례로 따지면 다른 민족의 몇백 배 수준이다. 또한 미국 아이비리그 학생의 4분의 1을 차지하고, 미국 억만장자의 40퍼센트가 유대인이다.

반면 한국 학생들은 고등학교 때까지 세계적으로 상위권을 유지하다가도, 대학만 가면 학습 경쟁력이 곤두박질친다. 재미동포 김승기 박사의 미 컬럼비아대 박사 논문(한인 명문대생 연구)에 따르면, 미국 명문대에 입학한 한국인 학생 가운데 44퍼센트가 중도 탈락한다. 1985년부터 2007년까지 하버드와 예일, 코넬, 컬럼비아, 스탠퍼드, UC버클리 등 14개 명문대에 입학한 한국인 학생 1,400명을 분석한 결과다. 유대인 학생 중퇴율 12.5퍼센트의 4배에 달하는 수치다.

김 박사가 같은 기간 미국의 경제전문지 〈포춘〉이 선정한 500대 기업에 재직하는 한국계 간부 현황을 조사한 결과에서도, 한인은 전체의 0.3퍼센트인 데 비해 유대인은 41.5퍼센트나 된다(인도계 10퍼센트, 중국계 5퍼센트). 미국 유학생 중 한국인 비율이 세계 1, 2위를 다툴 정도로 많지만, 미국 기업에 취직해 역량을 인정받는 비율은 터무니없이 낮다는 것을 보여준다.

이쯤 되면 한국의 부모들은 울고 싶은 심정이 된다. 지금처럼 뒷바라지하는 것도 결코 쉽지 않았는데 무엇을 어떻게 더하라는 것인가? '더' 하는 게 아니라 '다르게' 해야 한다. '많이' 시킬 게 아니라 '제대로' 시켜야 한다. '지식 암기'에만 치중할 것이 아니라 균형 잡힌 '전인교육'을 실천해야 한다. 유대인 부모들이 하는 것처럼 말이다.

부부가 서로 존중하기, 가족이 함께 식사하기, 매일 베갯머리 독서 15분, 아침밥 거르지 않기 등의 규칙들은 언뜻 사소해 보이기 때문이다. 하지만 아이들의 습관, 품성, 인격, 나아가 지능까지도 상당 부분 가정에서 결정된다. 그리고 이런 사소한 규칙들이야말로 슈퍼 인재를 키워내는 핵심요소이다.

유대인 부모들은 자녀의 성적 대신 '질문과 토론'을 챙긴다. 유대인들의 생활규범 격인 탈무드에는 "교사 혼자서만 얘기해서는 안 된다. 만약 학생들이 말없이 듣고만 있다면 앵무새를 기르는 것과 무엇이 다르겠는가? 교사가 이야기를 하면 학생은 거기에 대한 질문을 해야 한다. 둘 사이에 주고받는 말이 활발하면 할수록 교육효과가 높다"라고 쓰여 있다. 그들은 말없이 듣기만 하는 습관을 극도로 경계하며 "궁금한 건 언제든지 질문하자"고 격려한다. 절대로 "귀찮게 이것저것 묻지 말고 가만히 있어!"라고 윽박지르지 않는다. 스스로 의문점을 찾아내고 해답을 찾아가는 학습자세야말로 성공에 반드시 필요한 능력이기 때문이다.

'공동체 의식'도 유대 교육의 특징이다. 유대인들에게는 토라(Torah, 구약성경 앞부분의 5권인 '모세5경')와 탈무드가 삶의 기준이다. 5천 년을 이어온 공동의 윤리가 있기에, 그들은 세계 각지에 흩어져 살아도 민족적 자부심과 전통을 잃지 않고 서로 도우며 큰 성공을 일궈낸다.

유대인들 중에 유난히 거부(巨富)가 많은 것은 '현실적인 꿈을 꾸게 하는 교육'에 기인한다. 유대인들은 어릴 때부터 돈의 중요성을 배우면서, 그러한 현실에 발을 딛고 최대한의 상상력과 창의력을 발휘하는 훈련을 한다. 허황된 꿈은 좌절감만 주지만, 실현 가능한 목표는 오히려 최대한의 잠재력과 에너지를 끌어내는 촉매 역할을 한다.

"진리는 길바닥에 떨어진 돌멩이처럼 어디에나 흔하게 있다. 그런데 돌멩이를 줍기 위해서는 몸을 구부려야만 한다. 문제는 사람들이 진리를 줍기 위해 허리를 구부리는 일조차 하지 않는다는 것이다."

18세기 동부 유럽에서 활동했던 랍비 벤 엘리에제르의 말이다. 그만큼 진리를 아는 사람은 많아도 그것을 실천하기는 어렵다는 뜻이다. 유대 교육의 비밀도 어찌 보면 평범하다. 다 아는 얘기 같지만 그중에서 몇 가지나 실천하고 있는지 셈해 본다면, 얼마나 어렵고 위대한 교육인지 새삼 느낄 수 있다. 이제 그 '평범한 비밀'을 우리 자녀들에게 하나씩 적용해야 한다. 우리의 작은 실천이 자녀들의 삶과 미래를 바꿀 것이다.

9. 자녀의 입장에 서서

'자기 자신을 사랑하는 것처럼 이웃을 사랑하라'는 유명한 성경의 말이 있다(레 19:18). 이 원칙에 따르면, 부모가 할 일은 물질적인 보살핌, 즉 집과 음식과 건강의 보장뿐 아니라 미소라든가, 상냥한 말이라든가, 진심을 담아 자녀에게 공감(또는 감정이입)하여 정서 면에서도 많은 영향을 주는 것까지를 포함한다.

공감이란 자기를 어느 사람의 입장에 놓고 보아 자기가 그 사람이었다면 어떻게 느낄 것인가를 상상하고 그 사람을 이해하고자 하는 것이다. 이 공감은 모두에게 중요하지만 여러 사람에게 지탱되고 이끌려 성장하고 있는 자녀에게는 특별히 중요하다. 자녀는 공감과 이해를 구하고, 자기의 생각과 의견을 존중받고 싶어 한다. 자기의 생각을 인정받으면 비록 그 생각에 반대가 있어도 참을 수 있다. 자녀는 공감받고, 이해받고, 존중되고 있으면 생기발랄해진다.

자녀가 무언가 괴로워하면 부모는 금방 깊이 관여하여 자기 나름의 의견을 말하고 싶어진다. 결과적으로, 자녀의 감정을 무시한다든지 자기의 감정을 강요하게 되어 버리기 쉬운 법이다. 그렇게 되기 전에 '만약 내가 아이의 입장이라면 무슨 소리가 듣고 싶을까' 하고 자문해 보자.

예를 들면, 당신이 어린아이들을 네 명 키우는 주부라고 하자. 유월절까지는 시간이 2주일밖에 남지 않았다. 그래서 필사적으로 일했다. 남편이 귀가하자 부인은 "이제 지쳤어요" 하고 완전히 지친 미소를 띠며 말했다. 그런데 남편이 "내가 뭐랬어, 당신은 지나치게 일을 한다고 했지. 당신이 하는 일의 절반은 할 필요도 없는 일이야"라고 대답했다고 하자. 그러면 어떻게 느낄까? 마음을 알아주지 않는다고 생각하면 아마 짜증이 날 것이다. 당신은 "녹초가 된 것 같군.

최선을 다해 열심히 일했을 테지. 아이는 내가 재워 줄 테니까 잠시 쉬는 것이 어때?" 하고 말해 주길 바랐을 것이다.

자녀에게 공감할 수 있으려면 훈련이 필요하다. 자기의 의견을 말하기 전에 자녀의 입장을 이해하고 있다는 것을 알게 하는 일이 무엇보다 중요하다. '어떻게 해야 하는가, 어떻게 느껴야 하는가'를 말하고 싶은 충동을 억제하고, 우선 자녀가 하는 말을 차분하게 시간을 두고 들어주자. 다음의 이야기가 나타내듯이 노력은 필요하지만 그만큼의 가치는 있다.

이전에는 아이가 무엇인가 상담을 하러 와도 그다지 달갑게 이야기를 들어주지 않았다. 아이의 이야기에 반응도 보이지 않고 상담은 일체 무시하기조차 했다. 지금 나는 더욱 이야기를 잘 듣고 자녀에게 공감하는 것의 중요성을 배우고 있다. 물론 때때로 잊고 어떻게 해야만 한다든가, 어떻게 하지 않으면 안 된다든가, 어떻게 느끼면 좋을까(나의 감정을 강요하여)를 말해 버린다. 그러면 대체로 잔소리를 해도 소용이 없고 문제를 지연시킬 뿐이다. 반대로 아이의 이야기를 수용하여 듣고 공감하여 주면 대체로 문제는 금방 해결되어 버린다.

아들이 울면서 피아노 레슨에서 돌아왔다. 아들은 훌쩍거리며 "어려워서 싫어. 피아노 연습은 이제 싫어" 하는 것이었다. 이전의 나라면 "쉬운데 뭘 그러니? 그렇다고 우는 거야?"라고 말했을 것이다. 그런데 오늘은 아들의 기분이 되어 주고자 노력했다. "이번 것은 네게 어려웠었구나"라고 말하자 아들은 "응" 하고 답했다. 내가 "정말로 고된 레슨이었겠지" 하고 말해도 아들은 "응"이라는 말밖에 하지 않았다. 아들은 내가 기분을 알아 주자 만족한 모양으로 불평한다든지 훌쩍거리며 우는 것을 멈추었다. 그것으로 모든 것이 수습되었다.

부모 자식이 서로 이해할 수 있는 분위기를 만들기 위해서는, 부모는 인내심이 강하고 자녀의 입장이 되어 귀기울이는 좋은 이야기 상대가 되어야만 한다. 자녀의 의견도 지당하다고 인식하여 들어 주자. 예를 들면, 아이가 "앗, 이 우유는 너무 시어요"라고 말해도 "무슨 말하는 거야? 맛 따위는 모르는 주제에"라고 말하지 않도록 해야 한다. 우유를 마시게 하려고 하는 말다툼이지만 이래서는 부모 자식이 각기 자기주장을 하여 말다툼이 될 거라고 예측할 수 있다. "너는 시다고 느껴?"라고 하는 편이 훨씬 낫다.

여기서 중요한 것은, 아이가 우유를 마시지 않으면 안 되는가 어떤가가 아니라 아이의 의견을 존중하는 일이다. 너무 시다고 한다면 그 이야기에 맞추어 우유에 그러한 풍미를 가미했다고 말할 수 있을 것이다.

아이는(어른이라도 그럴 테지만) 자기 감정을 무시당하는 말투를 싫어한다. 예를 들어, 날씨 때문에 소풍이 취소되었다면 아이의 기분을 인식해서 "얼마나 상심했겠니. 그렇게 기대했던 소풍인데 날씨 탓에 중지하다니"처럼 말하는 편이 좋다. 공감을 표시하고 이해하여 주는 것으로 아이는 괴로움을 극복하여 간다.

자녀의 기분을 이해한다고 하는 것은 자녀에게 의견을 맞춰야만 한다는 말이 아니다. 맞춰서는 안 되는 경우도 있다. 기분이 침울해져 있으면 그 일은 언급하지 말아야 한다. 그래도 무언가 말하고 싶을 때가 있다. 가능한 한 자녀의 의견 중에 찬성할 수 있는 점을 발견하자. 자녀가 하는 말에 찬성할 수 없어도 "그거 재미있는데"라든가 "그런 식으로 생각한 적은 없었는데", "그럴지도 몰라"라고는 말할 수 있을 것이다.

부모가 잘되길 바라면서 아무리 주의를 주어도 자녀는 스스로의 경험으로부터 배울 기회를 갖고 싶어 하는 것이다. 또 그것은 필요한 일이기도 하다. 자녀에게 너무 간섭을 하면 자녀는 언젠가 부모를 싫어하고 어떤 조언에도 반발하게 된다. 정말로 필요한 때를 위해서 충고는 현명하게 접어 두자. 부모의 생각을 받아들여 주었으면 한다면 우선 아이의 입장을 이해하고 있음을 표현하자. 그 후에 비로소 부모의 의견을 부드럽게 말하자.

10. 아이의 질투는 자연스러운 것

아이의 질투는 어느 정도까지라면 극히 자연스러운 것이므로 그다지 염려할 필요가 없으며, 질투하지 않도록 특별히 신경을 쓰거나 하지 않아도 무방하다. 자연스럽게 행동하는 것이 가장 바람직하다. 지나치게 신경을 쓰게 되면 오히려 아이의 질투심을 부채질하게 되는 경우도 있다.

예를 들어, 케이크를 자를 때 어머니는 모두에게 같은 크기로 잘라 주려고 한다. 그런데 어머니가 공평하게 하려고 노력해도 아이는 주의 깊게 어머니의 손을 지켜보고 있다.

1) 새로 태어난 아기에 대한 질투심

아이들에게 질투심을 갖지 않도록 하는 데는 우선 지나치게 신경을 곤두세우지 않는 것이 중요하다. 대범한 마음자세로 아이들을 대하게 되면 일시적으로 질투심을 느꼈다 하더라도 곧 풀어진다.

'이제 나는 아무도 보살펴 주지 않아.' 큰아이가 품는 질투심에 대해서는 이미 여러 가지로 알려져 있다. 처음에는 외동 아이로서 부모의 관심을 독차지하고 있었으나, 갑자기 동생이 태어남으로써 특별한 자신의 지위를 빼앗겨 갓난아이에 대해 질투하게 되는 것이다.

물론 갓난아이가 태어났을 때 그렇게 느끼는 아이가 많지만 반드시 모든 아이가 그런 것은 아니다. 아이가 어떤 질투를 하는지 눈빛을 반짝이기보다는 아이가 성장하는 하나의 과정으로 여기기 바란다. 아이가 질투하지 않도록 갓난아이를 안고 있으면서 큰아이의 말을 모두 들어준다든지 큰아이가 어리광을 부리면 안고 있던 아기를 서둘러 내려놓는다든지 하는 것은 오히려 좋지 않다. 그렇게 한다면 큰아이의 버릇을 나쁘게 만들 뿐이다. 주저하지 말고 원하는 만큼 아이를 귀여워해 주자. 갓난아이를 안으면 큰아이도 한 번 안아 주어야 한다는 식으로 생각할 필요는 없다.

위의 아이에게는 갓난아이를 보살피는 일을 거들도록 하고, 무엇인가를 도와주었을 때는 항상 칭찬해 주도록 한다. 그렇게 하면 갓난아이에 대한 적극적인 자세가 몸에 익게 된다. 갓난아이가 무력하다는 점을 자연스럽게 깨닫게 됨으로써 보호해 주고 아기를 위해 무엇인가 하려고 하게 될 것이다. 젖병이나 기저귀를 가져오거나 아이의 식사나 옷 갈아입는 일을 돕게 될 것이다.

아기를 안고 싶다고 하면 안전을 생각해서 이불이 깔린 위에서 안아 주도록 한다. 다행히 갓난아이는 생후 몇 개월 동안 거의 잠만 자고 있으므로 순전히 물질적인 보살핌 이외에는 크게 신경을 쓰지 않아도 된다. 그런 만큼 큰아이도 충분히 상대해 줄 수 있으므로 갓난아이에게도 부모의 보살핌이 필요하다는 점에 서서히 익숙해질 것이다.

갓난아이를 위한 공간을 마련하기 위해 큰아이를 큰 침대로 옮겨야 한다면, 아기 때문에 자신이 쫓겨난다고 큰아이가 화를 내지 않도록 아기가 태어나기 몇 개월 전에 미리 옮기거나 혹은 유치원에 보낼 때에도 아기 때문이라고 생각하지 않도록 미리 다니게 하는 배려가 필요하다. 아이에게 젖을 먹이고 있는 동안 큰아이에게는 장난감

등을 주어 놓고 있도록 하면 방해하러 오지 않을 것이다. 어린아이들이 여러 명 있는 어느 어머니는 이런 때 모두에게 책을 읽어 준다고 한다. 갓난아이의 식사 전에 다른 아이들에게 "장난감과 책을 준비하렴. 자, 모두 모였니?" 하고 이야기를 한다. 물론 조금 큰 아이가 있을 때에는 작은 아이를 보살피도록 도움을 청한다. 그렇게 하면 갓난아이와 둘만의 시간을 오붓하게 보낼 수 있다.

아이들은 갓난아이가 태어나면 일시적으로 젖병이나 기저귀를 자신도 쓰려고 하며 아기처럼 행동하는 등 이른바 '갓난아이로 돌아가기'를 원하는 경우가 종종 있다. 갓난아이가 되고 싶어 하면 어느 정도는 아이의 바람을 들어주면서 동시에 큰아이로서 누릴 수 있는 장점을 강조해 주자. 그렇게 하면 우유가 조금씩밖에는 나오지 않는데 대해 실망하고 곧 젖병을 놓아 버리게 된다. 빨아먹도록 만든 장난감을 너무 오래 사용하면 치아에 좋지 않으므로 잠들기 전에만 사용하도록 하고, 잠이 들면 곧 입에서 빼도록 한다. 그것을 빼는 이유는 미리 아이에게 이야기해 두도록 한다.

때로는 아기를 이상하게 안아서 울리는 등 질투를 표현하기도 한다. 그럴 때는 아이를 못살게 굴려고 했다는 쪽으로 생각하지 말고 귀여워해 주려던 것이 잘못돼서 그런 것이라 여겨 주자. "넌 아기보다 크고 힘도 세지. 그런데 아기를 너무 꽉 안으니까 아기가 아파서 운단다. 자아, 어떻게 안아야 하는지 잘 보렴" 하고 어머니가 모범을 보이면서 "이렇게 하는 거야. 이제 살짝 안아 보렴" 하고 아이에게 시켜 본다.

아이가 갓난아이에게 난폭한 행동을 하는 것을 봤을 때도 마찬가지로 아이의 손을 잡고 "아기는 약하니까 부드럽게 대하지 않으면 안 된단다. 그렇게 아기한테 함부로 하면 아기가 다치지" 하고 말하고, 다른 한 손으로 아이의 얼굴과 손을 부드럽게 쓰다듬어 준다.

"응, 이제 알겠지? 이렇게 하면 기분이 좋은 거야. 자아, 너도 아기에게 한번 해보렴." 그리고 아이의 손을 잡고 갓난아이의 얼굴과 손을 살그머니 쓰다듬어 본다. "봐라, 아기가 좋아하지. 기분이 좋은가 보다. 이제 네가 한번 해보렴" 하고 아이 혼자서 해보도록 한 뒤 아이를 안고 칭찬해 준다.

물론 아이를 때리거나 했을 경우엔 그대로 넘기지 말아야 한다. 얼른 아이를 데리고 나와 조용한 말씨로 "아기를 괴롭힌다면 아기와 함께 있을 수 없어" 하고 분명하게 말해 둔다. 그리고 잠시 동안 아이를 다른 방으로 데리고 간다. 아이에게 수치심을 느끼게 해서 갓난아이에게 적의를 품도록 야단치는 것은 피해야 한다.

2) 형제들 간의 질투

터울이 적은 형제 중에서 특정한 한 아이만을 귀여워하게 되면 나머지 아이는 곧 마음에 상처를 입는다. 탈무드에서는 야곱이 요셉을 맹목적으로 사랑한 나머지 비참한 결과를 초래했던 예를 들고 있다(창세기 37장).

여러 아이들 중에서 한 아이만을 특별히 대접해서는 안 된다. 서로 경쟁하는 기분이 아이들에게 있다 할지라도 부모가 아이들을 비교하거나 하지 않는다면 서로 시기하는 마음을 갖지 않을 것이다.

어린 동생이 자기보다 나이가 많은 위의 형제들이 늦게까지 깨어 있는 것을 부러워한다면 "그렇지. 하지만 넌 이제 잘 시간이야" 하는 식으로 아이의 입장이 되어 이야기해 주면 대부분 크게 불평하지 않고 그런 상황을 납득하게 된다. 동시에 아이들을 모두 완전히 평등하게 대우하는 일 등은 아무리 신경을 쓴다고 해도 무리이며, 그것이 반드시 바람직하다고도 말할 수 없다는 점을 자각해 주길 바란다. 어느 한 아이를 편애한다는 말을 다른 아이로부터 듣게 되더라도 부모도 하나의 인간으로서 자신도 그럴 수 있다는 점을 기억해 두자.

예를 들어, 여덟 살짜리 동생이 가방이 낡아서 새것을 사주었다고 하자. 그러자 그 위의 언니가 "못됐어! 자기 물건을 아껴 쓰지 않고 또 새걸 사달라고 하다니. 그런데 난 왜 안 사주는 거야" 하고 불평을 한다. 이런 때는 아이를 납득시켜야겠다는 충동을 잠시 누르고 그 아이의 입장이 되어 생각해 본다.

"하지만 네 것은 아직 충분히 쓸 수 있잖니. 새것이 무슨 필요가 있니" 하고 말하기보다는 샘을 내고 있는 언니의 입장이 되어 "너도 새것이 갖고 싶지. 하지만 보렴. 넌 조금 더 있다가 사도 되잖니?" 하고 말해 주자. 그렇게 말한다면 아이는 놀랍게도 그 말을 이해하고 언짢은 기분을 풀게 된다. 때로는 "그랬니" 하고 살며시 웃으며 대답해 주는 것만으로도 충분할 것이다.

아이들의 호소가 항상 잘못된 것이라고만은 볼 수 없다. 아이들이 하는 이야기라도 그것이 옳다고 생각되면 상황을 개선해 나가도록 최선을 다해야 한다. 그리고 특히 그러한 경우, 부모로서 자신의 잘못을 변명하는 쪽으로 아이에게 대처해서는 안 된다. 아이의 말이 옳든 그르든 "엄마는 너희들에게 평등하게 대하려고 애쓰고 있단다"라고 부드럽게 말하는 데서 그치는 것이 좋다.

아이들이 부모가 자신보다 다른 형제들을 귀여워한다고 불평을 할 때에는 아이의 입장이 되어 대답하는 것이 가장 좋다. "어째서 그렇게 질투를 하는 거지?" 하고 비판적인 말투로 이야기하면 아이의 질투심은 오히려 커질 뿐이다. "괜히 질투할 것 없단다. 모두 똑같이 귀여워하고 있으니까" 하고 안심시키는 쪽의 이야기도 그다지 효과가 없다. 아이의 이야기에 귀를 기울이고 먼저 아이의 기분에 대해 이야기하는 것이 좋다.

"엄마가 너보다 오빠를 더 귀여워한다고 생각하는구나. 하지만 엄마 말을 들어보렴. 엄마는 아주 커다란 마음을 갖고 있단다. 너희들 각각을 모두 다 귀여워해 줄 만큼 아주 큰 마음이지. 엄마한테는 한 사람 한 사람 모두가 소중하단다"라는 식으로 말해주는 것이다.

아이들 모두를 완전히 평등하게 대하는 것이 불가능한 것처럼 전부 똑같이 사랑하는 일도 사실상 불가능하다. 인정하기가 괴롭겠지만 귀여운 아이와 그렇지 않은 아이가 생기는 현실을 직시하는 편이 좋다. 부모의 말을 잘 듣는 아이나 사람을 잘 따르는 외향적인 아이 쪽이 아무래도 귀여운 생각이 들기 마련이다. 특별히 속을 썩이는 아이에게는 애정을 품기 힘들더라도 그러한 감정을 죄악시하지는 않도록 하자. 그러기보다는 그러한 아이를 진정으로 사랑하는 것이 자기 한계를 극복하는 일이라 여기기 바란다.

11. 키부츠 유격장

이스라엘은 키부츠로도 유명한 나라이다. 키부츠는 히브리어로 '그룹'(group)이란 뜻을 가진다. 키부츠는 하나의 자원 집단 사회로, 대부분 농업을 주생업으로 하고 있다. 키부츠는 일체의 재산을 공동 소유로 하고 회원들이 필요로 하는 모든 것을 무제한 공급하는 공동 운명체로 묶인 집단농장이다. 키부츠에서는 학용품에서부터 주택, 음악회 입장권, 생활용품, 창문의 커튼, 신혼 여행비, 교육비, 키부츠에 거주하지 않는 부양 가족에 대한 재정 지원 등 조그마한 것에서부터 큰 것에 이르기까지 회원들의 생활을 보살핀다.

키부츠의 규모는 작은 것은 30여 세대에 100여 명의 식구를 거느리고 있고, 큰 것은 800여 세대에 2,500여 명의 대식구가 함께 모여 살고 있다. 그들은 이스라엘의 농업 개발과 국가 사회 건설에 지대한 공헌을 해왔다. 키부츠에서는 모든 부모들의 직분이나 기술적 특기에 관계없이 자녀들을 동등하게 교육시키고, 같은 음식을 먹이고, 비슷한 옷을 입히고, 똑같은 집에서 살게 하고, 동등한 의료 혜택을 받게 하며, 자유롭게 의사를 표현할 수 있게 한다.

키부츠의 어린이들은 생후 3개월부터 키부츠 안에 있는 '어린이의 집'에서 숙식을 한다. 아이의 엄마는 출산 휴가 기간인 3개월이 지나면 그 순간부터 키부츠 내의 '어린이의 집'에 아이를 맡기고 일터로 나가야 한다. '어린이의 집'에는 연령층에 따른 어린이들의 집이 있다. 어린이들은 자기의 나이에 맞는 '어린이의 집'에서 유아교육 전문가인 보모에 의해 양육된다. '어린이의 집'에는 학교 교실과 식당, 침소가 모두 한 지붕 아래에 있다. 태어난 지 3개월 되는 어린 아이에서부터 학교에 다니는 아이까지 그곳에서 먹고 자고 새벽부터 밤까지 시간표에 따라 움직인다.

어린아이들이 부모와 함께 있는 시간은 부모가 일과를 마치고 아이들을 거처로 데려가 잠들기 전까지의 시간이다. 요즈음은 부모들이 잠을 잘 때에 아이를 '어린이의 집'에 보내지 않고 그냥 데리고 자는 경우도 많다. '어린이의 집'에서 자라는 아이들은 정해진 규칙 속에서 생활하고 있기 때문에 공동 생활의 규율이나 협동심을 일찍부터 몸에 익히며 커간다.

키부츠의 어린이들은 기초적인 지적 교육을 받을 뿐만 아니라 신체 단련 교육도 받고 있다. 키부츠에서는 아이들의 신체 단련을 위해 유격장을 설치해 놓고 있다. 유격장의 넓은 공터에는 사다리와 구름다리, 굴렁쇠, 드럼통들이 여기저기 놓여 있다. 키부츠 유격장은 군대 유격장의 모습과 거의 흡사하다.

마침 유격장에서 아이들이 훈련받는 모습을 자세히 볼 수 있었다. 아이들은 높은 곳으로 연결되어 있는 사다리를 타고 이곳에서 저곳으로 건너고, 굴렁쇠의 요동을 이기며 굴렁쇠를 타고 내려오고, 드럼통에 기어올라가 그 위에서 보기도 하고 또 그 안에 숨기도 했다. 유격장의 기구들을 두려움 없이 활용하고 있었다. 사다리를 타고, 구름다리를 건너는 아이들의 얼굴에는 송글송글 땀방울이 맺혀 있었다. 두 뺨이 빨갛게 상기되어 있는 아이도 있었지만 그 얼굴에서 두려움이나 불안감은 찾아볼 수 없었다. 스스로 조를 맞추어 함께 구령을 붙이며 유격장 마당을 뛰어서 돌기도 하고 질서 있게 자신의 차례를 기다리고 서 있었다. 유격장 안의 기구들을 이용하는 아이들의 모습은 그지없이 활달하고 건강했다.

물론 키부츠의 아이들도 보통의 어린아이와 마찬가지로 처음에는 겁을 내고 틈만 있으면 꾀를 부려 도망을 가려고 한다는 것이다. 그리고 지금 훈련을 받고 있는 아이들 중에도 겁이 많아 훈련 과정을 제대로 따라 하지 못하는 아이가 있다고 하면서 구름다리를 건너고 있는 아이들 속으로 갔다. 선생님은 줄을 서 있던 아이들이 순서대로 구름다리를 다 건너고 나자 줄에서 좀 떨어져 있던 아이를 불러 구름다리를 건너 보라고 말했다. 선생님의 말을 들은 아이는 주저주저하다가 어쩔 수 없다는 듯 구름다리 쪽으로 걸어갔다. 아이는 두려움 때문에 얼굴이 하얗게 질려 있었다. 선생님은 아이의 머리를 쓰다듬어 주며 다정하게 말했다.

"이 구름다리를 건너면 넌 저 사다리를 타고 올라갈 수도 있어. 그다음엔 아무것도 무섭지 않을 거야. 용기를 내 봐. 넌 잘해 낼 수 있을 거야. 자, 우리 모두 박수를 쳐 주자."

아이들은 선생님의 말에 따라 그를 위해 박수를 쳤다. 그러자 아이는 마음을 굳게 먹은 듯 구름다리를 기어올라가기 시작했고, 선생님과 다른 친구들이 지켜보는 가운데 무사히 구름다리를 건너 선생님 앞으로 돌아왔다. 그러자 선생님은 아이를 꼭 껴안아 주며 말했다.

"너 참 용감하구나. 잘했다. 이젠 다른 것도 훌륭하게 잘 해낼 수 있을 거야."

키부츠의 선생님들은 아이들에게 이렇게 용기를 북돋아주며 아이가 어려운 과정에 과감하게 도전하게 하고 용기와 자신감을 가지도록 유도하고 있다.

키부츠 내에 이런 유격장을 만든 것은 아이들을 지적으로뿐만 아니라 신체적으로도 균형 있게 성장, 발전하게 하기 위해서이다. 키부츠의 어른들은 다른 나라 사람들과 마찬가지로 지적인 발달을 중요하게 여기고 있지만 그에 못지않게 신체적인 발달도 중요하게 생각한다. 그래서 그들은 아이가 몸은 허약해도 공부만 잘하면 된다고 생각하지 않는다. 아이가 지적으로뿐만 아니라 신체적으로도 고르게 발달하고 성숙하는 것이 중요하다고 여기는 것이다.

키부츠의 어른들은 아이들이 유격장을 통해서 몸만큼이나 정신도 강인해지기를 바라고 있다. 이스라엘의 역사나 현재 상황을 생각할 때, 아이들을 육체적으로뿐 아니라 정신적으로도 강인하게 키우지 않으면 안 된다고 모두가 인식하고 있기 때문이다. 그래서 그들은 아이들에게 어려서부터 지나칠 만큼 혹독한 신체 단련을 시키고, 그런 과정을 통해 아이들이 강인한 정신력을 가지도록 만든다. 그런 환경 때문인지 키부츠의 아이들은 선생님의 지도에 따라 유격장 훈련에 적극적으로 참여하고, 스스로 힘든 과정을 어떻게든 통과하기 위해 무척 애를 쓰고 있었다.

정신과 신체가 고르게 발달한 아이로 키운다는 말은 그냥 듣기에는 아주 쉬운 말로 들린다. 하지만 실제로 건강한 신체와 강인한 정신력을 가진 아이로 자라게 하는 것은 쉬운 일이 아닌 것이 분명하다. 하지만 유격장에서 훈련을 받고 있는 키부츠의 어린이들은 정신적으로, 신체적으로 강인하고 균형 있게 자랄 수 있으리라는 기대를 가지게 했다.

12. 어떤 어려움도 적극적 자세로 극복

이스라엘 사람들은 아주 낙천적이다. 그래서 어떤 일이든 쉽사리 나쁘게 생각하거나 절망스럽게 생각하지 않는다. 그들은 난관에 봉착하게 되면 입버릇처럼 이렇게 말한다.

"어둠이 지나면 빛이 찾아들듯 시간이 가면, 때가 되면 다 해결될 것이다."

그들이 이런 말을 잘하는 것은 시작의 단위를 어둠으로 생각하는 생활 습관이 몸에 배어 있기 때문이다. 이스라엘에서는 안식일도 금요일 해가 질 무렵부터 시작하고, 모든 명절도 저녁에 시작한다. 심지어 결혼식까지도 밤에 치른다. 그래서 이스라엘 사람들의 정서 속에는 어둠이 아주 익숙하고 중요하게 차지하고 있고, 어둠을 잘 견뎌내면 반드시 아침이 오듯 어떤 어려운 일도 그 고비를 참고 넘기면 잘 해결된다는 사고방식을 가지게 되는 것 같다.

"시간이 가면, 때가 되면 다 해결될 것이다"라는 그들의 사고방식은 일반 생활뿐 아니라 아이들의 교육에도 큰 영향을 미치고 있다. 그들이 아이들에게 가장 많이 하는 말 중 하나는 "그래, 넌 잘할 수 있어! 지금은 이렇지만 시간이 흐른 뒤엔 반드시 잘할 수 있을 거다"이다. 집안에서 부모에게 혼나는 일이 잦은 말썽꾸러기 아이가 있다고 하면 그 아이의 잘못을 그때그때마다 따끔하게 꾸짖어 주는 것에는 철저하지만 '넌 도대체 싹수가 없구나', '그래 가지고 뭐가 되겠니?'와 같은 말을 해서 아이의 사기를 떨어뜨리지는 않는다.

그들은 그런 말을 하는 대신 아이의 머리를 쓰다듬어 주거나 엉덩이를 툭툭 쳐주면서 이렇게 말해 준다.

"넌 잘할 수 있을 거야. 지금은 이렇지만 시간이 흐른 뒤에는 세계의 일인자가 분명히 돼 있을 거야."

아이가 실수를 한 경우에도 이렇게 말을 해서 아이의 마음을 다독거려 준다. 유치원의 선생님들도 마찬가지이다. 아이가 유치원 생활을 모범적으로 하지 않고 늘 꾸중이나 듣는다고 하더라도 잘못에 대해 야단을 칠 때는 준엄하지만 그 시간 뒤에는 반드시 아이를 다독거려 주고 희망의 말을 해줌으로써 자신감을 잃어버리지 않게 한다.

그들은 아무런 문제가 없는 아이에게도 그런 말을 해주면서 자기 자신을 자랑스럽게 여기도록 하고, 언제나 당당하게 생활할 수 있도록 유도한다. 이스라엘 사람들이 어린아이에게 이렇게 자신감과 희망을 심어 주는 것은 어려움에 직면했을 때 그것을 잘 극복할 수 있는 힘을 키워 주기 위해서이다.

이스라엘의 역사적 배경이 순탄하지 않았다는 것은 누구나 다 아는 사실이다. 박해와 유랑의 역사를 극복하고 오늘에 이른 그들은, 언제 또다시 과거와 같은 역경에 부딪힐지 알 수 없는 상황에 직면해 있기 때문에, 나라를 지키고 민족을 지키며 살아남기 위해서는 아이들을 강인하게 키울 수밖에 없다고 생각하고 있다. 흔히들 이스라엘의 교육을 스파르타식 교육이라고 말하는 이유가 여기에 있는 듯하다.

이스라엘 사람들은 아이를 강하게 키우기 위해 어릴 때부터 혹독하게 대한다. 이스라엘 부모들은 어린아이에게 과중한 심부름을 일부러 찾아서 시킨다. 한번도 편지를 부쳐 본 일이 없는 아이에게 우체국에 가서 외국으로 소포를 보내고 오라든가 하는 식이다. 아이가 외국으로 보내는 소포가 무거워서 혼자서는 들고 갈 수 없다고 하더라도 그 심부름을 그만두게 하지 않는다. 그리고 그것을 거들어 줄 생각도 않는다. 그 대신 아이에게 해결 방법을 찾아보도록 한다. 차선책을 강구해 보라는 뜻이다. 그러면 아이는 부모의 말에 따라 우체국에 가서 소포를 부칠 수 있는 방법을 연구하기 시작한다.

아이는 우체국에 가서 어떤 경로를 거쳐 소포를 부치는지 스스로 그 방법을 알아내고, 소포 꾸러미가 무거워 혼자서는 도저히 들고 갈 수 없을 때는 동생이나 형, 누나, 친구와 상의하여 그들의 도움을 받아 그것을 끝내는 부치고 만다. 이스라엘의 부모들은 아이에게 심부름을 보낼 때 어떤 목적이나 사명감을 알려주고, 그 심부름을 스스로 할 수 있는지 없는지를 지켜보면서, 아이가 어떤 난관에 부딪히더라도 그 난관을 회피하지 않고 극복해 나갈 수 있는 힘을 길러 주는 것이다.

이스라엘의 부모들은 학교나 유치원에서 가는 1박 2일의 여행에 적극적으로 아이를 참여하게 한다든가, 캠프를 보낸다든가, 외갓댁이나 친척집을 혼자서 방문하게도 한다. 멀리 보내는 심부름이나 아이 혼자 가는 여행길을 부모들이 친절하게 설명해 주고 시간 계산도 해주기는 하지만 아이에게는 그것이 새로운 모험이고 도전인 것은 확실하다.

이스라엘의 부모들은 여행이나 심부름 중에서 아이가 맛보는 흥분, 고독에서 오는 쓸쓸함, 불안과 기대, 혹은 그 길에서 뜻밖에 있을지도 모르는 다른 이들과의 만남에 의해 싹트는 의식, 그것이 아이에게는 그 무엇보다 큰 마음의 재산이 될 것이라고 확신한다. 그런 과정 속에서 아이는 자기 앞에 놓여 있는 문제들을 차근차근 해결해 나가는 방법을 알게 되고, 그것을 헤쳐 나가는 힘을 얻게 된다고 그들은 믿고 있다.

이스라엘의 부모들은 아이에게 독립심을 길러 주기 위해서도 각별한 노력을 기울인다. 버스 한두 정류장 거리의 친구 집 정도는 대여섯 살 때부터 혼자서 가도록 내버려 둔다. 글자도 못 읽는 아이들이 버스표를 쥔 조막손을 운전사에게 내미는 풍경을 이스라엘에서는 쉽게 볼 수 있다. 그들은 아이들이 버스 한두 정류장 거리쯤은 차라리 걸어 다니기를 더 바란다.

맞벌이를 하는 부모들은 유치원에 가는 아이에게 목걸이식 열쇠를 만들어 아이의 목에 걸어 준다. 부모가 집으로 돌아오기 전에 유치원 놀이를 마치고 집에 돌아온 아이가 혼자서 문을 따고 집에 들어가게 하기 위해서이다. 아이는 혼자서 집을 보면서 자동적으로 고독감을 느끼게 되고, 혼자서 여행이나 심부름을 하는 것 이상으로 빈 집을 잘 지켜야겠다든가 어린 동생이 있다면 그 동생을 잘 보호해야 한다든가 하는 책임감을 느끼게 된다.

말하자면 이때까지는 부모가 조종을 하고 있던 자동차나 비행기를 아이가 스스로 조종하게 해보는 것이다. 그렇게 되면 아이들은 핸들을 잡고 어떻게든지 자동차나 비행기를 운전하게 되는 것이다. 그들의 이런 교육 태도는 어린아이에게 너무 가혹하다는 생각이 들 정도다. 그러나 이스라엘의 부모들은 어려서부터 힘들고 고달픈 상황에 처하게 하는 것이 아이를 진정으로 위하는 길이라고 생각하고 있다. 무엇이든 몸으로 직접 부딪혀 보도록 하고, 그것을 스스로 극복하게 만들어 보자는 생각인 것이다.

이스라엘의 부모들이 아이를 온실 속의 화초처럼 키우는 일은 좀체 없다. 만일 그렇게 유약한 아이가 있다면 어떤 악조건이나 고난 속에서도 꿋꿋하게 살아남을 수 있는 강인한 아이가 되도록 험난한 환경 속에 일부러 아이를 팽개쳐 버린다. 아이 스스로가 강인해지지 않으면 안 되겠다는 생각을 하도록 만드는 것이다.

이스라엘의 아이들은 이런 환경에 익숙해 있기 때문에, 자기가 해내기에는 역부족인 일을 맡았다고 해도 그것을 하지 않겠다고 떼를 쓰거나, 자기보다 나이가 많은 사람이나 부모에게 그 일을 해달라고 미루는 일은 절대로 없다. 부모들 또한 아이들의 그런 청을 절대로 들어주지 않는다. 아이들이 혼자서 그 문제를 해결하기 위해 스스로 온갖 방법과 지혜를 다 동원하고, 그것을 기필코 혼자 힘으로 해결하도록 하기 위해서이다.

이스라엘 사람들이 자주 말하는 "시간이 가면, 때가 되면 모든 것은 해결된다"라고 하는 말은 그저 될 대로 되라는 식의 생각이나 모든 것을 운명론으로 돌리는 생각에서 나온 말이 아니다. 그 말 속에는 어둠이 물러나고 빛이 찾아드는 아침을 맞기 위해서는 언제나 준비하고 노력하면서 그때를 기다려야 한다는 의미가 숨어 있다.

이스라엘의 부모들은 아이들에게 힘든 상황을 제시하고 그 상황을 지혜롭게 이겨 나가는 방법을 스스로 찾아내는 과정 속에서, 준비하고 노력하는 시간이 얼마나 소중한가를 깨닫도록 하고 있다. 이스라엘의 부모들은 강인한 사람이 되기 위해서는 무엇보다 마음이 당당하고 희망에 차 있어야 한다고 생각한다. 그래서 그들은 아이들에게 '넌 잘 해낼 수 있다'고 말해 주면서 강한 힘의 근원인 희망과 자신감을 가슴속에 불어넣어 주는 것이다.

희망과 자신감이 가슴 밑바닥에 심겨 있는 이스라엘의 아이들은 어떤 어려움 앞에서도 굴하지 않고 그 난관을 용기 있게 극복해 가는 강인한 사람으로 성장해 간다. 그렇게 자란 아이들이 어른이 되면 "시간이 가면, 때가 되면 다 해결될 것이다"라는 말을 버릇처럼 하는 이스라엘 사람이 된다.

제6장

상벌교육

1. 상(賞)에 대하여

　착한 행동을 하는 동기부여에 상을 주는 일의 시비에 대해서는 상당히 의견이 엇갈리고 있다. 착한 행동을 하도록 칭찬한다든지 격려한다든지 하는 것이 확실히 좋지만, 여기서는 상에도 그 나름대로 의미가 있다는 점을 언급할 필요가 있다. 상은 착한 행동에 동기부여가 되고 격려가 된다. 그러나 방을 깨끗이 정리해 둔다거나 정해진 시간에 잠을 자는 등 기본적으로 반드시 하지 않으면 안 되는 일에만 상을 사용해야 한다. 설거지나 쓰레기를 밖으로 내놓는 가사의 심부름에는 사용해서는 안 된다.

　착한 행동을 시키기 위한 상을 의문스럽게 생각하는 사람도 있다. 상을 뇌물처럼 생각하기 때문이지만 이것은 다르다. 뇌물은 사람의 판단을 흐리게 하여 타락시키기 위해 주는 상 혹은 보수이다. 잘못하게 한다든지 타락시킨다든지 하는 의도가 없는 한 상은 뇌물이라고 부를 수 없다. 상에 반대하는 또 하나의 이유로, 착한 일을 할 때마다 아이는 상을 기대하게 된다고 하는 점을 들 수 있다.

　아이는 상을 받고 싶어서 착한 일을 하게 된다고 하는 억측은 잘못이다. 착한 일을 하면 그것 나름대로 돌아오는 것이 있는 법이다. 그렇다고 아이로서는 착한 일을 하여 그러한 본질적인 만족을 얻은 경험 따위는 없을 테니까, 우선 착한 일을 시작하도록 부모가 도울 필요가 있는 것이다.

　상은 아이에게 보다 착한 행동을 시작하도록 하기 위한 단순한 수단이다. 상은 물건일 필요는 없다. 어딘가 좋아하는 곳으로 놀러

가도 된다고 하는 것도 상이고, 케이크를 구워도 된다고 하는 것도 있을 것이다. 아이가 좋아하는 일 모두가 상이 된다. 무엇인가 특별한 장난감과 게임으로 놀아도 좋다고 하는 것도 효과적이다. 아이가 평상시 무엇을 즐겨 하고 있는가를 보아 두면 그 아이에게 있어서 효과가 있는 상을 선택할 수 있다.

아이들 사이에는 점수 주기가 굉장히 인기가 있다. 점수표를 눈에 띄는 장소에 붙이고 아이에게는 무엇을 하면 몇 점을 받을 수 있는가를 말해 두고 점수가 모아지면 상품과 교환한다. 유아에게는 별 표시표도 대단히 효과적이다. 아이가 침대를 정돈할 때마다 별을 하나씩 붙여 간다.

상[2])에도 여러 가지로 문제가 있다. 처음은 좋은 성과를 얻을 수 있을지도 모르지만 시간이 지남에 따라서 효과는 줄어든다. 어쨌든 상은 중지할 운명에 있다. 그렇게 하면 아이가 본래의 행동 패턴으로 되돌아가 버릴 위험이 생긴다. 이러한 위험을 조금이라도 억제하기 위해서는 새로운 습관이 확실히 몸에 밴 시점에서 조금씩 상을 중지해 가는 것이다.

2. 칭찬에 대하여

칭찬을 한다든지 격려를 한다는 것은 아이의 버릇을 가르치는 데 가장 효과가 있는 수단이다. 어느 현자는 "아이가 본래 가지고 있는 가치를 깨닫게 하고 그 자질을 최대한으로 발휘시키는 것이 칭찬의 말이다"라고 하였다. 아이를 칭찬한다든지, 격려한다든지, 진가

---

2) 상은 유대인의 전통에 있다. '토라의 학습에 힘쓰라'는 의미에서 전통적으로 아이에게는 상이 주어지고 있다.

를 인정하여 칭찬해 주면 아이는 마음이 안정되고, 따라서 자신감을 갖게 된다.

1) 칭찬하는 것에 대한 주의

아이는 태어날 때부터 애정을 요구하고 자기의 존재를 인정받고 싶어 한다. 부모에게 칭찬받고 귀여움을 받고 싶어서 본능적으로 부모를 기쁘게 하려고까지 한다. 그러니까 아이가 좋은 일을 하면 적극적으로 칭찬해 주어 부모를 기쁘게 하려면 어떻게 하면 좋은가를 알게 하는 것이 중요하다.

아이를 소중한 사람 앞에서 칭찬해 주면 특히 효과가 크다. 예를 들면, 저녁에 아이가 있는 앞에서 아버지에게 "여보, 오늘 아비는 큰 아이같이 반듯하게 옷을 갈아입었어요" 하고 말해 보자. 아이의 태도에서는 부모를 곤란하게 만드는 쪽이 눈에 띄기 쉽지만 칭찬해 줄 것은 없나 하고 항상 주의하여 보자. 아이들이 조용히 방에서 놀고 있을 때에는 별로 주의를 기울이지 않다가 떠들기 시작하면 조용히 하라고 말하기도 한다. 얌전하게 놀고 있을 때에 "참 착하구나. 조용히 놀고 있으니까" 하고 칭찬해 주는 것은 자칫 잊어버리기 쉽다.

칭찬하는 것도 훈련을 요한다. 주의하고 있지 않으면 모르는 사이에 칭찬할 기회를 놓쳐 버리고 만다. 그러나 일단 칭찬하는 것이 습관이 되면 아이에게도 가정의 분위기에도 커다란 변화가 나타난다.

2) 칭찬할 때에는 구체적으로

가장 효과적인 칭찬 방법은 구체적이고 적절하면서도 객관적이라는 것이다. 칭찬할 때에는 행위 그 자체를 칭찬해 주자. "훌륭한 아이다"라든가 "너는 정말로 착한 아이야!"와 같은 전체적인 칭찬 방법은 좋지 않고, 칭찬함은 구체적으로 어떠한 일이 바람직한 것인가를 가르치고, 아이가 그렇게 한 행위를 되풀이하도록 하는 것이 가장 중요하다. 결국 칭찬의 말은 아이가 하고 있는 일에 목표를 좁히는 것이 좋다. 구체적인 행위를 칭찬하도록 하자.

3) 도를 넘는 칭찬은 바람직하지 않다.
칭찬한다든지 인정해 주는 것은 아이를 위해서이지만 도가 지나친 칭찬은 오히려 역효과를 나타낼 수 있다. 아이는 항상 부모에게 동의를 얻고 인정받고 싶어 한다. 도가 지나친 칭찬과 적절하지 않은 칭찬을 받으면 아이 쪽이 솔직히 받아들이지 않는다. 부모가 기뻐하니까 착한 일을 하는 것이 아니고 착한 행위 그 자체에 가치가 있다는 것을 가르치자.

3. 효과적인 격려 방법

1) 끝까지 해내도록 격려해 보자.
격려해 주면 아이는 사물에 새로이 몰두하려는 열의와 긍지를 갖게 된다. 무엇인가에 성공하도록 격려하는 것이 아니고 자신감을 갖도록 격려하는 것이다. 격려하는 방법을 몇 가지 들어보겠다.

(1) 도와준다.
무언가 새로운 것을 적응시킬 때 어떻게 하면 좋을까 하나하나 설명하면서 모범을 보인다. 아이가 하는 방법을 이해했으면 부모는 조금 물러나서 스스로 할 기회를 주고, 필요에 따라서 도와주도록 한다. 아이가 무엇인가 하다가 곤란함에 직면하면 "괜찮아, 너라면 할 수 있어"라든가 "그렇게 어렵지 않아"라고 적극적으로 격려하면 효과는 있지만 "이것은 어려울 듯한데"라든가 "꽤 애쓰고 있는 것 같구나"라는 식으로 우선은 아이의 기분이 되어 주는 편이 격려가 된다. 아이는 격려 받아서 더욱 분발하고자 하는 기분이 된다.

(2) 신뢰한다.

아이의 판단을 신뢰하면 격려가 된다. 아이도 가족의 대화에 끼워 주어 좋은 생각을 갖고 있었다면 인정해 준다. "컵 하나에 가득 붓지 않는 편이 좋지 않니?"라는 식으로 재치 있는 말씨를 써 보자.

(3) 비판하려면 건설적으로.

아이가 하고 있는 일에 대해서 결점을 지적해서는 안 된다. 건설적인 의견이나 다른 방법을 말해 보자. 예를 들면, 아이가 산수 숙제를 아무렇게나 해치운 듯하면 "이래서는 읽을 수가 없잖아"보다 "좀 더 깨끗이 쓰면 읽기 쉬워요"라고 하면 납득하기 쉽고, 잘 쓴 문제를 가리키며 "이것은 잘 썼어요. 반드시 다른 것도 전부 이렇게 예쁘게 쓸 수 있을 거야" 하고 말해 주면 격려가 된다.

(4) 비교와 경쟁을 삼간다.

아이는 한 사람 한 사람 확실히 다르다. 이것을 확고하게 염두에 두고 다른 아이와 비교하지 말고 자기의 진로대로 나아가게 해줄 필요가 있다.

2) 자부심과 실패의 두려움에 신경을 써주자.

격려한다든지 칭찬한다든지 아이에게 자신감을 갖게 하자. 능력과 재능에 은혜를 받은 것을 감사하도록 가르치면 아이는 자만하지 않는다. 자기의 성적에는 겸허하도록 가르치자. 현자는 "많이 배웠다고 해서 그것으로 위대해졌다고 생각하지 말아라. 배우기 위해 태어났으니까"라고 말하고 있다. 실패를 두려워하지 않는 아이로 가르치기 위해서는 성적으로 인간의 가치가 결정되는 것은 아니라는 것을 가르쳐 주자. 누구나 실패하며 배워 가는 것이다. 실패했다고 해서 패배자의 낙인이 찍힌다든지, 그것으로 비난당한다든지 하는 것은 온당치 않다.

4. 배려의 마음

배려의 마음이란 다른 사람의 소유물에 대해서는 물론, 타인의 감정에 대해서도 마음을 쓰는 일이다. 다른 사람들에게는 언제나 배려의 마음으로 대해야 한다. 다른 대부분의 성격 형성과 마찬가지로 아이에게 배려의 마음씨를 길러 주는 것도 우선 가정에서부터 시작된다. 아이에 대해서 부모로서 어떻게 하면 좋을까. 그것은 물론 어른들의 행동을 통해서 배려하는 마음의 본보기를 보여주는 일이다.

1) 배려

아이들은 자주 자신이 사용한 물건을 본래 있던 자리에 갖다 놓지 않고 그대로 두곤 한다. 부모로서야 매우 성가신 일이겠지만, 이때도 신경질을 내지 말고 잘 타이르도록 한다. 예를 들어 아버지가 연장통에서 펜치가 없어진 것을 알아차렸다. "누가 펜치를 치웠지. 넌 왜 맨날 물건을 쓰면 제자리에 갖다 놓을 줄을 모르니!" 하고 화를 내기보다는 "아버지의 펜치를 쓰지 않았니?" 하고 한 사람 한 사람에게 조용히 물어보는 것이 좋다. 그것을 쓴 아이가 나오면 "제자리에 갖다 놓는 걸 잊었구나. 다음에 쓰면 꼭 제자리에 가져다 놓으렴" 하고 말하는 것이 좋다. 기회를 봐서 그 아이에게 다른 사람의 물건을 썼을 때에는 반드시 돌려주는 일이 중요하며, 그렇지 않으면 그것을 찾느라 공연히 시간을 낭비하게 되므로 남에게 피해를 주는 일이라는 점을 설명해 주어야 한다. 다른 사람의 물건을 사용할 때에는 미리 양해를 구하는 것이 좋다는 점을 가르쳐 주어도 좋겠다.

그렇게 해도 다른 사람의 물건을 제자리에 돌려놓지 않는다면 그 물건을 쓰지 못하게 한다. 예를 들어, 아버지의 드라이버를 사용하고 세 번씩이나 공구통 속에 돌려놓지 않았다면 "안됐지만 당분간 드라이버를 빌려 주지 않겠다. 제자리에 갖다 놓는 걸 세 번씩이나 잊어버렸으니까"라고 말해 주자. 그래도 가져다 쓴다면 그때는 적절한 벌을 주도록 하자.

어떤 어머니는 아이들이 각자 자기 가위를 갖고 있으면서도 부엌용 가위가 자주 없어지기에 "이 가위를 쓴 뒤에는 서랍 속에 다시 넣어둘 것"이라는 메모지를 적어 두었다. 그러나 역시 소용이 없었으므로 "부엌 밖으로 가지고 나가서는 안 된다"라고 다시 적어 두었더니 그제야 없어지지 않았다고 한다.

아이들은 물건을 어질러 놓고 집에 있는 다른 사람(특히 어머니)에게 대신 정리하도록 하는 경우가 많지만, 그래서는 곤란하다. 하지만 신경질을 내면서 '이렇게 어질러 놓고 나보고만 치우라고 하다니' 하고 생각하면서 혼자 치우기보다는 그것을 어떻게 정리하면 좋을지 생각해 보자. 아이가 테이블에 우유를 엎지르고는 모르는 척하고 있다면, 살짝 걸레를 밀어 주고 닦으라고 말하자. 만일 "빵을 먼저 먹고 싶다"고 아이가 일을 미룬다면 밝은 목소리로 "지금 닦으렴. 깨끗이 닦고 나서 먹는 게 좋지 않니" 하고 말하자.

큰아이가 늦게 집에 돌아와서 혼자 밥을 먹을 경우에는 스스로

뒷정리를 하게 한다. 만일 치우는 걸 잊었다면 아이를 불러 "뒷정리를 안 했구나" 하고 조용히 말해 주자. 아이가 먹고 난 것을 언제나 어머니가 치워 주는 것도 곤란한 일이지만, 그렇다고 해서 심하게 잔소리를 하는 것도 좋은 방법이 아니다. 아이가 잊었을 경우 때로는 그것을 눈감아 주는 여유도 필요하다.

집안이 말끔히 정리되어 있다고 해서 그것만으로 부모가 모든 것을 만족스럽게 생각하는 것은 결코 아니란 점을 아이에게도 알게 해줄 필요가 있다. 조용히 있어야 할 때나, 아이에게 방해를 받지 않고 일을 보아야 할 때에는 부모가 미리 아이에게도 부드럽게 설명해 주는 것이 좋다. "엄마는 이 빨래들을 정리하고 나서 저녁 준비해야 하니까 그때까지 네 방에서 놀고 있으렴"이라든지, "지금 볼일을 봐야 하니까 끝날 때까지 네 방에 가 있으렴" 하고 이야기해 준다.

두통이 있다든지, 갓난아이를 돌보느라 밤에 잠을 설쳐 몹시 피곤할 때도 있을 것이다. 신경이 날카로워져 있을 때에는 자칫 냉정을 잃기 쉽다. 그럴 때는 "엄마는 지금 굉장히 머리가 아프단다. 잠시 저쪽에 가서 놀고 있으렴" 하고 간단하게 설명해 주는 것으로 충분하다.

어머니가 아이들에게 방해를 받지 않고 다른 사람과 얼마나 이야기를 나눌 수 있을까? 아이가 부모의 주의를 끌고 싶어 하는 것을 무시해 버리는 것은 좋지 않다고 믿고 그에 대해 걱정하고 있는 부모가 상당히 많은 것 같다. 하지만 아이 쪽에서는 부모의 이러한 걱정을 이상하게 여기며 점점 더 부모의 주의를 끌려고 하는 경향이 있으므로 그대로 방치해 두어서는 안 된다. 부모가 일일이 돌봐주지 않더라도 아이는 의외로 오랜 시간 동안 아무렇지 않을 수 있다. 아이의 방해를 받을 때마다 다른 사람과의 이야기를 중단하게 되면 아이는 점점 더 방해하려고 든다는 점을 기억해 두기 바란다. 이야기하는 도중에 몇 차례나 "아이고, 너 또 엄마 귀찮게 하니" 하고 거듭 불평을 하는 것도 마찬가지이다.

"엄마가 다른 사람하고 이야기를 할 때에는 방해를 하면 안 된단다" 하고 가르쳐 주자. 아이와 함께 외출해서 아는 사람과 만났을 경우 "잠깐, 엄마 친구와 이야기를 좀 나눌게" 하고 상냥하게 아이에게 양해를 구한다. 만일 집안에 손님이 온 경우에는 "손님 접대를 해야 하므로 엄마는 좀 바쁘단다" 하고 아이가 알아듣게 설명을 한다.

아이가 무언가 이야기를 하러 오면 "미안하지만 엄마는 지금 손님과 이야기를 하고 있는데"라든가, "무슨 급한 일이니? 아니면 이따가 할래?" 하고 묻도록 한다. 물론 아이의 존재를 잊고 있는 게 아니란 점을 알게 하기 위해 가끔씩 신경을 써줄 필요도 있다.

만일 아이가 무슨 이야기를 하러 온다면 잠시 이야기를 멈추고 미소를 지으며 뺨을 어루만져 주자. 아이가 만족할 정도면 족하다. 아이는 그런 조그만 일에도 곧 안심을 하게 된다. 손님이 와 있는 중에 아이가 부모의 주의를 끌기 위해 여러 가지로 이야기를 방해할 테지만, 크게 신경을 쓰지 않도록 하자. 아이가 울거나 보챌 때에는 품에 안고 잠시 쓰다듬어 주는 것도 좋은 것이지만, 그렇더라도 냉정하게 대화를 계속해 나간다.

문제는 전화이다. 눈앞에서 손님과 이야기하고 있을 때와는 달리 전화 상대가 아이의 눈에는 보이지 않으므로 자칫 전화받는 사람을 방해하기가 쉽다. 그럴 때는 잠시 이야기를 멈추고 "좀 기다리렴. 지금 전화를 받고 있으니까"라든가, "지금 전화하는 중이란다" 하고 이야기를 해준다. 큰소리로 나무라는 것은 좋지 않다. 무언가 중대한 일이 있을 때만 전화 도중에 말을 시킬 수 있다고 미리 말해 두는 것이 좋다. 그렇다고 해서 너무 오랫동안 아이를 기다리게 하는 것도 무리이다. 하지만 이야기는 이 정도로 끝내자.

2) 예의범절

예의범절도 상대방에 대한 배려의 일부이므로 탈무드의 현자들은 이를 매우 중시하고 있다. 예의범절을 깍듯이 차리는 것이 너무 형식에 치우치는 일이라 하여 이를 무시하는 사람도 있다. 그렇지만 만일 형식적이라고 해서 예의범절을 지키지 않는다면, 삶에 있어서의 다사로움과 온화함이 없어져 버리고 인간관계도 매우 거칠어지게 될 것이다.

부모는 우선 좋은 모범을 보이면서 아이들에게 예의범절을 잘 가르친다. 그리고 가끔씩은 "너도 따라 해보렴" 하고 아이들에게 적극적으로 권유해 보도록 한다. 예를 들면, 아이가 "배고파. 피자 좀 줘" 하고 말하면 "피자 좀 주세요" 하고 고쳐 준다든지, "그럴 경우에 어떻게 말해야 하지?" 하고 아이에게 질문을 해본다.

또한 남에게 감사하는 일은 바른 예의범절일 뿐만 아니라 자신의 고마운 마음을 남에게 표하는 기분 좋은 일임을 아이들에게 가르쳐 주자. 또한 아는 사람을 만났을 때에는 인사를 하고, 인사를 받았을 경우 자신도 그에 답하는 인사를 하는 것이 중요하다는 점을 가르쳐 주어야 한다. 남에게 말할 때에는 밝은 표정으로 이야기하도록 가르치는 것도 잊어서는 안 된다.

아이들에게 예의범절을 익혀 주지 않으면 부모로서 마음이 편안할 수 없다. 다른 사람들과 함께 있는 경우, 남들이 어떻게 생각할지 불안하기까지 하다. 사람들 앞에서 자신의 아이가 버릇없이 굴 경우 상대방이 나쁜 인상을 받게 됨으로써 결국 자신의 체면이 손상되는 게 아닐까 하는 불안이다. 예를 들어, 어른을 보고도 빤히 쳐다보기만 한다면 부모가 예의범절을 아이에게 잘 가르쳤다고 할 수는 없을 것이다.

아이가 버릇없이 행동하게 되면 "예의를 지켜야지" 하면서 자꾸 잔소리를 하게 되는 것이 부모의 심정이며, 잔소리를 하는 경우 당장은 효과가 있을지 모르지만, "안녕하세요 하고 공손히 인사해라"라든가 "잘 먹겠습니다 하고 인사 드려라" 하고 언제나 일일이 먼저 이야기를 한다면, 예의범절은 몸에 배지 않는다.

 떼를 쓰며 무언가를 달라고 조르는 아이에게 "똑바로 말하면 줄 거야" 하고 계속 말을 한다면 그렇게 주의를 받았을 때밖에는 하지 않게 된다. 말을 하지 않으면 예의를 차리지 않는 아이가 되어 버린다. 그러므로 아이와 둘만이 있게 되었을 때 어째서 예의범절을 지켜야 하는지 알아듣도록 잘 설명해 주도록 하자.

 남의 집을 방문했을 때 아이들이 먹을 것을 달라고 조르는 경우가 있다. 이럴 때도 그 자리에서 아이를 야단치지 말고 원하는 것을 준 뒤, 집에 돌아오는 길이나 집에 도착하고 나서 "먹을 것이 나올 때까지 기다리고, 만일 목이 마르다거나 하면 '물 좀 주세요' 하고 말하렴" 하고 조용히 타이르도록 한다. 서로 자신의 역할을 연습해 보는 것도 상당히 바람직한 방법이라 할 수 있다.

 어린아이에게 식사 예절을 가르치는 데는 다소 인내가 필요하다. 다른 사람들에게 폐를 끼치는 행동을 하지 않도록 차근차근 가르쳐 주자. 숟가락이나 젓가락의 사용방법을 가능한 한 빨리 익히도록 가르쳐 주는 것이 좋다. 아이가 천천히 식사 예절을 배우는 것에 대해 성급하게 많은 것을 요구해서는 안 된다. 때론 주의를 주는 것만으로 충분하다. 만일 가르쳐 준 대로 아이가 식사 예절을 잘 지키는 경우에는 칭찬해 주도록 하자. 그렇게 되면 다른 형제들도 그것을 보고 따라 하게 된다. 음식을 먹을 때 쩝쩝 소리를 낸다거나 바닥에 흘리는 일, 또 이리저리 왔다갔다 하면서 음식을 먹지 않도록 바른 습관을 길러 주어야 한다.

 또 밥을 먹을 때 바른 자세로 앉아서 자신이 먹던 것은 남기지 않는 습관을 기르도록 도와주는 것이 좋다. 부모가 잠시 자신의 식사는 뒤로 미루고 아이들이 바른 식사 예절을 지니고 있는지 이따금씩 살펴 주는 것이 바람직할지도 모른다.

3) 친절

다른 사람을 위해 정리정돈을 한다거나 청소를 하게 하고, 또는 조용히 하도록 하는 일은 어느 정도 쉬운 일인지도 모른다. 이보다 몸에 익히기가 좀 더 어려운 것은 친절, 즉 남에 대한 배려의 마음 중에서도 보다 적극적으로 행동하는 것이라 하겠다.

친절이란 어떻게 하면 다른 사람을 기쁘게 하고 만족하게 할까를 살피는 감성(센스)이며, 또한 그렇게 행동하는 능력을 말하는 것인데, 이러한 것을 아이들에게 가르치기란 그렇게 쉬운 일이 아니다. 왜냐하면 친절이란 자신이 스스로 알아서 하는 일이기 때문이다. 모범을 보이는 것은 중요한 일인데, 아이가 친절을 베풀려고 하는 경우 거기에 적극적으로 호응하는 것이 바람직하다.

예를 들어, 큰아이가 어머니가 쉴 동안 갓난아이를 돌봐 준다고 한다면 "참 친절한 생각이구나" 하며 아이의 제안을 기쁘게 받아들인다. 때로는 조그만 친절을 베풀도록 미리 암시를 주는 것도 하나의 방법이 될 수 있다. 가령 "오늘은 동생이 학교에 지각할 것 같구나. 대신 침대 정리를 좀 해주면 어떨까?" 하고 형에게 넌지시 일러준다. 그리고 아이가 그렇게 했을 경우 친절을 베푼 데 대해 칭찬을 아끼지 않는다면 아이는 또다시 그런 일을 할 마음이 생기게 된다. 필요할 때 적절하게 칭찬을 하는 것도 하나의 중요한 '친절'의 표현이 될 수 있다.

남에게 칭찬의 말을 해야 할 경우 아이에게 그것을 넌지시 일러 주도록 한다. 그때는 모범을 보이는 것이 가장 좋은 방법이다. 가령 푸짐한 식탁 앞에 둘러앉았을 때 아버지는 언제나 음식에 대해 칭찬의 말을 하도록 한다. 어머니가 부엌에 가 있는 동안 "이 음식, 참 맛있지. 엄마께도 말씀드려라. 틀림없이 기뻐하실 거야" 하고 아이에게 일러주는 것도 좋은 방법이다.

5. 채찍과 당근

탈무드에는 "오른손으로 벌을 주었으면 왼손으로 안아주라"는 격언이 있다. 채찍과 당근을 효율적으로 활용하라는 이야기다. 한국은 이제 학교에서 체벌이 없어졌다. 그 대신 벌점으로 아이들을 관리한다. 벌점이 20점 이상이면 상벌위원회 같은 징계위원회가 열리는 모양이다. 그러면 벌점을 많이 받은 아이들만 따로 교화교육을 받으러 가는데, 문제는 이런 아이들이 교화교육을 받으러 가서 더 나쁜 아이들을 만나게 되고, 전보다 더 안 좋은 방향으로 간다는 것이다.

따끔한 야단 한마디와 손바닥 몇 대면 끝날 일을 폭력대책위원회를 열고 문제를 확대시키는 것이다. 이 위원회가 열리면 다 잘될 것 같지만 천만의 말씀이다. 이런 곳에선 논리적으로 말 잘하는 사람이나 큰 목소리 내는 사람이 늘 유리한 위치를 점하는 법이다. 사실관계의 정확성보다는 자기주장이 강한 사람의 의견에 따라 상황이 좌우된다.

아이들을 학교에만 무조건 맡겨 두거나 학원에만 맡겨 두는 지금의 지도 방식은 앞으로 분명 심각한 문제를 낳게 될 것이다. 이 문제에 대해 유대 사회는 우리와 아주 다르다. 유대 사회의 오랜 전통 가운데 하나는 자식을 때려서 가르치는 것이다.

"매를 아끼는 자는 그의 자식을 미워함이라 자식을 사랑하는 자는 근실히 징계하느니라"(잠 13:24).
"아이를 훈계하지 아니하려고 하지 말라 채찍으로 그를 때릴지라도 그가 죽지 아니하리라"(잠 23:13).
"채찍과 꾸지람이 지혜를 주거늘 임의로 행하게 버려 둔 자식은 어미를 욕되게 하느니라"(잠 29:15).

이처럼 성경은 유대인 아버지에게 자식을 가르침에 있어 매를 아끼지 말라고 역설한다.

실제 유대 가정을 살펴보면, 아이들마다 때리는 매를 따로 정해 두는 집안이 있는가 하면, 매를 드는 것은 잔혹하다면서 손바닥으로 엉덩이 몇 대 때리는 정도로만 아이들을 훈계하는 집안도 있다. 유대 사회가 자녀교육에 대해 좀 더 엄격한 이유는 아이들이 크는 환경이 선진국과 다르고 우리나라와도 크게 다르기 때문이다. 여기에는 키부츠의 역할도 한몫했다.

키부츠는 이스라엘만의 독특한 국가적 교육 공동체로 '집단노동·공동소유'라는 사회주의적 생활방식을 고수한다. 이스라엘의 자랑으로 평가받아 온 집단농장 시스템이라 할 수 있다. 키부츠는 자발적인 공동소유제를 채택하고 공동교육·공동소유·공동식사 등의 운영 시스템을 구축했기 때문에 현금도, 개인 은행계좌도 필요 없는 경우가 많았다. 국가 독립 반세기의 이스라엘이 오늘날의 강국으로 발전한 데는 이러한 키부츠의 희생과 봉사정신을 빼놓을 수 없다. 또한 키부츠는 이스라엘의 중요 지도자들을 배출한 산실이기도 하다.

키부츠에 맡겨진 아이들은 입고 먹고 사는 의식주 일체를 공동체와 함께한다. 특히 키부츠 선생님들은 수업 중에 떠들거나 수업을 방해하는 아이들을 체벌하고 교실 밖으로 쫓아낸다. 이를 통해 아이들은 다른 사람을 배려하는 법을 배우고, 함께 살아가는 데 필요한 협동심과 사회성을 몸에 익히는 것이다.

기숙사에 사는 아이들은 청소부터 취식, 단독 탐험, 역사교육, 농사짓기, 과학 실험까지 다양한 주제로 학습 활동을 하게 된다. 즉 키부츠에서 아이들은 전문교사의 지도 아래 이스라엘의 미래를 책임질 희망으로 성장하는 것이다. 최근에는 키부츠의 명성이 많이 쇠퇴하고 지원자도 크게 줄었다고 한다.

그렇다 하더라도 키부츠가 이스라엘 국가 탄생에 상당 부분 기여했음은 부인할 수 없는 사실이다. 이 때문에 키부츠는 요즘 공동체교육의 모델이 되어 전 세계 각국의 젊은이들이 견학 오는 관광 및 체험학습 코스로 변해가고 있다.

물론 유대인 가정 중에는 키부츠에 의지하지 않고 가정교육으로 아이들을 가르치는 부모도 있다. 이 경우 유대인 아버지는 때리는 것에만 의존하지 않고 자녀를 훈육하고 징계한 후 반드시 자녀를 포용하고 껴안아 준다. 채찍과 당근을 함께 사용하는 것이다. 탈무드에는 매로 때린다고 해서 아이를 고치지는 못하지만 때리고 나서 아이를 재운 후 울며 기도하면 자녀를 올바르게 지도할 수 있다는 이야기가 있다. 훈육의 강약을 잘 조절하는 것은 자녀교육에서 그만큼 중요한 일인 것이다.

칭찬만큼 징계도 중요하다. 그런데 한국 사회는 과도하게 칭찬만 하는 사회가 되고 있는 듯해 걱정이다. 칭찬만 듣고 자란 아이들은 질책을 견뎌내지 못한다. 예를 들어 군대 환경이 예전보다 훨씬 좋아졌음에도 불구하고 적응하지 못하는 젊은이가 더 많아졌다는 것은 그만큼 우리 사회가 질서 교육을 위한 징계나 채찍에 서툴렀다는 반증이 아닐까. 유대인 아버지들처럼 칭찬과 징계의 강약을 잘 조절해야 한다.

6. 야단치는 것에 대하여

'야단치는 것은 애정이 부족하기 때문이다'라고 생각하는 경향이 있다. 그러나 유대교에서는 야단치는 것은 진정한 애정 표현일 뿐만 아니라 야단치지 않는 것은 증오의 표현이라고까지 말하고 있다.

1) 애정의 표현에는 양면성이 있다

자녀교육에 대해서는 현자의 "오른손으로 뿌리치고 왼손으로 끌어당겨라"라는 말이 있다. 왼손은 마음의 배려와 이해라는 애정의 직접적인 표현을 상징하고, 오른손은 제한과 질책이라는 애정의 간접적인 표현을 상징하고 있다. 너무 엄격해서는 버릇을 가르치는 일이 잘되지 않고 아이를 반항적으로 만들어 버리지만 야단치지 않는 것도 문제다.

야단치는 것이 아이의 자연스런 발육을 방해하는 것은 아닌가 하고 걱정한다든지, 아이에게 이상스레 동정한다든지 해서 때때로 야단치는 것을 삼가는 것은 근본적으로 잘못된 것이다. 애정을 담고 야단치자. 그렇게 하면 자녀는 부모가 자기를 위해서 생각해 주고 있다고 느낀다. 야단을 쳐도 애정이 전달되면 자녀는 버림받았다고는 절대 생각하지 않을 것이다. 현대 심리학에서도 야단치는 일의 중요성을 인정하고 있다.

2) 야단칠 때의 원칙

(1) 목적

자녀를 야단칠 때는 본인을 위해서라는 것을 확실히 전해 주자. 사람을 야단칠 때는 밝고 온화하게 말하자.

(2) 타이밍

야단치는 것을 주저해서는 안 되지만 야단맞을 태세가 아이의 마음속에서 생길 때까지 야단치는 일을 미루는 것도 때에 따라서는 필요하다. 물론 아이가 나쁜 짓을 한 것을 모르는 척하고 그냥 지나쳐서는 좋지 않다. 부모가 잠자코 있으면 아이는 용인된 것으로 해석한다. 유아를 제외하고는 그 자리에서 야단치기보다 시기를 기다리는 편이 좋은 경우가 있다. 한 시간 안팎, 때로는 하루나 이틀 후도 될 것이다. 부모도 자녀도 진지하게, 또한 탁 털어놓고 이야기할 수 있을 만큼 냉정해지지 않으면 안 된다.

어느 랍비는 자녀와 학생을 야단칠 때에는 분노가 완전히 사라질 때까지 항상 충분한 시간을 두었다고 한다. 한번은 그의 자녀 중 하나가 아주 나쁜 짓을 했는데, 야단을 치기까지 꼬박 2주일이나 걸렸다고 한다. 여기서 알아두어야 할 것은, 다른 사람 앞에서는 야단치지 않도록 주의하는 것이다. 자녀가 쑥스러운 생각과 부끄러운 기분이 들지 않도록 하는 배려이다.

(3) 성내지 않는다.

아이를 야단치는 것은 행동을 반성시키는 일이 목적이다. 화를 내며 야단치는 것으로는 목적이 달성되지 않는다. 화를 내는 것은 아이가 터무니없는 행동을 하여 그 중대함을 깨닫게 할 필요가 있을 때를 위해서 접어두자. 그러한 때에도 화나 있는 것처럼 행동할 뿐이다. 내면적으로는 냉정하도록 항상 유의하자.

3) 꾸지람은 '무엇을 말할까'보다 '어떻게 말할까'가 중요하다

누구나 잘못을 지적당하기를 원치 않는다. 아이라도 예외는 아니다. 힐책에는 그 자리에서 두세 마디 하고 말 것인가, 또는 진지하게

할 것인가가 있다. 무엇을 말할까는 어떻게 말할까만큼 중요하지 않다. 마음을 평화롭게 하고 애정을 가지고 이야기하면 선택하는 말은 적절히 나타날 것이다. "어째서 하지 않았니"라고 아이를 야단치는 것은 별로 효과적이 아니다. 이러한 꾸지람은 자녀를 비판하고 있는 것으로, 어지간히 상냥하게 말하지 않는 한 아이는 태도를 바꿀 생각이 들지 않을 것이다.

4) 이런 꾸지람은 삼가하자

자녀가 나쁜 짓을 하고 있을 때 본인을 향해 "그렇게 해서는 안 돼"라고 부정적인 행동을 그대로 표현하는 것은 삼가야 할 꾸지람이다. 5세 된 건강한 아이가 소파 위에서 공중제비를 돌며 즐겁게 놀고 있는데, 어머니가 "가구를 망가뜨리잖아" 하고 외치는 것은 소파를 걱정하고 있는 부모의 기분보다 자녀의 행동에 대한 짜증만이 전달되어 버린다. 그러면 아이는 기분이 상해 한다든지 분개할 것이다. "얘야, 그만둬. 그런 식으로 뛰면 소파가 못쓰게 되어 버린단다" 라고 하는 편이 좋을 것이다.

자녀의 행동을 바로잡을 때에는 왜 그래야 하는 것인지 구체적으로 분명히 말해야 한다. 자녀를 궁지에 몰아넣지 않도록 자녀의 입장에서 설명할 기회를 주자. 자녀가 말하는 이유를 묵살한다든지 마치 변명과 같다고 결정짓지 말아야 한다. 어디가 나빴었나를 지적하면서 이해를 표시할 수 있다. 이야기는 밝게 매듭을 지어 주자.

때로는 "엄마는 실망했어"라는 말만으로도 충분히 야단친 것이 된다. "말하지 않아도 알겠지만 아까 너의 태도는 좋지 않았어. 아마 스스로도 깨달았을 거야" 하고 말해도 좋을 것이다. 실망한 얼굴을 하는 것만으로도 '좀 잘해 주었으면' 하는 마음이 자녀에게 전달된다. 자녀의 성격을 보아 어떤 꾸지람이 효과가 있을지를 결정하자.

자녀가 상처받지 않도록 어느 정도는 주의하지 않으면 안 되지만 엄격한 말도 때에 따라서는 필요하다.

5) 몇 번이나 야단을 쳐도 효과가 없을 때

몇 번이나 야단쳐도 자녀가 말을 듣지 않을 때 냉정하게 있기란 정말 어려운 법이다. 그렇게 되면 '몇 번이나 상냥하게 말해왔는데 전혀 달라지지 않았어. 자, 호통을 쳐주지 않으면…!' 하고 생각하는 것이다. 그러나 여기서 화를 내면 이제까지 냉정하고자 노력해온 것이 물거품이 된다.

자녀가 행동을 고치지 않는 이유 중 하나는 자기는 나쁜 아이니까 나쁜 짓을 하는 거라고 믿어 버리고 자신의 태도를 고치지 않는 것을 들 수 있다. 부모가 화를 내면 이런 경향은 점점 강해진다. 부모다운 것, 냉정함을 지키지 못하는 자기를 질책한다든지 하여 자녀와 똑같은 실수를 되풀이하지 않도록 하자.

이야기할 때는 온화하게 하고 특히 신경을 쓰자. "번번이 말을 들었는데도 왜 아직 이런 일을 하는 것일까" 하고 자녀 자신에게 설명시켜 보자. 부드럽게 말하면 자녀는 진심으로 후회한다. 때로는 "잘못했다고 생각하고 있을 테지만 그것만으론 안 돼. 이번에야말로 하지 않는다고 결심하지 않으면" 하고 덧붙이는 것도 좋을 것이다. "엄마가 하는 말을 이런 식으로 계속 모른 체하는 것은 좋지 않아요" 하고 부드럽게 야단치는 것도 좋을 것이다.

6) 야단쳤을 때의 반응에 주의하자

부모가 말을 걸어도 자녀는 한마디도 하지 않는 일이 종종 있다. 그렇다고 해서 듣고 있지 않은 것은 아니다. 이야기는 듣고 있어도 대답할 기분이 아닐 뿐이다. 부드럽게 야단쳐도 변명만 하는 아이도 있다. 야단 맞은 탓으로 죄악감에 사로잡혀서 그것을 물리치고자 변명하는 것이다. 자녀의 행동을 고치기 위해서는 우선 야단쳐야 한다. 그러나 몇 번 야단을 쳐도 효과가 없을 때는 벌을 주는 것도 필요하다. 벌은 최후의 수단이 아니라 이따금 필요한 버릇 가르치기의 방법으로 간주하자.

7. 체벌

이스라엘의 엄마들은 아이에게 매를 들지 않는다. 그렇다고 그 아이들이 매를 댈 일이 없을 만큼 말을 잘 듣고 얌전한 것은 물론 아니다. 단지 그들은 아이의 버릇을 고치기 위해 많은 종류의 벌을 항상 생각하고 여러 가지 방법을 동원하기 때문에 매에 의존하지 않게 되는 것이다.

이스라엘의 어린이들은 매보다 엄마나 아빠의 침묵을 더 무서워한다. 엄마나 아빠가 아이에게 주는 최대의 벌은 침묵인 것이다. 아이가 집안을 뛰어다니면서 소란을 떨고 난리법석을 피우고, 나쁜 버릇이 있어 주의를 주어도 그것이 고쳐지지 않을 경우, 엄마는 먼저 아이에게 아이가 제일 좋아하는 일을 하지 못하게 하는 것으로 벌을 준다.

가령, 아이가 즐겨 보는 TV의 만화 프로그램을 못 보게 한다거나 좋아하는 놀이를 금지시켜 왜 자기가 좋아하는 일을 하지 못하는지를 곰곰이 생각하게 한다. 어쩌다 매를 때릴 경우에도 회초리나 다른 도구를 절대로 사용하지 않고 반드시 손으로 아이를 때린다.

그리고 감정을 추스리지 못한 채 아이를 마구잡이로 때리는 일은 절대로 없어야 한다. 그들은 화가 날 경우 아이를 엎어놓고 손바닥으로 엉덩이를 땅땅 몇 번 때린 후에, 아이에게 왜 맞았는지 이유를 묻고 스스로 잘못을 찾아내도록 한다. 그런 엄마에게서 키워진 아이들은 그들이 어른이 되었을 때도 똑같은 방식으로 아이를 키우게 된다.

아이를 다스리는 이런 방법은 특별히 훈련되었거나 고도의 기술을 발휘한 것이라고는 볼 수 없다. 그러나 부모가 자신의 감정을 다스리지 못해 아이를 윽박지르고 무섭게 매로 다스리는 벌을 대수롭지 않게 여기는 환경에서는 그런 육아법이 특별한 기술로 여겨질 수 있을 것이다.

어려서부터 부모의 침묵이 가장 무서운 벌이라고 생각하며 자란 이스라엘 사람들은 스스로의 감정을 잘 다스리는 것에도 훈련이 되어 있고, 훈련된 것을 자기 아이 앞에서 능숙하게 실행할 수 있어 최고로 무서운 벌이 침묵이라는 것이 이스라엘 사회에서는 자연스럽기 그지없다.

이스라엘의 아이들은 엄마나 아빠의 침묵이 얼마나 무서운 벌인지를 너무나 잘 알고 있기 때문에, 아무 데서나 투정을 부리고 엄마가 무섭게 야단을 치는데도 아랑곳하지 않고 나대는 일은 거의 없다.

이스라엘의 아이들은 매로 다스려져 매의 공포에 의해 훈련되었다기보다, 자기가 좋아하는 일을 하지 못할 때의 괴로움과 엄마나 아빠와 격리되어 단 한마디도 하지 못하는 고통 속에서, 스스로 잘못을 찾아내고 두 번 다시 그 같은 잘못을 저지르지 않겠다는 결심을 자주적으로 하게 되는 것이다.

이스라엘의 부모들은 아이를 야단쳤거나 침묵의 벌을 내렸을 때에도 그날 밤 잠자리에 들 때에는 따뜻하게 마음을 풀어서 잠들게 한다. 그날 있었던 나쁜 감정이 아이의 꿈에 들지 않게 하기 위해서이다. 모든 것을 하루 단위로 시작하고 마치는 그들의 습관이, 그날의 두려움이나 그날의 슬픔을 그날로 바로 끝내도록 마음을 쓰게 하는 것이다.

벌이 벌로서 끝나 버리면 부모는 권위에 의해 아이들을 지배하게 되고, 아이들은 그 개성을 자유롭게 나타낼 수 없게 되어 도리어 위축될 것이다. 그들은 그 속담처럼 벌을 주면서도 아이에게 부모의 사랑과 따뜻함을 전하는 일에 소홀하지 않다. 그리고 아이들 또한 부모의 야단을 들으면서도 스스로 사랑받고 있다는 느낌을 갖게 되어 진정으로 자신의 잘못을 깨닫는 작은 인격체로 성장해 가는 것이다.

그러나 하루 중 오후 4시 무렵부터 취침하기 전까지는 부모의 집에서 아이들이 지낸다. 아직 걷지 못하는 아이들은 부모가 이 시간에 데리러 온다. 그때 '어린이의 집' 놀이터에 아이를 찾으러 온 엄마가 제일 먼저 아이를 들어 올려 안아 주는 광경을 볼 수 있다.

8. 벌을 주는 것에 대하여

1) 버릇을 가르치는 방법으로서의 벌

자녀를 괴롭히는 것이 싫어서 벌 주는 것을 주저하는 부모도 있다. 그러한 사람도 벌은 나쁜 행동을 고치는 일종의 쓴약과 같다고 생각하면 주저하지 않게 될 것이다. 부모가 권위를 내세우면 자녀는 부모에게 증오와 복수심을 갖게 된다고 하는 벌에 대한 최근의 이론에 영향을 받아 벌 주는 것을 주저하는 부모도 있다.

부모가 너무나 화가 난 나머지 벌을 주면 과연 그럴지도 모른다. '자녀가 말을 금방 듣지 않으면 아버지는 화를 내고 자녀에게 벌을 준다.' 실은 이것은 벌이 아니라 보복이다. 어린 자녀의 마음은 감수성이 예민하기 때문에 부모가 엄격한 면을 보이면 심하게 타격을 받는다.

벌을 준다고 말했으면 벌을 미루어서는 안 된다. 금방 벌을 줄 것인가, 나쁜 행동에 눈감아 줄 것인가 어느 쪽이든 선택하자. 벌받는 것은 아닌가 하고 자녀가 무서워하기 때문이다. 특히 나이 든 아이를 벌 주는 것은 절대 삼가는 편이 좋을 것이다. 벌을 줄 때에는 부모도 괴롭다는 것을 태도로 보여줘서 그것이 자녀에게 전달되도록 하는 것이 바람직하다. 그리고 반드시 왜 벌을 주는 것인가를 자녀에게 설명해 주자.

2) 체벌에 대한 주의점

우선 체벌부터 생각해 보기로 하자. 그것은 체벌이 가장 좋은 방법이기 때문이 아니라 빈번하게 사용되는 방법이기 때문이다. 보통 다른 사람을 때리는 일은 금지되어 있다. 그런데도 벌로써 자녀를 때리는 것은 허용되어 있다. 그것도 교육상 필요한 경우만으로 제한된다. 그렇다고 해서 교육수단으로써 체벌에 의지하는 것은 바람직하지 않다. 체벌은 자녀에게 앞으로 나쁜 짓을 하지 않도록 하는 것이 목적이어야만 한다.

또 때릴 때는 두세 번이면 족하다. 더욱이 유대교에서는 연령이 많은 자녀에 대한 체벌은 금하고 있다. 현대 심리학자는 자녀를 때릴 경우 어떠한 해가 생기는가를 지적하고 있다. 어떠한 벌이라도 없애야만 한다고 제창하는 학자조차 있다. 체벌을 절제하는 풍조도 있다. 잔혹하다든가 또는 부모를 증오하게 된다든가, 공격적이고 다른 사람에게 냉혹하게 되므로 자녀를 때리는 일에 대해서는 여러 가지 반대 이론이 있다.

자녀에게는 맞은 아픔보다도 부모가 때리지 않으면 안 되었다고 하는 사실을 마음에 새기도록 해주자. 자녀는 맞은 후 마음의 갈피를 못 잡는다. 그래서 더 부모의 사랑을 확인하고 싶어진다. 때리고 나서는 너무 시간을 두지 말고 무언가 애정을 표시하자.

3) 벌을 주는 방법

(1) 자기 방으로 가게 한다.

약간 잘못을 했다고 하는 정도라면 이 벌이 적당한 것이다. 아이가 제멋대로 지껄여서 감당하기 어려우면 온화하게 "잠시 네 방에 가 있거라. 마음을 자제할 수 있게 되거든 나와도 된다"라고 말한다. 필요하다면 아이의 손을 잡고 아이의 방(또는 다른 방)으로 데리고 간다. 만약 금방 나와서 또 버릇없이 굴면 "아직 스스로를 자제할 수 없는 것 같구나. 방으로 다시 돌아가거라" 하고 말해 준다.

또는 정해진 시간 동안은 그 방에 있지 않으면 안 되게끔 한다. "이제 나가도 돼?" 하고 물으러 오지 않도록 시간을 정해 놓고, 그때까지 방에 있도록 명령한다. 방에서 내놓기 전에 적어도 한 번은 "얌전하게 있지 않으면 방에 또 들어가는 거다"라고 주의시키는 편이 현명할 것이다.

방에 가는 것을 싫어할 때는 말을 듣지 않으면 다른 벌을 준다고 미리 경고해 두는 것도 한 수이다. 예를 들면, "스스로 결정해라. 방으로 가든가, 오늘 밤 디저트인 애플소스를 먹지 않든가" 하고 낮게 억제된 목소리로 말해 본다. 잘못에 대한 벌은 분명히 주어야 한다. 아무렇지 않은 얼굴을 하고 있어도 아이는 디저트를 먹지 못하면 말을 듣지 않았던 것을 후회하고 있을 테니까 말이다.

방에 자물쇠를 걸어 가두어 두는 것은 어떨까? 자녀에게 쇼크를 준다고 하여 반대하는 사람도 많은 모양이다. 확실히 이것은 너무

지나치지만 그러한 방법이 필요할 때도 있다. 미리 아이에게 "방에 가만히 있지 않으면 엄마가 자물쇠로 잠근다" 하고 말하면, 선택하는 것은 아이가 된다. 그렇다고 시종 자물쇠를 채워 둘 필요는 없을 것이다.

잠그고 있는 시간은 그렇게 길지 않아도 된다. 별로 방에 갇혀 있는 거라는 것을 납득하면 곧 문을 열어 줘도 상관없다. 손잡이를 꽉 잡으면서 "방에서 얌전하게 있을 거라면 엄마가 문을 열겠어요"라고 말해 주는 것도 좋을 것이다. 방에 갇히면 자기도 하고, 두드리기도 하고, 물건을 던지기도 하는 일이 있다. 무언가 부술 듯하면 곧 그만두게 하자. 자녀를 꽉 잡고 못하게 한다든가 집 밖으로 내보내본다. 물론 자녀가 몹시 흥분해 있다면 밖으로 나가고 나서의 위험성을 고려해야 한다.

(2) 좋아하는 것을 몰수한다.

이 벌을 줄 때는 자녀의 원망을 사지 않도록 주의하자. 여느 때보다 양을 줄이는 것이 좋을 것이다. 간식 시간에 자녀가 좋아하는 피넛 버터를 뺀 크래커만 준다든가, 포테이토칩이라면 반 정도뿐이라든가, 디저트의 케이크도 절반 정도로 하는 그런 식이다.

(3) 권리를 빼앗는다.

하루 동안 자전거를 타서는 안 된다고 하는 벌이다. 아이가 밤에 칭얼대면서 자려고 하지 않았다면 취침이 15분 늦어질 때마다 하루 동안 자전거를 못 타도록 금한다. 귀가가 늦어진 일이 몇 번 있었다든가, 밖에서 버릇이 없었다면 외출을 금지하는 것이 꼭 맞는 벌일 것이다. 어머니에게는 확실히 큰일인지 모르지만, 이것으로 자녀의 태도가 좋아진다면 하루 큰맘 먹는 것만큼 가치는 있다.

(4) 무례한 태도를 취한 경우의 벌

양친을 공경하는 일은 자녀의 기본적인 의무의 하나이다. 그러므로 부모를 업신여기는 태도를 취하면 벌을 주는 것도 필요하다. 예를 들면, 아이와 세 시간 동안 말을 하지 않는 것도 효과적이고 적절한 벌이다. 아이에게 벌의 무거움을 인식시키는 것이 목적이므로 벌을 준다는 것을 미리 온화하게 설명해 주자. "이제부터 세 시간 동안 너와 말을 않겠다. 엄마한테 아우성쳤지. 그런 버릇은 못써. 이것은 벌이다" 하고 말해 보자. 유아에게는 아마 30분이 한도일 것이다.

이러한 벌을 주는 것은 자녀를 위해서 필요하다고 생각하고 한 일이라는 사실을 확실히 해두자. 부모는 화를 낸다든지 하지 않고 냉정하게 일정한 시간 자녀를 무시하는 셈이다. 쓴 약을 싫어하는 아이에게 삼키게 할 생각으로, 벌에 대해 아이가 불평을 한다든지 떠든다든지 해도 상관하지 말고 있어 주자. 벌이 끝났으면 아무 말 할 필요 없다. 곧 먼저대로 하자. 그러나 다른 꾸지람과 마찬가지로 이것도 자주 사용하면 효력을 잃는다.

(5) 벌에 대한 반응에 망설이지 말 것

부모는 벌에 대해서 자녀가 나타낼 반응에 망설여서는 안 된다. 부모에 대해 보복을 할 생각으로 벌을 받고 자기가 얼마나 화가 났는가 보여주려고 뾰로통하게 있는 경우에도 부모가 무시하면 자녀는 의미가 없다고 깨달아 곧 그만둘 것이다. '벌 따위는 신경쓰지 않는다'고 하는 태도를 취하는 아이도 있지만 이것도 무시하자. 그러나 의자를 던진다든지 하여 폭력으로 부모에게 반항하는 경우는 그냥 지나치면 안 된다. 나쁜 짓을 했으면 당연한 결과로, 자녀에게 불유쾌함을 맛보게 하는 것이 필요하기도 하다.

예를 들면, 세탁물 바구니에 들어가지 않은 옷은 빨지 않고, 아침에 늦잠을 자면 당연히 학교에 지각하여 선생님께 꾸중을 듣는다. 저녁 식사에 늦어지면 식사를 거르게 하든가, 차가운 식사를 하게 한다든가 하는 식이다. 이것과 대조적인 버릇 가르치는 법도 있다. 자녀의 버릇을 가르치기 위해서 불유쾌한 결과가 되도록 부모가 손을 써보는 것이다.

예를 들면 온통 어질러져 있는 물건은 상자에 넣어 버려 다시는 눈에 띄지 않도록 치워 버린다든가, 이 닦기를 게을리하는 아이에게는 이에 들러붙기 쉬운 드라이 후르츠와 단것은 주지 않고, 다른 집에 초대받아 가서 버릇이 없었던 아이는 다음번에는 집을 지키게 하는 것 등이다.

이러한 벌을 주는 방법은, 미리 이러한 봉변을 당한다고 자녀에게 알려 주고, 나중에는 자녀가 좋을 대로 하게 한다. 다른 집에 초대받아 가서 버릇이 없는 아이에게는 조용히 "착한 아이로 있을래, 아니면 다음 외출 때는 아기와 함께 집을 지키고 있을래?" 하고 물어보는 것이다.

9. 분노와 감정조절

1) 감정을 조절하자

격렬한 분노의 감정은 어디에서 일어나는 것일까? '화가 났다'든지 '아이 때문에 죄악감을 갖게 되었다'든지 하는 것은 대개의 경우 외부 사정 탓에 감정이 생기는 것으로 표현을 한다. 그러나 심리학의 인지(認知)이론에서는 사정을 자기 나름대로 해석하고 우리 자신이 여러 가지 감정을 만들어 내는 것이라고 설명한다. 즉, 감정은 외부로부터 덮쳐 오는 것이 아니라 내부에서의 작용, 자기의 사고방식에 의한 것이 크다. 어떻게 느끼는가는 어떻게 생각하느냐에 따라 결정된다. 감정을 컨트롤할 수 있게 되면 자녀 교육은 더욱 능숙해질 것이다.

2) 화를 내면 안 돼

분노의 감정은 부모에게 있어서는 괴로움의 원인, 가정을 뒤죽박죽으로 만드는 힘까지 갖고 있다. 항상 성내고 있는 사람은 온갖 악마에게 조종당하고 있는 사람이다. 그런 사람의 인생은 사람의 삶이라고 할 수 없다. 화를 낸 후에는 비참한 기분을 맛볼 뿐 변변한 일이 없다는 것을 성급한 사람조차 경험에서 알고 있다.

그러나 그렇게 알고 있어도 분노의 원인을 깨닫지 못하기 때문에 분노에 몸을 맡겨 버리고 만다. 그런데 분노의 심층을 살펴보면, 인생을 자기 생각대로 하고 싶다고 하는 기대가 잠재되어 있는 것이다.

아이가 스스로 자기 방을 정리 정돈해 두어야만 한다는 생각이 들면 "이렇게 지독히 어질러져 있는 꼴은 본 적이 없어! 정말 넌 어쩔수 없는 아이야! 왜 정리를 못하는 거지?" 하고 발끈 화를 내고 만다. "좀 더 방을 깨끗이 해주면 좋겠는데" 정도라면 감정적이 되지 않고 더욱 온화하게 대응할 수 있게 된다. 아이의 인격 형성에 플러스가 되는 예의범절을 생각한다면 분노의 감정에 몸을 내맡기지 않는 것이 좋다.

10. 관용을 베푸는 데 인색하지 말자

아이한테 원하는 게 있어서 부모는 화를 내지만 그것이 직접적인 원인은 아니다. 참을 수 없다고 하는 판단이 분노의 방아쇠가 된다.

아이는 부모의 생각대로만 따르지 않는다. 그런데 사정이 나쁘면 마음을 가라앉히지 못하고 발끈 화를 내며 '어떻게 된 아이'라든가 '이제 참을 수 없다'라고 마음속에서 외치고 있다. '엄마가 부르면 바로 달려와야지 오지 않다니 용서할수 없다'라든가, '기꺼이 심부름을 해야 하는데 투덜투덜 불평을 늘어놓다니'라는 생각을 하게 되면 정말로 화가 나게 될 것이다. 형제끼리 싸움을 해도 '좀 지나치지 않나. 그러나 어쩔 수 없지. 형제가 있으면 싸움 정도는 하는 거니까' 하고 이해할 수 있는 어머니는 '지독해'라든가 '견딜 수 없어'라고 생각하는 어머니만큼은 초조하지 않는다.

나쁜 쪽으로 해석하면 감정은 폭발하기 마련이다. 분노는 그러한 상황을 참을 수 없기 때문에 폭발하는 것이다. 아이가 말을 듣지 않으면 '참을 수 없다'에서부터 '이 아이는 나쁜 아이다'라고 극단적으로 치닫게 된다. 발끈하는 것이 폭발하면 좀처럼 분이 풀리지 않는다.

짜증을 내는 사람도 사정을 나쁜 쪽으로 받아들이고 있는 것이다. 발끈하고 화를 낼 때만큼 극단적이진 않더라도 해석은 비슷하다. 짜증 내고 있을 때가 발끈 화를 낼 때보다 사정을 나쁘게 받아들이고 있지만, 그렇게 극단적이지 않기 때문에 좀처럼 스스로 깨닫지 못하는 것 같다.

11. 분노의 감정을 없애기 위해

화내지 않도록 하기 위해서는, 우선 아이의 이상을 높이 올린다든지 부모에게 유리한 요구를 포기하는 일이 필요하다. 자신의 일보다 아이를 위하는 일로 목표를 압축한다.

1) 욕구불만과 적응하는 방법이 있다

  귀찮은 일이 생긴다든지 생각대로 되지 않으면 우리는 화를 낸다. 그리고 분노는 분노의 감정을 초래한 상황 그 자체에 대한 분노가 아니라, 그것을 참을 수 없다고 스스로 믿어 버리는 것에서 생긴다는 것을 알게 된다. 편안해지고 싶다는 생각이 고조되고 욕구불만이 심해지면 화를 내게 된다.

  그러므로 분노를 없애기 위해서는 우선 그러한 소망을 갖지 말아야 한다. 즉 마음 편한 인생을 보내고 싶으니까 귀찮은 것은 일체 사양한다는 따위의 생각은 하지 말아야 할 것이다. 도대체 수고하지 않는 인생을 보내려고 하는 생각 자체가 어리석은 것이다.

  물론 이러한 소망을 버린다는 것은 그렇게 간단하지 않다. 오랜 세월 무엇이나 자기 생각대로 되어야 한다고 믿어 왔다면 더욱 그렇다. 끈기 있게 사고방식을 바꾸어 갈 수밖에 없다. 어떻게 해서든 편안해지고 싶다가 아닌 아이를 위한다는 생각을 한다면, 어떻게 해야 하는가를 먼저 생각해 보자. 생각대로 되지 않으면 참을 수 없다고 하는 이치는 아무래도 이상한 이치이다. 인생에 수고로움은 따르기 마련이며, 생각대로 되지 않는 일도 늘 생기기 마련이다. 그러한 사실을 받아들이고 적응하도록 노력해 보자.

  엎지른 우유를 닦을 때도 '아휴, 이런 일은 정말 하고 싶지 않아. 조금만 조심하면 될 것을…' 하고 생각하면 점점 더 그 상황이 싫어진다. 일상생활에서의 귀찮은 일은 좀 더 태평스럽게, 참을성 있게 받아들이도록 하자. 불만과 귀찮음을 수용할 수 있게 되면 무턱대고 분노한다든지, 화를 낸다든지 하지 않을 것이다. 귀찮은 일이 일어나도 훨씬 능숙하게 대처할 수 있게 될 것이다.

2) 모든 것을 좋게 받아들이는 유대교의 사고방식

아이의 결점에만 눈이 가서 비판적이 되면 화내지 않아도 될 일에도 화를 내게 된다. 화내고 싶지 않았다면 확실한 결점임에도 좋은 쪽으로 받아들여 봐줄 것이다. 다른 사람을 나쁜 쪽으로 생각한다든지 평가하는 것에 대해 유대교는 부정적이다. 사물을 나쁜 쪽으로 받아들이지 않을 뿐만 아니라 좋은 쪽으로 받아들이며, 게다가 의심스러운 점은 가능한 한 상대방에게 유리하게 해석하도록 가르치고 있다. 가능한 한 모든 것을 아이에게 유리하도록 해석하자. 불러도 오지 않는 것은 듣지 못했을 뿐인지도 모른다. 아이의 행동이 잘못되었어도 나쁜 쪽으로 받아들이지 말고 무언가 이유가 있을 거라고 생각해 보자.

아이가 말을 듣지 않으면 부모를 곤란하게 하기 위한 것이라고 생각하기도 하지만, 일부러 그러고 있는 것처럼 보이더라도 무언가 이유가 있기 때문일 거라고 너그럽게 보아 주면 어떨까? 제 고집대로 하지 못해 울부짖는 아이에게는 호되게 꾸짖기 전에 '나를 곤란하게 할 작정은 아니다. 짜증을 아직 억제할 수 없을 뿐이지. 자제심이라는 것이 아직 몸에 배지 않아서야'라고 생각할 수도 있다.

3) 인격과 행위의 구별이 필요하다

발끈 화를 내지 않기 위해서는 아이가 나쁜 짓을 해도 그것으로 못된 아이라고 마구 나무라지 않아야 한다. 잘못을 해도 인격을 부정하는 듯한 꾸지람은 피하자. 행위와 행위자는 별개이기 때문이다. 예를 들어, 설거지하라고 했는데 싫어서 투덜투덜대는 아이가 있었다고 하자. '뭐든 하라고 하면 저 아이는 항상 말대답을 한다. 제멋대로에다 버릇없는 아이야!'라고 비판적으로 생각되어 괘씸하게 볼지도 모른다. 그것을 '이 아이는 뭐든 시키면 말대답을 하는 좋지 않은 버릇이 있다'고 아이의 인격과 행위를 따로 분리하여 생각해 보는 것이다.

그렇게 하면 마음이 가라앉고, 아이의 말대답을 깨끗이 받아넘기고, 밝게 그러나 단호한 태도로 "접시를 닦아라"라고 되풀이하는 식으로 능숙하게 처리할 수 있게 된다. 문제는 아이 자체에 있는 것이 아니라 아이의 나쁜 버릇에 있다는 것을 마음에 새겨 두자. 아이의 인격과 행위는 별개의 것이다.

4) 스트레스의 원인은 자기 중압감에 있다

극단적으로 치닫는다든지 나쁜 쪽으로 믿어 버린다든가 하지 않도록 주의하면, 화내는 것을 피할 수 있지만 그래도 신경은 과민해진다. 정신적 육체적으로 맥을 못 추고 있는 때와 왠지 힘든 하루였다는 것만으로도 짜증을 억제하는 것은 평소보다 어렵게 된다. 고통, 병, 괴로운 경험, 수면 부족, 피로 등은 모두 저항력과 극기심(인내심)을 감퇴시키는 것이라고 기억해 두자. 이러한 상황에 있으면 분노를 억제하는 것이 보통 이상으로 어려워진다.

그러니까 그러한 것을 근거로 하여 아무리 악조건이라도 어떻게 하면 좋을까 하는 테크닉을 몸에 익혀 마음을 평화롭게 유지하도록 노력하는 것이다. 그리고 스트레스에 시달리지 않고 자기를 억제할 수 있었을 때는 잘했다고 스스로를 칭찬해 주자.

스트레스의 대부분은 자기 자신에게 부과된 중압감이 원인이다. 용무에 쫓기고 있으면 좀처럼 냉정할 수 없는 것이다. 우선 사물의 우선순위를 정하자. 저것도 이것도 하고 초조하게 굴면 잔소리가 나오기 쉽다. 세심한 것에 신경을 쓰고 있으면 나중에는 분노하게 되어 폭발한다. 이러한 감정을 느끼면 어떻게 해야만 하는가로 되돌아오는 것이다.

연달아 문제가 생기면 냉정하기가 한층 더 어려워져 노력도 필요하겠지만, 결코 할 수 없는 일도 아니다. 소리를 지르게 될 정도가 되면 충동을 억누르고 그 감정을 차분하게 표현해 보자. "너희들, 좀 너무했어"라는 정도로 그치고, 소리를 지르는 것은 어떠한 일이 있어도 피하자.

5) 할 수 없더라도 실망하지 말자

성내지 않도록 노력해야 하지만 항상 냉정하게 있을 순 없고, 또 냉정한 것이 좋다고만 말할 수 없다. 그런 상황에서 요령 있게 이쪽의 기분을 말하면 아이는 자신이 나빴었다고 진심으로 반성한다.

아이들의 입싸움이 심해져 서로 고함을 칠 것 같으면 "어머, 난 너희들이 그렇게 심한 말을 잘하는 줄 몰랐어. 놀랍구나"라고 말하면 좋을 것이다. 물론 가라앉은 목소리로 말해 보자.

부엌을 깨끗이 치워 놓고 외출해서 30분쯤 지나 돌아와 보니 엉망진창이 됐다고 하면, 이런 때에는 어지른 아이에게 그 때문에 얼마나 곤란한가를 알리는 것이다. 중요한 것은 감정적으로 반응해서는 안 될 뿐 아니라 소리를 지른다든지 하는 것으로 아이의 성격 자체를 평가해서는 안 된다는 것이다.

마지막으로 분노를 컨트롤하는 기술을 몸에 익혀가는 과정에서 성내기 쉬운 욕구불만에 대해 다시 생각해 보자. 열심히 노력하여 분노를 컨트롤할 수 있게 되었는데, 또 원래대로 되돌아가는 일이 있으면 실망하여 욕구불만에 빠져 버린다. 그러나 진보에 후퇴는 따르는 것, 언젠가는 나오는 현상이다. 게다가 되돌아갈 때마다 분노의 원인이 된 사고방식의 근본을 알아차리게도 된다. 따라서 사람은 점점 성장하고 자기를 변화시켜 갈 수 있음을 깨닫게 되는 것이다.

12. 화를 내도 아무런 득이 되지 않는다

만약 어린이를 가르치는 데에 분노가 유효하다면 이미 오랜 옛날에 나쁜 아이는 없어졌을 것이다. 화를 내면 지향하는 목표로 갈 수 없다. 부모가 불끈하고 화를 내면 아이는 자기가 못된 아이로 여겨졌다고 생각한다. 그래서 '나는 그런 아이야. 쭉 그런 식이었으니까'라고 갑자기 태도를 대담하게 바꾸어 언제까지나 나쁜 버릇을 되풀이하게 된다. 물론 부모가 화를 내면 아이는 놀라서 듣는다.

그러나 부모 자식 사이에 금이 가는 것도 부정할 수 없다. 게다가 듣는다고는 해도 그때뿐이다. 듣도록 하기 위해서 부모는 항상 분노에 의지하게 되고, 그렇게 되면 드디어는 '화내지 않으면 말을 듣지 않는 아이'가 된다. "분노를 표출하기 쉬운 사람은 그것으로 분노가 가라앉는 것이 아니라 점점 분노를 더 심하게 드러내는 것 같다"라고 어느 학자는 말하고 있다.

인지심리학적 접근에 의하면, 분노는 억제해 두지 말고 분노의 원인, 즉 나쁜 쪽으로 사물을 받아들인다든지 마구 꾸짖는다든지 하는 것을 중단하면 처음부터 화내지 않아도 된다는 것이다. 부모는 자기의 생각대로 되지 않는다고 해서 아이에게 울분을 터뜨려서는 안 된다. 그것이 아이를 귀찮게 하며 거리감을 두게 한다. 또한 아이로 하여금 부모에게 원한을 품게 하기 쉽다.

아주 드물게 일부러 화난 척하는 방법이 있다. 이것은 화내는 것과는 전혀 다르다. 이러한 고의적인 방법은 아이가 참지 못할 정도의 일을 저질렀을 경우, 그 중대성을 깊이 명심하게 할 필요가 있을 때를 위해 거의 사용하지 않는 편이 좋겠다. 그 경우, 야단치기 전에 마음속에서 분노를 완전히 제거해 두는 것이 중요하다.

13. 감정에 치우지지 말고 있는 그대로 인식하자

감정을 컨트롤할 수 있게 되면 자녀교육은 더욱 능숙해진다.

화를 잘 내는 사람은 인내심이 낮은 사람이라고 할 수 있다. 인내심이 낮다고 하는 것은 고통과 불쾌감을 견딜 수 없는 욕구불만인 상태를 말한다. 짜증의 원인이 되는 귀찮은 일은 '있어서는 안 된다'라고 생각할 때 분노가 생겨나는 것이다. '왜 이런 일까지?'라고 생각하지 말고 사물을 있는 그대로 인식하면 귀찮은 일 그 자체에 분노를 느끼는 일도 없을 것이다.

분노의 원인이 되는 '무엇이든지 내 생각대로 하고 싶다'고 하는 욕구를 우선 잘 확인해 보자. 생각대로 되지 않으면 욕구불만이 된다. '더 참을 수 없다'고 생각하면 발끈 화를 낸다. 조용히 있으면 좋겠는데 아이가 와와~ 하고 떠든다든지, 예의 바르게 있어 주었으면 하는데 감당할 수 없는 개구쟁이 행동에 휘둘리게 되면 화가 나버린다.

14. 오른손으로 벌 주면 왼손으로 안아 주자

가정에서 아이들에게 벌 주는 것은 아이들이 성장하는 것을 돕는 좋은 수단이다. 구약성경 잠언 22장 6절에는 '아이를 그 가야 할 길을 따라서 가르치면 나이가 들어도 그것을 떠나지 않으리라'고 쓰여 있다. 아이를 '그 가야 할 길'로 나아가게 하기 위해서 벌을 주는 것이다. 그러므로 벌은 반드시 한편으로 애정의 표현이 따라야 한다. 벌로서 끝나 버리면 부모는 권위에 의해서 아이들을 지배하게 되고, 아이들은 그 개성을 자유롭게 나타낼 수가 없게 되어 도리어 위축되어 버릴 것이다. 이래서야 아이들의 성장을 돕는 수단이 될 수가 없다.

"오른손으로 벌 주면 왼손으로 안아 줘라" 하는 유대의 오랜 속담은 벌에는 애정이 따라야 한다는 것을 뜻하는 말이다. 그 말처럼 유대인은 무슨 도구를 써서 아이들을 때리는 잔인한 일을 하지 않고 흔히 손으로 두들긴다. 또 끌어안는다는 행위는 유대인에게는 최고의 사랑 표현이다.

15. 자식 사랑과 잔소리

큰 식당에 가면 어린아이들이 마구 떠들며 뛰어다니는 모습, 이맛살이 찌푸려질 정도로 울거나 서로 싸우는 모습 등을 종종 볼 수 있다. 식당 주인은 손님이니 뭐라 말 한마디 하지 못한다. 부모는 그런 아이들을 그냥 방치하고 있다가 누기 한 마디라노 할라치면 "내 자식에게 왜 야단치느냐"면서 핏대를 세우고 덤벼든다. 유대인 사회에서는 절대로 볼 수 없는 풍경이다. 유대 속담에 이런 말이 있다.

"즐겁게 오래 살고 싶으면 아이들에게 잔소리하라. 여생을 편안히 마치려면 아이들에게 전권을 주지 마라. 편안히 죽고 싶으면 자식을 멀리 보내라."

자식을 가까이 두고 마냥 아끼다 보면 아이들을 눈치없는 아이로 성장하게 만들고 버릇없는 아이로 키우게 될 것을 염려한 격언이다.

사실 유대인 아버지는 대체로 엄한 편이다. 하지만 그 속에는 무한한 사랑이 숨어 있다. 자식을 강하게 키우고 싶어 하고, 남들에게 무시당하지 않게 하려는 억척같은 부성애가 숨어 있는 것이다.

일례로 유대인 아버지들은 어린아이가 있는 경우 외식을 잘 하지 않는다. 특별한 날일지라도 아이들을 밖으로 데리고 나가지 않으려 하는데, 그 이유는 아이들이 남들에게 폐를 끼칠 수 있다거나 그런 곳에 가면 자녀가 떼를 쓰는 등 버릇이 나빠질 것을 염려하기 때문이 아니다. 그저 유대인 아버지는 식당에 가서 대화를 나누고 교제를 하는 행위가 어른들의 일이라 여겨 아이들을 데리고 가지 않는 것뿐이다. 즉 유대인 아버지는 아이들은 아이들답게, 어른들은 어른들답게 자기 자리를 지켜야 한다고 생각한다.

또 다른 이유로는 아이들에게 그 식사 자리는 대단히 지루하고 어울리지도 않는 분위기일 수 있기 때문이다. 이런 이유로 유대인 아버지는 아이와 외식을 자주 하지 않는 것이다. 우리네 아버지들이 하는 생각과 정말 다르지 않은가.

유대인 아버지들은 엄격하면서도 사랑이 충만하다. 세계에서 가장 잔소리가 많은 아버지가 유대인 아버지일 것이다. 잔소리를 하며 엄격하게 키우면 자녀들은 좋은 방향으로 변화한다는 것이 유대인 아버지들의 근본적인 생각이다.

유대인 아버지처럼 자식을 사랑할수록 잔소리하라. 충고하고 잔소리를 하지 않으면 자녀는 자칫 딴 길로 빠질 수 있다. 요즘 우리 사회에 '중2병'이라는 신조어가 생겼다. 이는 중학교 2학년만큼 제멋대로인 아이들이 없다는 뜻이기도 하고, 가장 다루기가 힘든 때라는 뜻이기도 하다. 이것은 전적으로 아버지들의 잘못이다. 과도한 간섭보다는 적절한 훈계와 사랑과 대화가 이들을 사람으로 만들어 갈 수 있음을 기억해야 한다.

제7장

부모의 자녀교육 자세

1. 일관성 있는 태도를

우리 아이는 생각대로 되지 않으면 자주 투덜대기도 하고 울부짖기도 하고, 뾰로통해지기도 하고, 노려보기도 하고 하여 불만을 표시한다. 아무리 불쾌하더라도 이러한 반항에 갈팡질팡해서는 안 된다.

1) 아이의 욕구를 전부 충족시킬 필요는 없다

모처럼 아이를 위해서라고 생각해서 시작했는데, 아이가 울어대는 것이 견딜 수 없이 귀찮아져서 자녀의 말대로 하게끔 되어 버렸다. 그러면 유감스럽게도 아이는 점점 더 울부짖는다든지 투덜투덜 불평한다든지 하여 부모에게 반항하게 되어 있다. 그렇게 하면 생각대로 될 것이라고 아이는 생각한다.

부모는 시끄럽게 되는 것이 싫다는 것만으로, 정말은 안 된다고 말해야 할 것을 좋다고 말해 버린다. 그 상황의 싸움은 그것으로 피할 수 있어도 아이는 그것에 맛을 들여 점점 물건을 사달라고 조르게 된다. 그 결과 부모는 싸움을 피하려고 우스꽝스런 일을 되풀이하게 된다.

부모다운 일, 이 부분을 잘 해석하고 능숙하게 대처하자. 아이의 반항적인 태도에 적응이 되도록 아이가 아우성치더라도 꺾이지 않도록 해야 된다. 아이의 말대로 하게 되면 아이가 앞으로의 인생에서 맛보아야 할 많은 욕구불만에 대처해 가는 힘을 기를 기회를 빼앗아 버린다. 아이가 불쾌한 생각을 마음속으로 참을 수 있도록 가르치는 일도 중요하다. 긴 안목으로 보자. 불유쾌한 생각을 하는 것이 싫다고 하여 아이의 말대로 하는 것은 그만두자.

2) 자녀와 물건을 사러 갈 때

물건을 사러 나가서, 자녀가 "뭔가 사줘" 하고 졸라대도 단호한 태도를 취한다는 것은 큰일이다. 자녀는 "과자, 장난감, 포테이토칩 사줘"라든가 "사탕이 먹고 싶다"라고 말해 온다. 그러면 대개 부모는 "안 돼요"라든가 "그런 것을 사러 온 게 아니잖아, 안 돼"라고 대답한다. 그래도 아이는 끈질기게 조른다. 이럴 때 단호한 태도로 밀고 나가는 경우도 있지만, 시끄러운 것이 성가시다는 것만으로 제멋대로 하게 내버려 두는 일도 있다. 그런 부모의 태도는 "이거 사줘"라고 하는 아이의 버릇을 조장할 뿐이다.

이와 같은 일의 되풀이를 근절하고 싶다면 절대로 아이의 말대로 하지 말아야 한다. 나가기 전에 "집에 필요한 것을 사러 가는 거야. 이것저것 사달라고 조르지 말아요" 하고 아이에게 말해 두는 것이 가장 좋을 것이다. 아이의 보채는 버릇은 금방 고쳐지지 않는다. 그러나 "너의 것이 아니고 집에 필요한 것을 산다고 했지"라는 말 이외에 무어라 졸라도 일체 대답하지 않는다는 자세를 계속하고 있으면 아이는 차차 사달라고 말하지 않게 된다.

3) 짜증은 무시하자

만약 아이가 운다든지 아우성친다든지, 짜증을 낸다거나 갖고 싶은 것을 손에 넣으려고 마음먹고 있는 듯하면, 그래봐야 소용없다는 것을 깨닫게 하기 위해서 잠시 동안 짜증 내는 것을 무시할 필요가 있다. 그러기 위해서는 강한 의지력과 상당한 인내력이 필요하다. 엄격한 부모라도 아이가 오래 울부짖는다든지 하면 양보하게 된다. 그러나 그래서는 안 된다. 결국 말하는 대로 해버린다는 것은, 오래

버티기만 하면 갖고 싶은 것을 손에 넣을 수 있다고 아이에게 가르치는 셈이 되는 것이다.

4) 아이가 욕을 할 때

아이들은 아주 화가 나고 짜증이 나게 되면 자기 생각대로 하려고 부모에게 반항한다든지 비판하고, 물건을 던지기도 하고 문을 꽝 닫고 밉살스러운 말씨를 쓴다든지, 때로는 폭력을 휘두르기도 한다. 그러면 안 된다는 것을 알고 있으면서도 아이의 말대로 해주어 버리는 경우가 많다. 그렇게 할 때 아이의 인내심(忍耐心)은 점점 저하되고 공격성은 강화될 뿐이다. 이러한 때에도 어려움은 있겠지만, 부모는 아이의 행동에 당황하지 말고 단호한 태도를 취하도록 하자.

만일 아이가 부모에게 욕을 한다면, 그런 무례한 말투에는 귀 기울일 수 없다고 냉정하게 설명하고, 아이가 마음을 가라앉힐 때까지는 무시한다. 아이가 물건을 망가뜨렸으면 아이에게 자제심이 회복될 때까지 방 밖, 혹은 집 밖으로 나가도록 조용히 말하는 것이다. 이때 부모에게 폭력을 휘두르는 것은 큰 문제다. 부모에 대한 폭력은 죄가 무거운 행위이기 때문에 다른 어른의 도움을 빌려서라도 중지시킨다. 그러한 경우 아이의 행복을 생각하고 한 일이라고 납득시키며 냉정하고 확고한 태도를 가지는 것이 무엇보다 중요하다.

또 자기 행동으로 양친으로부터 버림받는 것은 아닐까 하고 두려워도 한다. 따라서 자녀의 그 미묘한 마음속을 잘 알아주어서 '폭력은 나빴지만 너는 나의 소중한 아이야'라는 태도로 대한다.

5) 다른 사람이 어떻게 생각할까 신경 쓰지 말자

손님 앞이나 공공장소에서 아이가 울어대면 부모는 '모두들 나를 뭐라고 생각할까'라든가 '다른 사람들에게 폐를 끼쳐선 안 된다'고

조바심을 내기도 한다. 처음의 '뭐라고 생각할까'라는 걱정은 주위의 눈을 너무 신경 쓰는 데서 생기고, 뒤의 '폐를 끼쳐서는 안 된다'는 생각은 아이에 대한 기본적인 가르침보다도 다른 사람의 불편을 신경 쓴 생각이다.

어떤 이유이든 부모는 아이의 말대로 해주게 되고, 그 상황을 조용히 무마시킨다. 그렇게 하면 아이는 사람들 앞에서 아우성치면 갖고 싶은 것을 손에 넣을 수 있다고 생각한다. 생각대로 되지 않으면 사람들 앞에서 크게 소동을 피운다. 부모가 그것을 두려워하고 있다는 것을 알게 되면 점점 더 사달라고 조른다. 다른 사람의 눈을 신경 쓴 부모는 그 상황을 적당히 덮기 위해서 아이의 말대로 해주며, 나쁜 일이라도 모두 그냥 지나쳐 버려 결국은 자기를 상처입힌다.

사람들 앞에서 짜증을 부리는 아이는 부모가 어떤 태도를 취할까 도전하고 있다고 할 수 있다. 해결법으로는, 아이를 안고 좀 더 인적이 없는 곳으로 데려가는 것도 좋을 것이다. 그러나 그것은 언제나 가능한 방법은 아니므로 그러한 때는 아이의 짜증이 가라앉을 때까지 달래 주지 말고 당황해하는 모습도 절대로 보여주지 말아야 한다.

주위 사람들이 싫은 얼굴을 한다든지 폐가 될 것 같으면 "시끄럽게 울어서 정말로 죄송합니다. 갖고 싶은 것을 언제든지 손에 넣을 순 없다는 것을 가르치고 싶어서요" 하고 간단히 설명하고 사과한다.

6) 죄악감을 버리고 단호한 태도를 취하자

무언가 불유쾌한 일이 생기면 금방 내가 나쁘다고 자기를 책망해 버리는 사람도 있다. 아이와 언쟁을 하면 나쁜 것은 나라고 생각해 버린다. 부모다운 것, 이러한 마이너스 방향의 자기비판을 그만두고 단호한 태도를 취하도록 하자. 욕구불만을 억제할 수 없는 아이는 앞으로 계속 정말로 괴로워하게 되어 버린다.

　아이의 처지가 되어 동정하는 것도 좋다. "데이빗, 늦게까지 안 자고 싶은 것은 알겠어. 그렇지만 이제 자지 않으면 안 돼요"라고 말해주자. 아이가 "그런 건 싫어요"라고 불평을 해도 심각하게 받아들일 필요는 없다. 때로는 아이가 다른 방법을 시도해 보려고 하는 경우도 있을 수 있다. 그런 경우에는 어떻게 하면 좋을까? 일반적으로는 최초의 결정에 따르는 편이 좋을 것이다.

　그렇다고 그것이 절대적이라고는 할 수 없다. 무엇인가 결정된 일을 후회하는 일이 있었다손치더라도, 장래 그 반대나 다른 방법으로 상황에 대처할 수도 있을 것이다. 물론 아이가 불평을 한다고 금방 정한 일을 뒤집는 것은 좋지 않다. 그러면 자녀의 나쁜 버릇을 조장할 뿐이다.

7) 나는 내 맘대로? 그것도 때에 따라서는 좋은 것이다

　자기 사정으로 아이에게 무엇을 부탁하는 것은 좋지 않다고 생각한다든지 하면, 접시를 닦으라고 말하고 싶어도 '이런 일을 시켜도 괜찮을지 모르겠네. 너무 내 마음대로인지 몰라. 아이에게 숙제가 많이 있는걸. 신경을 써주지 않으면 안 돼' 하고 망설여 버린다. 노력과 시간을 들여 아이에게 시키기보다는 스스로 하는 편이 간단하다고 생각하는 사람도 있다.

　이러한 경향이 있는 부모는 자기 일보다 아이의 일을 우선 생각하지 않으면 안 된다고 확신하고 있는 것 같다. 아이의 희망을 우선으로 하지 않으면 자기는 염치가 없다고 믿어 버린다. 자기의 태도가 애매하다면 마음속의 갈등이 아이에게 미묘하게 전해져 버린다. 아이의 소망을 우선하게 자기의 판단에 자신감을 갖지 못하는 부모에게 아이는 불신감을 품고 점점 자기중심적이고 방자한 아이가 되어 버린다. 더욱이 언제나 아이를 제일로 생각하지 않으면 안 된다고 믿고 있는 부모는 자기도 아이도 잘못하고 있다고 말할 수 있다. 참는 데에는 한도가 있고, 피곤해지면 그렇게 언제까지나 좋은 부모로 있을 수 없다.

'집안의 심부름을 시키는 것이 아이에게 부담이 되지 않을까'라고 자기를 비난하기 쉬운 사람은 심부름은 아이를 위한 일이라는 것을 알자. 심부름이 아이의 삶에 좋은 훈련이 된다는 것을 확신하게 될 때에 부모로서 확고하게 행동할 수 있다.

2. 잘못된 부모의 생각

마음을 동요시키지 않고 일관된 태도로 아이에게 좋은 태도와 적극적인 성격을 가르쳐 주자. 그러나 말하기는 쉽고 행동은 어렵다. 확고한 방침으로 자녀를 가르치는 것이 중요하다고 알고는 있지만 이론을 실행에 옮기는 것은 어려운 일로, 제멋대로 하지 못해 울부짖는 자녀를 주체 못하면 현명하지 않다는 것을 알고 있으면서도 자녀에게 꺾여 버린다. 이런 종류의 우려하는 감정이 부모의 태도를 무디게 하는 것이다.

1) '아이를 행복하게 한다'는 잘못

아이 마음대로 하지 못하게 하면 가엾다고 생각하여 부모는 마음을 무디게 가진다. 이 염려는 잘못된 두 가지 생각에서 생긴다. 먼저, 인생의 목표는 행복에 있고, 아이를 행복하게 하는 것은 부모의 의무라고 생각하는 것이다. 이것은 자주 듣는 '아이만 행복하다면…'이라는 말로 나타난다. 두 번째는, 아이가 행복하기 위해서는 무엇이든 마음대로 해주지 않으면 안 된다고 생각하는 것이다.

행복이란 무엇인가? 물론 모든 부모가 자기 아이만큼은 행복해지기를 바란다. 그러나 아이를 행복하게 하는 것이 부모의 의무라고 생각하는 것은 잘못이다. 비록 행복이 인생에서 가장 중요한 것이라 해도, 아이를 행복하게 하고자 하는 부모는 실패할 것이다. 믿음직스럽고, 근면하고, 정직하고, 다른 사람의 마음을 헤아릴 수 있는 아이로 키우는 것, 그것으로 자녀는 행복해지는 것이다.

2) '아이의 소망을 만족시킨다'는 잘못

'아이의 행복을 위해서는 무엇이라도 그 아이 마음대로 하게 하지 않으면 안 된다'에 대하여 생각해 보자. '돈을 좋아하는 사람은 절대로 돈으로 만족하는 일이 없다'고 말한다.

갖고 싶은 것이 무엇이나 다 수중에 들어오는 것은 아니다. 아이는 어릴 때부터 그러한 것을 배우지 않으면 안 되는 것이다. 아이의 행복을 위해서 아이의 소망을 무엇이나 맞추어 주려고 하는 부모는 실은 완전히 그 반대의 일을 하고 있는 것이다. 갖고 싶은 것을 수중에 넣는 데에 익숙해져 버린 아이는 언제까지나 그렇다고 믿어버리게 되어서, 한편 부모는 자기 마음대로 되지 않으면 만족하지 못하는 아이에게 짜증이 심화되게 된다.

그리고 그러한 아이는 크고 나서도 자기 마음대로 되지 않으면 불행하다고 생각하게 된다. 바라는 바를 맞추어 주면 행복하겠지만 그런 것은 오래가지 못한다. 금방 만족할 수 없는 욕구가 생기고, 비참한 생각이 끝없이 반복되게 된다.

게다가 또 하나, 아이를 너무 귀여워해서는 안 되는 이유가 있다. 모순된 것같이 들릴지 모르겠지만 이이에게 너무 주는 것은 실은 아이로부터 기쁨을 속여서 빼앗는 것이 된다. 왜냐하면 갖고 싶다고 생각하고 있던 것이 겨우 수중에 들어왔을 때만 기쁨이 생긴다. 갖고 싶다고 하는 욕구가 없으면 기쁨도 없다. 갖고 싶은 것이 무엇이라도, 언제든지 손에 들어온다고 생각하면 감사의 기분이 생길 리도 없다.

귀여워하는 것과 사랑하는 것은 다르다. 아이에게 있어서 정말로 좋다고 생각하는 일을 하며 부모는 진정한 애정을 표시하자. 필요에 따라 아이에게 제한을 가하는 것도 애정의 일부분이다. 마음의 배려와 애정을 가지고 하는 것이기 때문에 그것으로 아이가 부모에 대한 사랑의 생각이 손상될 리 없다.

비록, 애정이 넘치는 양친이 자기의 희망을 들어주지 않는 일이 있다고 하더라도 성장하고 나서 자신은 행복했었다고 생각할 수 있다면, 아이는 인생에서 가장 중요한 교훈, 즉 '행복은 갖고 싶은 것이 수중에 들어오는가 아닌가가 아니다'라는 진리를 배웠다고 할 수 있다. 그리고 그러한 지혜를 가르쳐 준 부모를 사랑하고 존경하게 될 것이다.

자녀는 생각대로 되지 않으면 비참한 기분을 맛볼 것이다. 지금까지 귀여움을 받아왔다면 한층 더할 것이다. 아이가 이러한 괴로움을 뛰어넘을 수 있도록 부모는 웃는 얼굴과 부드러운 목소리, 애정이 담긴 태도로 아이의 기분을 잘 알고 있다는 것을 전달하자. "네 생각을 하고 있단다. 좋지 않은 기분이 들게 해서 안 됐지만" 하고 말이다.

3. 아이들 때문에 발생하는 죄악감에서 해방되자

완벽하기 위해 노력하는 사람은 자기에게서 무엇인가 결점이 발견

되면 그것만으로 스스로 틀렸다고, 자기를 가치없는 인간처럼 생각하는 경향이 있다. 우리는 아이를 비판하는 것처럼 자기비판도 하고 있다. 아이의 결점이라면 그래도 괜찮지만 자기의 결점에 있어서는 용서할 수 없는 것이다. 이 자기비판은 상당히 뿌리 깊은 버릇으로, 문자 그대로 온종일 거기에 휘둘리기도 한다.

"어째서 항상 아이들에게 야단을 치나 몰라", "요구만 하면 안 된다" "왜 좀 더 참을성 있게 이성적인 행동을 할 수 없는지 몰라", "어째서 욕구불만이 되기 쉬운 것일까", "금방 짜증이 나버려서…" "이렇게 비판적이어서는 안 되는데…."

이렇게 마치 자기의 내부에 까다로운 평론가를 모시고 있는 것 같다. 이 평론가는 무엇인가 일이 일어날 듯하면 만반의 준비를 하고 있다. "특별한 방법이다!", "어딘가 잘못됐다!", "실수했다", "그런 일은 하지 말아야 했는데", "너는 어쩔 수 없다"라며.

자기의 분노와 결점이 얼마나 아이에게 나쁜 영향을 미치고 있는가를 알게 되면 점점 괴로워서 자기를 책망한다. "어째서 이런 말만 되풀이해 버리는지 몰라. 왜 나는 아이와 잘 지낼 수 없는지 몰라" 하고 자문하기만 한다.

성경에 '선(善)만을 행하고 죄를 범하지 않는 올바른 사람은 이 세상에 없다'는 말씀이 있다. 인간은 완벽하지 않다. 그럼에도 불구하고 많은 사람이 부모 되는 사람은 잘못을 한다든지 나쁜 짓을 해서는 안 된다고 생각하고 있다.

죄악감이란 분노가 내부에 담겨 있는 것이다. 어쨌든 우리는 자기가 하는 일이 완벽하지 않으면 지나치게 책망한다든지 괴로워하는 것이다. 이 죄악감에서 해방되어야 한다.

1) 테슈바[回心]라는 수정법이 있다

　인생은 후회라든지 자책, 집념에 사로잡히기 마련이다. 이것이 테슈바라 불리는 토라에서의 행동 수정법이다. 랍비 왓사만은 테슈바를 세탁소에 비유하고 있다. "만약 세탁소가 없었다면 옷을 더러워질 때까지 입고 나중에는 버릴 것이다"라고 말하고 있다. '자기비판'은 옷을 벗어 버리는 것 같은 일이다. 한편, '테슈바'는 옷에 찌든 더러움을 없애 준다.

　우리는 테슈바를 분노와 질투, 그 외의 나쁜 성격을 고치기 위해서도 행하지 않으면 안 된다. 이러한 성격은 일단 뿌리박히면 뿌리째 뽑아 버리는 것이 상책이다. 테슈바를 실행할 수 있을지 어떨지는 자기 의지에 달려 있다. 하늘로부터 부여받은 베히라(선택의지)라는 생각은 유대교의 기초가 되는 것이다. 물론 유전과 환경의 영향이 우리의 행동을 규제하고 있다는 것은 부정할 수 없다. 그러나 성인이 된 지금은 좀 더 이치에 맞는 새로운 해석이 가능할 테고, 그렇게 하면 과거의 영향으로부터 자기를 해방시킬 수도 있을 것이다.

　그렇다고 해도 그러한 해석을 용이하게 할 수는 없다. 우리의 사고, 즉 '스스로와의 대화'는 보통 무의식적이고 순간적으로 이루어지고 있다. 아무리 노력하여 훈련해도 그것을 깨닫고 확인하는 것이 고작일 것이다. 사고방식을 바꾸려고 분발해도 습관이 되어 버린 것이 또 밖으로 나타나기 때문에, 노력도 물거품이 된 상태로 과거의 영향을 완전히 제거하기란 대단히 어려운 일이다.

　우리는 자신의 행동이 조절 가능하고, 언제라도 자유로이 행동을 바꿀 수 있다고 이치로는 생각하고 있지만, 실제로 이러한 자유는 제한되어 있다. 테슈바에서는 그때뿐인 잘못된 행동은 먼저 후회하고 나서 바로잡지만, 오랜 세월 습관이 되어 버린 것을 바꾸는 데에는 후회보다 바로잡는 쪽이 선결이다.

잘못된 순서로 테슈바를 행하면 스스로 한 일로 비탄에 빠지기도 하고, 자기 개혁 따위는 할 수 없다고 믿어 버릴 것이다. 바꾸어 말하면, 오랜 세월 나쁜 습관에 푹 젖어 있으면 스스로가 실제로 자기 개혁을 할 수 있다고는 믿을 수 없는 것이다.

도덕운동의 창시자인 사란트의 랍비 이스라엘은 "성격을 바꾸는 것은 고통스러운 가시밭길을 걷는 것과 같다"라고 말하고 있다.

2) 자기비판을 하니까 변할 수 없는 것이다

나쁜 성격이 나왔다고 깨달으면 테슈바를 행하지 않으면 안 된다. 그렇다고 언제까지나 끙끙 앓는다든지 자기를 책망하라는 것은 아니다. 테슈바를 바르게 행하면 죄조차 건전하고 유익한 것이 되어, 감당하기 어려운 듯한 유해한 죄따위는 없어져 버린다. 나쁜 짓을 했을 때 괴로운 것은 당연하다고 하는 믿음(확신)이 자기비판에 따르는 것이다.

그러나 스스로 자기를 괴롭혀서 좋을 리 없다. 자기를 비판하기 때문에 바꾸고 싶은 행동을 뉘우치는 일도 없이 되풀이해 버린다고 말할 수 있을 것이다. 자기 자신을 낮게 보면 그만큼 목표도 낮아지고, 달성하고자 하는 노력도 거기에 맞추어 낮아진다.

더욱이 테슈바를 행하는 데에는 상당한 에너르기가 필요하다. 자기비판은 에네르기가 마이너스 방향을 향하게 되니까 자기 변혁이 점점 어렵게 되어 버린다. 자기 자신에게 나쁜 이미지를 품으면 희망을 잃고 회개도 잘할 수 없다. 행동을 바꾸고 싶다면 우선 자기비판을 하지 말아야 한다.

3) 인격이 아닌 행위만을 평가하자

'나쁜 짓을 했으므로 나는 나쁜 인간이다'라고 생각하는 데에서 자기비판은 시작된다. 그러므로 테슈바를 훌륭히 행하기 위해서는 스스로 취한 행동에서 나는 틀린 인간이라고 자책하는 것을 그만두지 않으면 안 된다. 우리는 자기 자신과 타인에게 자기의 가치를 증명하고 싶어서 자기 평가를 한다. 언제나 좋은 점수를 매기려고 정색을 하고 잘못을 범하지 않으려고 노력하고 있다.

아이를 잘 길들이면 좋은 점수가 매겨지나 잘 되지 않으면 점수는 내려간다. 아이가 말을 듣지 않을 때는 평가는 나빠진다. '내가 무엇이라도 착실히 하고 있으면 아이도 항상 착실한 아이로 있을 것'이라고 생각해 버리기 때문이다. 아이가 나쁜 짓을 할 때마다 자기는 틀린 부모라고 정해 버린다.

자신의 가치를 증명하려고 완벽을 목표로 노력해도 쓸데없는 일이다. 완벽할 필요는 없다. 사람은 완벽하고 싶다고 생각하지만 완벽 따위는 불가능하다. 자기의 인격 그 자체를 평가하는 것은 그만두고, 특정한 버릇에 눈을 돌려 보자. '나는 나쁜 엄마다'가 아니라 '저렇게 한 것은 나빴다'라든가, '발끈 화를 내다니 나는 틀린 인간'이 아닌 '나에게는 발끈하는 나쁜 버릇이 있다'라는 식으로 행위와 행위자를 분리하지 않으면 안 된다.

나쁜 짓을 했으니까 나쁜 인간이라고 생각하지 않는다면 죄악감으로 시달리는 일도 없어질 것이다. 이처럼 사고방식을 바꾸어 보면 무의미한 자기비판은 하지 않게 된다.

'그만한 일로 화를 내다니 나는 어쩔 수 없다'라고 생각하는 대신 '화를 낸 것은 좋지 않았다. 이다음은 좀 더 능숙하게 스스로를 컨트롤하도록 하자'라고 중얼거려 보자. '좀 더 참지 않으면 안 된다'가 아니고 '너무나 참기 어려웠지만 이번은 버텨 보자'고 생각하자.

4) 자기를 다른 사람과 비교하지 말자

　자기 변혁으로의 일보를 내디디려면 현재 자기가 이치에 맞지 않는 것을 생각하고 있지 않은가 살펴보자. 예를 들면, '좀 더 참지 않으면 안 된다'라고 하는 것은 지나친 기대이다. 천사가 아닌 이상 완벽하게 참을성 있는 상태에 있을 수 없다. 또한 자기의 생각이 옳은지 의문을 갖는 것도 좋을 것이다. '왜 항상 아이를 무작정 야단치는 것일까'라는 것은 분명히 말해서 과장이다. 아이를 문자 그대로 24시간 내내 야단만 치는 부모는 없는 것이다. 그러나 실제로는 아무런 나쁜 짓을 하고 있지 않은데 자기비판을 하는 일이 있다.

　예를 들면, '아이를 위해 이렇게 하는 것이 가장 좋다고 생각하고 있지만 나는 얼마나 심술궂을까' 하고 생각하기도 한다. 시종일관 스스로의 흠을 들추어내고 있는 사람도 있다. 무엇을 해도 그것으로 충분하다고는 생각할 수 없는 것이다. 엄격하게 하면 좀 부드럽게 해야만 했다고 생각하고, 부드럽게 하면 좀 엄격해야 했다고 생각한다.

　이런 버릇이 있는 사람은 이다음에 죄악감을 갖게 되면 이렇게 자문해 보자. "정말로 무언가 좋지 않은 일을 했는가?" 하고 말이다. 했다면 거기에 대해 테슈바를 행하면 좋다. 하지 않았다면 어째서 죄악감을 가질 필요가 있을까. 다른 사람과 비교하니까 죄악감과 자기비판이 생긴다고도 말할 수 있다. 어머니로서 나는 어느 정도인가, 다른 어머니와 비교하고 싶어한다. 어느 쪽으로든 이웃의 어머니 쪽이 뛰어나면 '저 사람은 나보다 좋은 어머니다'라고 믿어 버리고 마는 경향이 있다.

　인간적인 가치에 대해서 자기를 다른 사람과 비교하는 것은 좋지 않다. 물론 다른 사람의 훌륭한 행동을 배우는 것은 가능하다. 이웃의 어머니가 아이에게 너무도 참을성 있게 대하면 그 사람을 관찰하여 테크닉을 배울 수는 있지만 이러한 모방은 일체 비교를 그만두었을 때에 비로소 유효하다. 자기를 높이 평가하는 것은 낮게 평가할 가능성도 있는 것이다. 좋은 일을 하고 자기를 높이 평가하면 자존심도 부풀어 오르지만, 좋지 않은 일을 하고 평가가 내려가면 자존심 따위는 버티지 못한다.

자존심이 상한 것으로 괴로워하지 않기 위해서는 스스로 평가하는 것을 그만둘 수밖에 없다. 자기에게 어떠한 평가가 있는가는 생각하지 않아도 된다. 자기 평가나 다른 사람의 진가란 누구도 모르는 일이다. 초조해하지 말고 '서서히' 변화해 가자.

우선 첫 번째로, 나쁜 버릇의 대부분은 자기 억제를 할 수 없기 때문에 생긴다. 무엇이라도 자기 생각대로 하고 싶다고 하는 소망이 잠재해 있다. 아이가 말을 듣지 않는다고 해서 발끈 화가 날 때에는 '아이는 부모에게 복종해야만 한다(그렇지 않으면 참을 수 없다)'라는 소망이 잠재되어 있는 것이다. 자기 본위로 일을 추진하려고 할 때에는 '편하고 싶다. 내 형편에 좋게 되있으면' 하는 생각이 작용한다. 그렇게 되면 다른 사람의 일보다 자기의 일을 우선해 버린다. 그것을 깨달았으면 이러한 소망을 서서히 버리도록 노력하자.

인격을 근본적으로 바꾸어 가는 데에는 시간이 걸린다. 어느 정도 나쁜 성격이 고쳐진 시점에서 비로소 과거의 일을 후회하자. "이 시점이라면 참회해도 꺾이는 일은 없다"고 어느 랍비는 적고 있다. 그렇게 되기는커녕 후에 죄에 질질 끌려 다니지도 않고 혼은 깨끗이 씻겨져 성장해 갈 것이다.

언제까지나 죄악감에 사로잡혀 있어서는 살아가는 데에 지장을 가져온다. 이전에 범한 죄를 생각해 내고 괴로운 참회의 생각을 느끼면 두 번 다시 되풀이하지 않겠다는 결의는 강화된다.

5) 아이에게 사과하는 것은 좋은 일

　부모는 자주 불필요하게 아이를 상처입힌 경우, 아이에게 사과하는 것이 좋은지 어떤지 고민을 한다. 테슈바에는 어떤 경우에라도 폐를 끼치면 상대방에게 사과해야 한다고 하는 것도 포함되어 있다. 그런데 사과 방법이 문제이다. 꺼림칙한 느낌으로 사과하는 것은 좋지 않다. "아까는 심하게 야단치지 않아도 됐는데 미안하다"고 말하는 것이 좋을 것이다. 화내는 것은 좋지 않은 일이라고 아이에게 알려주어야만 한다. 아이는 부모가 하는 그대로 보고 배우므로, 이것은 어떻게든 자기의 잘못을 깨닫고 사과하는 것이 좋다는 것을 가르치는 효과적인 방법이라 할 수 있다.

6) 죄악감과 분노의 악순환을 피하자

　보통 분노의 반동으로 죄악감이 생기지만 죄악감이 분노의 방아쇠가 되는 일도 있다. 예를 들면, 아이의 방이 항상 어지럽혀져 있으면 '아이의 버릇을 잘못 들이다니 부모로서 실격이다'라고 극단적으로 치닫고, '그래서 이런 생각을 하게끔 하다니' 하고 아이에게 화를 내어 버린다.

　이러한 분노의 감정은 죄악감에서 생긴다고 할 수 있다. '저 아이들 때문에 내가 이렇게 쓸모없는 인간으로 여겨지는구나'고 생각하니까 분노가 폭발한다. 이와 같은 분노의 감정을 없애기 위해서는 부모로서 미숙하다고 자기를 책망하는 것을 그만두자.

　분노와 죄악감의 악순환에 휘말리고 있는 사람도 있을 것이다. 아이에게 발끈 화낸 일에 죄악감을 가지면 분노와 죄악감 모두로 아이를 책망하고 점점 더 화나게 되는 식이다. '모두 저 아이 탓'이 되고, '저 아이가 저런 짓을 하지 않았다면 나도 화내지 않았을 거야. 그렇다면 이런 죄악감에 시달리지도 않을 텐데'가 된다.

이러한 때에 분노가 치미는 것은 죄악감을 견디지 못하고 이제 이런 일로 시달리고 싶지 않기 때문이다. 이것도 '욕구불만, 즉 인내심이 낮다'는 것이다. 이러한 악순환에 휘말리면 분노가 죄악감의 방아쇠가 되어 죄악감이 더욱 분노를 부르게 된다. 몇 번인가 이런 일을 되풀이하는 사이에 분노는 최고조에 달한다. 죄악감을 억제할 수 없다면 그 괴로움에 견딜 수 있는 힘을 몸에 익혀야 한다.

7) 죄악감에 또 죄악감을 보태면 안 돼

자기 자신에게 시종일관 불평을 하는 쓸데없는 버릇으로 무의미하게 스스로를 상처입히고 있는 것을 아는 부모도 있다. 그것도 '왜 나는 항상 자기비판을 하여 스스로를 괴롭히는 것일까? 왜 다른 인식을 할 수 없는지 몰라'라는 식으로, 앞으로 생길 죄악감은 최초로 품은 죄악감보다 상당히 악성으로 발전하여 좀처럼 근절할 수 없다.

이러한 버릇이 있는 사람은 다른 나쁜 버릇과 똑같이 이 버릇도 고치기 어렵다고 알아두는 편이 좋을 것이다. 이 버릇을 바꾸고 싶다면 우선 자기를 힐책하지 말고, 죄악감으로부터 자기 개선으로 바꾸어 가야 할 것이다.

8) '아이에게 관심이 부족하다'고 느끼는 죄악감을 버리자

아이에게 충분히 관심을 가져야 한다고 너무나 많은 서적들이 말하고 있는 탓인지 지나치게 신경을 쓰고 있는 부모가 많은 것 같다. 이 점에서는 특히 어머니가 죄악감에 시달리는 경향이 있다. 극단적으로 무시하는 것은 물론 좋지 않지만 아이는 일부 전문가가 지적할 정도로 부모의 관심을 필요로 하진 않는다.

사실, 언제나 그것도 과잉으로 관심을 갖게 되면 아이는 자기 본위가 되어 버린다. 조용히 무심코 "엄마는 지금 바쁘단다. 이제 조금

있으면 틈이 나니까"라고 하면 아이는 그때까지 기다리게 된다. 다른 방에서 "엄마, 엄마!" 하고 아이가 자꾸 부르면 "잠깐 기다려. 엄마는 지금 바빠서 손을 뗄 수가 없단다" 하고 대답하면 된다. 그럼으로써 아이는 항상 부모의 관심을 끌 수는 없다는 것을 조용히 인식하게 된다. 아이 한 사람 한 사람에게 주는 '특별한' 시간을 갖도록 종용하는 현자도 있다. 그러나 아이를 확실히 인식하고 있는 부모라면, 아이는 사랑받고 있다고 느끼므로 일부러 특별한 시간을 만들 필요는 없을 것이다.

　직장에 다니는 어머니는 죄악감을 갖기가 쉬운데 이를 떨쳐버려야 한다. 직장에 나가고 있는 어머니는 아이를 상대해 줄 시간이 적은 것이 고민거리로, 자기는 나쁜 어머니라고 믿어 버리는 경향이 있다. 좀 더 아이와 함께 있고 싶은데 그럴 수 없는 어머니의 괴로움은 절실한 것이다. 그렇다고 해도 죄악감을 가질 필요는 없다. 중요한 것은 얼마만큼 오래 아이와 있는가보다는, 제한된 시간에 아이에게 어떤 식으로 대하는가 하는 질적인 문제이기 때문이다.

9) 자기 자신을 받아들이도록 하자

　"부모로서 있을 수 없는 행동이 아이에게 악영향을 미친다" 하는 말은 때론 부모에게 지나치게 과장되게 들려 두렵게 생각되기 쉽다. 부모는 자기 억제가 잘되지 않을 때마다 아이에게 돌이킬 수 없는 상처를 주었다고 믿어 버리는 것이다. 분노를 폭발시킨 후 두려워져서 '어쩌지, 내가 엉뚱한 일을 저질러서!' 하고 생각한다.

　어린 시절, 부모의 분노로 호되게 경을 쳤기 때문에, 자기 아이에게는 똑같은 경험을 시키지 않겠다고 결심하면 더욱더 자기의 분노로 죄악감을 가져 버린다. "내 아이에게는 화내지 않겠다고 맹세했는데, 역시 하고 말았다"라고 말하게 된다. 자기 억제를 할 수 없으면 부모는 아이에게 나쁜 영향을 준다는 압박감으로 두려움을 갖게 되고, 거기에 죄악감을 가지면 상황은 더욱 악화될 뿐 좋은 쪽으로 나아가 주지 않는다.

어린 시절 우리는 부모의 분노로부터 어떻게 자기를 지키면 좋을지 몰랐었다. 부모가 화를 내면 금방 나는 나쁜 아이라고 결론을 내어버렸다. 자기의 인격 그 자체와 행위를 필요에 따라 구별할 수 없었던 것이다. 그러니까 자기는 나쁜 아이로, 사랑받을 가치도 없다고 하는 결론에 도달해 버렸다. 그때는 심각하게 고민했던 것이다.

자기를 바꾸어 가기 위해서는 자기의 힘을 믿어야 한다. 그러기 위해서는 어떤 일에도 약해지지 않는 충분한 동기부여도 필요하다. 한편, 좀 더 중대한 잘못을 깨달았다고 해도 그것으로 부모로서 실격이 아니라는 것을 기억해 두자. 그렇게 하여 한 걸음 한 걸음 좋은 부모가 되어 가는 것이다. 잘못을 저질러도 자기를 비판하지 말고 그것을 양식으로 생각하자.

4. 자녀교육의 유연성과 소통

아이의 마음 수준에 초점을 맞추는 부모는 정서적 이해와 동정을 하며 소통할 수 있다. 이때 비로소 아이에게 유연한 반응이 가능하다. 우리는 흔히 요가나 체조 선수들의 움직임을 보면서 '유연하다'고 표현한다. 그들이 허리를 90도로 꺾고 다리를 일자로 뻗을 때 우리는 그 '유연함'에 탄복한다.

내 몸의 '딱딱함'과 비교한다면 사방 어디로든 구부러지고 휘어지고 움직일 수 있는 그들의 몸에 감탄하지 않을 수 없다. 몸이 아닌 인간의 사고, 감정에도 똑같은 개념으로 '유연하다'는 표현을 사용한다.

유연한 반응이라는 말은 '꼭 언제나 / 이럴 땐 이렇게 해야만 / 당연히 저럴 땐 저렇게'와 같이 정해진 반응을 고집하지 않음을 뜻한다.

사춘기 아이가 밤늦게 밖에 있는 것은 좋지 않다. 그런데 간혹 그럴 수밖에 없는 상황이 있다. 다시 말해 밤늦게 밖에 있는 게 우리 집에서는 '전혀, 절대로' 일어날 수 없는 일이 아니라, 그러지 않는 것이 우리 집 규칙이고, 규칙을 지키는 것이 모두에게 좋은 일이니 최선을 다해 지키려는 것뿐이다.

하지만 아이를 키우면서 '유연하게 아이를 대한다'는 것은 말처럼 쉽지 않다. 이것은 마치 절절이 사랑하는 남자와의 관계에서 '모든 것을, 절대로, 나만을…' 같은 절대적 조건을 요구하는 상황과 유사하다. 아이와의 관계에서도 모든 걸 다 알아야겠고, 다 관여하고 싶고, 심지어 다 내 마음대로 했으면 좋겠는 게 부모 마음이다. 거기에 어떤 여지를 두거나 대안을 인정한다는 것은 큰 도전이다.

아이의 마음과 내 마음, 예를 들어 내면의 욕구와 충동, 사고와 감정 등과 같은 다양한 마음을 살펴서 자동 반응이 아닌, 적절한 반응을 택하는 사려 깊은 능력이다. 여기서 '자동적 반응'이란 마치 프로그램된 기계처럼 언제나 A 다음에는 B가, C 다음에는 D가 반응한다는 말이다.

예를 들어, 청소기는 시작 버튼을 누르면 작동되고, 강약조절 버튼을 누르면 또 그렇게 움직일 뿐이지, 청소기가 알아서 강약을 조절하지는 않는다. 즉 유연성이 없고 자동 반응만 있다는 얘기다. 세탁기도 인공지능은 스스로 알아서 빨랫감을 분류하고 적정한 물높이를 정한다고 한다. 그런데 사람이 '마음 보기'를 통해 상황을 숙고하면서 적절한 반응을 선택하지 않고 자동 반응만 하고 있다면, 전자제품만도 못하다는 말이다.

하지만 기본적으로는 유연하게 아이를 대하고 싶은데, 조건에 따라 유연한 반응을 하지 못할 때가 있다. 한마디로 부모의 상태가 좋지 않을 때다. 부모인 우리가 피곤하고 좌절할 때 혹은 무엇엔가 실망하고 화가 나 있을 때가 바로 그런 때다. 이럴 때 우리는 숙고하는 능력을 잃어버리고 '마음 보기'를 하지 못한다. 또한 행동을 선택하는 능력에 제한을 받는다.

이때 부모는 아마 자기 세계의 어떤 문제에 빠져 버린 상태라 자녀의 사정, 즉 남의 사정이 무엇인지, 무슨 사건이 일어났는지를 바라보지 못하고 있을 것이다. 이럴 때 부모는 양육이라는 '역할'을 잘 수행할 수 없다. 오히려 아이에게 큰 고통을 줄 가능성이 높아진다.

유연한 반응을 하려면 부모가 '현재의 순간'에 살아야 한다. 부모의 반응은 과거 기억에 의한 것도 아니고, 과거 경험에 비춘 막연한 추측에 의한 것도 아니어야 한다. 현재 자신의 사고와 감정을 깨달을 때에만 아이의 상태에도 열린 마음으로 다가설 수 있다.

부모가 현재에 살면서 아이의 경험에 관심을 주면 아이 또한 그렇게 한다. 아이는 부모가 자신들과 의사소통하는 방식 그대로 자신을 이해한다. 이것은 참으로 흥미로우면서도 두려운 일이다. 우리가 과거에 집착하고 미래를 걱정한다면 아이 또한 여기 지금의 삶을 경험하지 못한다는 말이다.

아이는 성장할수록 점차 부모를 전체로, 통째로, 모두 수용하지 않는다. 그러나 부모와 연결이 일어나고 상호작용을 하는 동안에는 전적으로 부모와 접촉하고자 한다. 나를 내주어야만 아이 또한 그렇게 한다.

현재를 경험하는 능력이 있어야 '마음 보기'가 가능하다. 그래야 아이의 정서적 안녕을 위한 반응을 선택할 수 있는 유연성이 생긴다. 비로소 생각과 감정, 내면의 보이지 않는 모든 것에 관해 터놓고 이야기할 수 있다. 이것은 아이가 자기 자신을 이해하고 대인관계 기술을 기르는 데도 꼭 필요한 경험이다.

5. 우리 아이는 열 명

이스라엘의 유대교인들은 산아제한을 하지 않는다. 그래서 그들은 많은 아이들을 낳아서 기른다. 그들에게 자식이란 삶의 기쁨인 동시에 신이 주신 귀한 선물인 것이다. 그래서 그들은 아이가 생기면 어떠한 경우에도 유산을 하지 않는다. 그리고 일반인들이 경제력 때문에 아이를 두는 것을 심각하게 고려하는 것에 대해서도 이해할 수 없다는 표정을 짓는다. 그들은 생긴 아이를 낳아 제대로 잘 키우는 것을 신이 내린 축복을 받는 것으로 생각하고 있다.

그들은 생산의 근본을 성경에서 찾았는데, 성경에 이르기를 "하나님이 그들에게 복을 주시며 그들에게 말하기를 생육하고 번성하여 땅에 충만케 하라"고 하셨고, "자식은 여호와가 주신 기업이요 태의 열매는 그의 상급이로다"라고 하였다. 그러므로 그들은 아이를 하나님의 것으로 여기고 소중히 양육하고, 하나님의 일꾼으로 만들기 위해 노력한다.

그들은 스스로 아이를 얼마나 낳아야 할지를 결정하고 자신들의 능력에 맞게 자식의 수를 정한다. 보통 이스라엘 가정에서는 3명 이상의 아이를 가지고 있다. 그들은 자식은 많으면 많을수록 좋다고 생각하기 때문에, 우리처럼 아이가 많은 사람을 보고 미개하다고 놀리기는커녕 오히려 부러워한다. 아이들 역시 형제가 많은 친구들을 부러워한다. 이스라엘 아이들은 이런 분위기 속에서 자라기 때문에 자연스럽게 자식을 많이 낳아 키우는 것을 좋은 일로 생각한다. 이스라엘 사회에 다산의 풍습이 뿌리 깊게 박혀 있는 것도 바로 이 때문이다.

이스라엘의 임산부는 예외 없이 병원에서 아이를 낳는다. 국민보험과 건강보험에 전 국민이 다 가입되어 있고, 임산부가 해산을 할 경우 병원에 내야 하는 일체의 분만비는 보험회사에서 부담할 뿐만 아니라 산후 조리비(調理費) 조로 몇만 원에 해당되는 현금을 지급받아 퇴원하게 된다. 이것은 선진 유럽 각국과 닮아서 이스라엘 정부의 다산 장려 정책에 의해 배려된 것이다.

유대교의 종교인들이 모여 사는 예루살렘의 메아샤림 지역에서는 자녀들이 평균 10명이 넘으니 세계적인 기록을 세우고 있는데, 이것은 종교적인 계율 때문에 산아제한을 철저히 거부한 결과라고 볼 수 있다. 이스라엘에서는 종교인이든 비종교인이든 자녀가 많으면 많을수록 좋다고 생각하지만, 비종교인일 경우에는 자기들의 계획에 맞게 아이의 수를 조정하고 있고, 종교인은 그 수를 절대로 임의로 조정하지 않는다는 것이 다를 뿐 사회 전체 분위기는 국가가 장려하는 것처럼 다산의 풍속을 좋게 받아들이고 있다.

종교인들은 이 세상 만물에는 신의 뜻이 담겨 있기 때문에 어느 것 하나 함부로 생각하고 임의로 결정할 수 없다고 여기고 있다. 그래서 그들은 있는 그대로, 자연 그대로의 삶을 살아가기 위해 노력하고, 또 철저히 그렇게 살고 있다. 그들은 그런 삶이 바로 신의 뜻을 따르는 길이요, 신에게 좀 더 가까이 가는 길이라고 굳게 믿고 있다.

6. 봉사

1) '자애를 베풀라'는 것이 유대교의 기본이다

유대교에서의 '헤세드(慈愛)를 베풀라'는 계율은 곧 인간관계의 열쇠이다. 이 세상은 헤세드에 의해 이루어져 있다. 헤세드를 행하면 그것은 훌륭한 일을 행한 차원이 아니라 반드시 행해야 한다는 일종의 의무인 것이다.

'주께서 당신에게 구하는 것은 정의를 행하고, 자애를 사랑하며, 겸손하게 당신의 신과 함께 걸어가는 일이다'(미 6:8).

헤세드에는 '능동적'인 면과 '수동적'인 면이 있다. 전자는 남에게 도움을 주는 일-타인의 행복을 위해 노력하는 것-이며, 후자는 배려의 마음-토라(Torah: 유대교에서 쓰는 구약성경의 용어로, 율법을 이르는 말)에 있는 것처럼 남의 감정이나 소유물에 피해를 주지 않도록 하는 것이다. 탈무드에서는 이 헤세드의 수동적인 면을 유대교의 중심이라 여기고 있다. 다시 말하면, 남에게 도움을 주는 일과 배려의 마음, 이 양면으로 헤세드는 이루어져 있다.

자애의 정신을 아이들의 가슴속에 키워 가는 것은 부모의 책임이다. 이러한 정신을 아이들에게 체득시키는 데는 두 가지 방법이 있다.

첫째는 부모가 부부 사이에서나 아이들에게, 그리고 더 나아가 남들에게 도움을 주는 일을 하거나 배려의 마음으로 대함으로써 모범을 보이는 일이다. 그러나 모범을 보이는 것도 중요하지만 그것만으로는 충분치 않다. 실제로 아이가 실천할 수 있는 기회를 만들어 주어야 한다. 가정은 그것을 행할 가장 적합한 장소이다. 남을 괴롭히거나 다치게 하지 않도록 가르치고, 아이가 가사일을 돕는 가운데 남에게 도움을 주고 또 배려할 수 있는 마음을 가질 수 있도록 일찍부터 경험을 쌓아 나가게 하는 것이다.

가사를 돕는 일에는 적극적인 의미가 담겨 있다. 아이들에게 어떤 일을 시킬 때 아이들 쪽에서 부모는 자기 마음대로 아이들에게 어떤 일을 시킨다든가, 혹은 아이들에게 부담을 주거나 귀찮게 한다는 생각이 들게 해서는 안 된다. 아이들이 무엇을 도와주는 것은 분명 부모로서야 편한 일이다. 부모가 자식들에게 베풀어 주는 것에 대한 감사의 표현이기도 하고, 그에 대한 보답이기도 하다.

사랑은 행동을 수반할 때 더욱 숭고해진다. 그러므로 부모를 위해 무엇인가를 하도록 배우고 있는 아이는 부모에 대한 사랑을 키울 수 있는 기회를 부여받고 있는 것이라 할 수 있다. 부모는 자식이 이기주의에서 이타주의(利他主義)로 변할 수 있도록, 즉 남을 자신처럼 사랑할 수 있도록 이끌어 주어야만 한다.

인격은 행동에 의해 형성된다. 자식을 이타주의 사람으로 만들고 싶다면 남을 위해 무엇인가를 할 수 있도록 기회를 만들어 주어야 한다. 우선 처음에는 가정 안에서 부모나 형제를 위해 무엇인가를 도울 수 있게 함으로써 그러한 것을 자연스럽게 몸에 익히게 한다.

또한 남에게 도움이 되는 일을 가정 안에서 시키게 되면 자신감이 붙고 성취감을 맛볼 수 있으므로 이는 아이에게 큰 도움이 된다. 심리학사 루돌프 드레이커스는 다음과 같이 말하고 있다.

"아이들도 어릴 적부터 가정생활에 적극적으로 참여시켜야 한다. 그렇게 되면 사회적 관심이나 협동심이 길러진다. 게다가 자신감이 생겨서 무엇인가 남에게 도움이 되는 일을 하려고 생각하게 된다."

가족이란 일종의 팀이라 할 수 있다. 전체를 위해 구성원 한 사람 한 사람이 자신의 역할을 수행해 나간다. 어머니의 일은 자식들이 어릴 때 특히 혼자 하기에는 힘에 벅찰 때가 많다. 따라서 아이가 가사일을 도와준다면 어머니의 일은 훨씬 효과적이고 기능적으로 수행될 것이다. 그러므로 아이를 가사에 참여케 하여 책임을 나누도록 가르치는 것은 매우 중요한 일이다.

아이가 어릴 때에도 집안일에 참여시켜 보자. 어린아이들은 대부분 부모의 일을 돕고 싶어 한다. 도와달라는 부탁을 받으면 아이는 자신도 어엿한 한 사람이 된 듯한 느낌을 받는다. 그렇긴 하지만 역시 어리기 때문에 일을 도와주기는커녕 오히려 방해가 될 때도 있다. 게다가 어린아이는 일을 하나의 놀이로 받아들이기 때문에 어른들처럼 일에 집중하거나 또는 주어진 일을 빨리 마무리하려고 하지 않는다. 그렇기 때문에 아이가 모처럼 일을 도우려 해도 이를 끝까지 참지 못하고 지나친 간섭을 하거나 아예 처음부터 도우려는 기분을 묵살해 버리는 부모도 있다.

"아무리 시간이 지나도 끝이 없으므로 차라리 직접 하는 편이 빨라요"라고 하면서 아이들에게 전혀 일을 주지 않는 부모도 있다. 아이가 돕고 싶다고 말해도 "안 돼, 너에겐 무리야. 결국 망쳐 놓고 말 테니까"라면서 아이에게 일을 주지 않는 것은 잘못이다. 남을 돕는 것은 자신을 돕는 일이기도 한데 그것을 부모가 빼앗아 버리는 것이기 때문이다.

또한 아이가 좀 더 자라서 여러 가지 일을 척척 해낼 수 있게 되면 그때 돕게 하면 된다고 생각할지도 모르지만, 그렇게 되면 그때는 이미 좀처럼 말을 듣지 않게 된다. 만일 이런 생각을 갖고 있는 부모님이 있다면, 지금 당장이야 다소 불편한 점이 있고 오히려 일을 번거롭게 만들더라도 아이들에게 일을 돕도록 허락하는 편이 좋다.

아이가 어리더라도, 가령 빈 그릇을 부엌으로 나르거나 테이블을 닦는 일 정도는 도울 수 있다. 대개 5, 6세 정도가 되면 설거지를 할 줄 알게 되고, 또 하고 싶어 하는 경우가 많다. 이럴 때는 받침대나 의자 등을 활용하게 하는 것이 좋다. 그리고 시간이 걸리는 만큼 가치 있는 훈련이 된다. 뿐만 아니라 비교적 아이가 어릴 때 하는 편이 바람직하다. 다 자란 뒤에 습관을 들이려고 하면 훨씬 어려워진다.

어떤 젊은 어머니에게 "댁의 자녀는 어쩌면 이렇게 즐거운 모습으로 요리 만드는 일을 잘 돕느냐"고 물었더니, "우리 아이는 제가 부억에서 일하는 걸 언제나 무슨 놀이를 하는 것으로 알지요. 아이가 아주 어렸을 적에 함께 부엌에서 '소꿉놀이'를 해도 좋다고 말했었지요. 토마토 껍질 벗기는 일이건 무엇이건 아이가 할 수 있는 거라면 뭐든지 시켰지요. 그랬더니 아이가 요리하는 걸 아주 좋아하게 됐습니다"라고 대답했다. 앞에서 말했듯이, 아이들은 본래 가사를 돕는 것을 좋아한다. 부모가 즐겁고 기쁘게 일하고 있는 모습을 아이들에게 자주 보게 한다.

2) 도움을 청하는 방법

도움을 청할 때 부탁하는 방법은 이후 다시 일을 돕겠다는 아이의 태도에 결정적인 영향을 미친다. "~해 주었으면 좋겠는데"라고 하는 것은 피하는 편이 좋을 것이다. 그것은 부모의 바람이 중심이 되어 버리기 때문이다. 부드럽고 담담하게 청하는 것이 바람직하다. "넌 착한 아이니까 엄마를 위해서 쓰레기를 버리고 오겠지"라기보다는 "쓰레기를 버리고 오렴" 하고 말하는 편이 좋다.

결코 아이에게 도와달라고 애걸하는 것이 아니다. 또한 자신이 얼마나 지쳐 있는지에 대해 말할 필요도 없다. 자칫 변명으로 들리기 쉽다. 그저 "도와주렴" 하면 그뿐이다. 도움을 청하는 데 있어 이유 따위를 말할 필요는 없다.

3) 감사의 마음을 아이에게 표시하자

아이에게 일을 맡기는 것을 망설이는 경우는 아이가 일을 돕고 싶어 하지 않을지도 모른다는 기분이 들기 때문인데, 그렇게 되면 대부분 우려했던 대로 되어 버린다. 아이에게 도움을 받았다면 감사의 마음을 표시하도록 하자. 그것은 곧 남에게 도움을 받았을 때는 어떻게 하는 것이 바람직한가, 하카라트 하버(감사)의 본보기가 된다.

그렇다고 해서 너무 과장되게 감사를 표하는 것도 문제다. 그것이 습관이 되면 칭찬을 받지 않고는 직성이 풀리지 않게 되고, 자신이 한 일은 모두 칭찬받을 만한 가치가 있다고 굳게 믿어 버리게 된다. 조그만 일에는 그저 "고맙다" 하는 것만으로 충분하다. 매일의 일과로서 하는 가사일 돕기에는 그러한 말조차 필요없는 경우도 있다.

감사할 때는 도움을 준 것과 아이의 인격과는 별개라는 점에 유의하자. "열심히 잘해 주었구나"라든가 "오늘은 네 덕분에 도움이 됐단다"라는 식으로 객관적인 입장에서 칭찬을 한다면, 아이 쪽에서도 자신이 한 일에 대한 본질적인 가치를 깨닫게 될 것이다. 그리고 무엇보다 사실에 근거하여 칭찬해 주자.

4) 가사일의 할당량을 일과로 정하자

필요에 따라 도움을 청하는 경우도 있지만 미리 짜인 일과표를 만들어 두는 것이 바람직한 경우도 있다. 일과가 정해져 있으면 아이들이 각자의 역할을 좀 더 분명하게 이해하게 되므로 굳이 도움을 청하는 수고도 덜게 된다. 일주일 동안의 가사 할당량을 만들어 두면 편리하다.

할당표를 만드는 데 있어 아이들을 참여시킨다면 자신이 정한 일이므로 좀 더 즐거운 마음으로 의무를 수행할 수 있다. 아이들을 모아 놓고 "집안에는 여러 가지 할 일이 있단다. 너희들이 어떤 일을 도와줄 수 있는지 한번 적어 보렴" 하고 이야기를 꺼내 보자.

아이들이 자신의 나이에 따라 역할을 분담해 나가는 모습을 신뢰의 마음으로 지켜봐 주자. 잘 모르는 점이 있다면 경험이 풍부한 다른 어머니와 서로 의논하는 것도 좋은 방법이다. 아이들은 보통 같은 일을 반복하길 싫어하므로 각각 교대로 매일 다른 일을 하도록 배려한다.

일일 당번표

일 / 요일	일	월	화	수	목
채소 다듬기	타말	에리	라헬	나오미	하임
마루 청소	하임	타말	에리	라헬	나오미
상 차리기	나오미	하임	타말	에리	라헬
정리와 설거지	라헬	나오미	하임	타말	에리
도시락 준비	에리	라헬	나오미	하임	타말

일과표에 따라 일이 잘 진행되었는지 어머니가 직접 점검하기보다는 가장 나이 많은 아이가 감독하도록 하는 편이 훨씬 성과가 좋은 경우도 있다. 그렇게 되면 표를 만드는 일도 아이들이 자율적으로 행할 수 있게 될 것이므로 아이들이 직접 감독하게 하는 것도 좋은 방법이 된다.

즉 돕는 일을 모두 끝마쳤을 때에는 자신의 이름 옆에 동그라미 표를 하는 것이다. 일과표는 매직펜 등으로 만들고, 매일매일의 동그라미표는 연필로 한다면 한 주일이 끝났을 때 동그라미표만 지우고 일과표는 다시 사용할 수 있다.

이와 같은 일과표는 매우 유용하게 쓰이지만, 일과표에 없는 일인 경우에는 그때그때 도움을 청해야 한다. 자녀가 많은 가정의 어느 어머니는 이렇게 말한다. "'야채를 다듬어야 하는데 누가 시간 있니?' 하고 묻는 것으로 충분하지요." 그러면 누군가가 시간이 비어 있기 마련이다. 빵이 필요할 때는 "빵이 없구나, 누가 가게에 갈 수 있니?" 하고 말한다. 이 어머니의 경우는 이렇게 해서 일을 원만하게 풀어나가고 있다.

일을 시키면 투덜투덜 불평을 늘어놓는 것은 부모에 대해 예의에 어긋나는 것이라는 점, 부모를 공경하는 마음이 부족하다는 점에 대해 주의를 환기시키는 것도 중요한 일이다. 만일 아이의 말이 옳다면 다음번에는 좀 더 주의를 기울여 일을 분담하도록 하자. 그렇다고 해서 지나치게 신경을 쓰는 것도 금물이며, 공평해지려고 지나치게 마음을 쓴다면 오히려 다른 의미의 질투심을 유발시킬 수 있다.

5) 아이가 일을 돕고 싶어 하지 않을 때

때론 일을 돕고 싶어 하지 않는 것도 아이로서는 지극히 당연한 일이다. 그렇지만 아이가 심부름을 거부하거나 하면 대개의 부모는 곤란을 느끼게 된다. 부모들은 보통 아이를 행복하게 해주고 싶다고 생각하기 때문에 아이가 싫어하는 일을 무리하게 부탁하려 하지 않는 경우가 많다.

부모의 이러한 감정에는 자신이 어린아이였을 때 하기 싫은 심부름을 부탁받거나 한 경우의 기분이 바닥에 남아 있다. 아니면 아이가 자신을 원망하게 되지 않을까 하는 염려의 마음이 있는 것인지도 모른다. 그래서 도움을 청했다가 싫다고 하면 "정말 하기 싫다면 하지 않아도 좋다"라고 이야기하게 되곤 한다. 그렇지만 그렇게 해서는 아이의 협력을 얻을 수가 없다. 아이에게서 불평을 듣는 것을 싫어한 나머지 아이에게 아무런 도움도 받지 않고 아무리 어려운 일이라도 자기 혼자서 하는 편이 낫다고 생각하는 부모도 있다.

부모가 한 말에 대해 반발해서는 안 된다는 것을 시간이 좀 지났을 때에 부드럽게 설명해야 할 것이다. 아이가 즐거운 마음으로 일을 돕는 것이 가장 바람직한 것이지만, 일단은 해준다는 것만으로도 고맙게 생각하자. 아이들에게 도움 요청을 시원시원하고 또한 단호한 태도로 하게 되면 아이들의 태도 역시 점차 좋아지게 된다.

가사에 참여하여 자신의 역할을 수행하는 것, 부모가 보살펴 주는 일에 대해서 자기도 무언가를 보답할 수 있다고 생각함으로써 만족을 느끼게 될 것이다. 아이와 진지하게 이야기를 나누는 것도 좋은 일이다. 아이가 일을 거들고 싶어 하지 않는 것은 내면적인 예절이 아직 충분히 갖춰지지 않았기 때문이라고 보아야 한다.

아이가 일을 거들기 싫어할 때 그대로 내버려 두면 스스로 일을 알아서 하는 경우도 있다. 어느 어머니는 작은딸이 큰딸에 비해 가사일을 거들지 않지만 심한 잔소리는 하지 않기로 했다. 그 어머니는 '만일 큰딸이 집에 없다면 일손이 딸릴 경우 작은딸이 열심히 거들어 줄 테지' 하고 생각했기 때문이다. 몇 년이 지나 큰딸이 출가하자 역시 그 어머니의 생각대로 작은딸이 열심히 집안일을 거들어 주었다고 한다. 명랑한 얼굴로 부지런히 집안을 치우고 어린아이도 잘 돌보았던 것이다.

6) 가사는 당연한 일로

일을 돕는 데 대한 동기부여로 용돈이나 상을 주는 사람도 있는 것 같다. 기본적인 바른 행동을 몸에 익히는 데 있어 상을 주는 것도 하나의 방법은 될 수 있지만 가사는 당연히 도와야 하는 일이므로 상을 줄 필요는 없다. 그것이 반복되면 '이걸 하면 무엇을 받을 수 있을까' 하고 아이가 미리 기대하게 되고, 거드는 데 대해 용돈이나 상을 주면 부모자식 간의 관계가 왜곡되어 버린다. 자식은 부모로부터 모든 필요한 것들을 얻고 있는 것이다. 아이에게 감사의 기분을 표현할 수 있는 기회를 제공하도록 하자.

"자식은 마땅히 부모를 존경해야 하며, 가족이라는 집단을 위해 자신의 역할을 수행해야 하므로 물건을 사러 가거나 쓰레기 버리는 일쯤은 자신의 의무라고 분명하게 인식시켜 주는 것이 좋다. 상으로 과자나 용돈을 준다는 등의 약속은 이러한 의무감의 발달을 저해한다"라고 어떤 랍비는 적고 있다.

싫어하는 일에 대해 하고자 하는 마음을 불러일으키려면 새로운 방법을 시도해 보아야 한다. 어느 어머니는 이렇게 말한다.

"우리집 아이들은 언제나 세탁물을 널거나 걷어오는 일은 곧잘 하지만 그걸 개는 일은 아주 싫어하지요. 그러던 어느 날 저는 '자아, 어서 오렴. 빨래를 개면서 우리 오손도손 이야기를 나눠 보자' 하고 말했더니 모두 즐거운 모습으로 이야기를 하면서 빨래를 개는 것이었습니다. 그리고 점차 아이들이 빨래 개는 일을 좋아하게 되었습니다."

7) 게으름을 피우고 거들지 않을 때

처음부터 안 거들려고 하지는 않을 테지만 투덜거리며 꽁무니를 뺀다거나 잊어버렸다며 일을 하지 않는 아이도 있다. 아이가 해야 할 일을 하지 않으면 부모도 신경이 날카로워진다. 그렇다고 해서 "넌 어째서 엄마가 눈만 떼면 아무것도 안 하려는 거야?" 하고 아이에게 화를 내봤자 역효과만 날 뿐이다.

이런 때에는 아이들이 거들기를 뒤로 미루는 것이 나쁜 성격 때문이 아니라 그저 나쁜 버릇 때문이라고 생각하자. 그래서 이런 나쁜 버릇을 고쳐 나가도록 지도해 가는 것이다.

예를 들어, 음성을 낮추고 "말이지, 아버지나 엄마한테서 무얼 하란 소리 들으면 얼른 해야 하는 거야. 자꾸 되풀이해서 말하기 전에 말이야. 하지만 네가 뭘 열심히 하고 있는 중이라면 '이거 먼저 하고 나서 해도 돼요?' 하고 물으렴. 그렇다면 아마 엄마는 그렇게 하라고 그럴걸. 하지만 그렇지 않은 경우에는 얼른 해야 하는 거야 알겠니?" 라고 이야기하는 것도 좋을 것이다.

물론 뒤로 미루는 버릇은 좀처럼 고쳐지지 않는 것이므로 아이가 금방 말을 잘 듣지는 않을 것이다. 참을성 있게 지켜봐 주어야 한다. 부모는 냉정함을 잃지 말고 언제나 온화하고 일관성 있는 태도를 보여야 한다. 때때로 일 거드는 데 대해 꾀를 피우는 아이에게는 적당한 기회를 만들어 주는 것도 좋겠다. 방 청소를 하기로 되어 있는 아이에게는 살그머니 빗자루를 건네준다거나, 때로는 "샤론, 접시" 하는 것처럼 한두 마디 말로 충분한 경우도 있다. 메모를 이용하는 것도 효과적이며, 이를 형제에게 전달하도록 하는 것도 좋을 것이다.

계속 꾀를 부리고 있어서 다른 형제들로부터 원망을 받는 아이에게는 가족이 한 사람 한 사람 자신의 역할을 수행하는 하나의 팀이란 점을 상냥하게 설명해 주자. 서로 협력하는 것, 또한 각자 열심히 일하는 것에 대한 중요성을 부드럽게, 그러면서도 분명하게 들려주는 것이다.

일반적으로 그러한 훈련을 계속하는 동안 부모는 참을성 있게 기다릴 줄 알아야 하지만, 때로는 그렇지 못하고 부모가 직접 해야 하는 경우도 있다. 그런 때는 아이에게 죄책감을 느끼게 해서는 안 된다. 만일 "내가 하려고 생각하고 있었는데" 하고 말한다면 "미안하다. 하지만 기다릴 수가 없었단다"라고 대답해 주자.

투덜거리면서 좀처럼 하려 들지 않는 아이가 아무것도 하지 않는 상태였으므로 솜씨가 서툴기는 하지만 하지 않는 것보다야 '진보'되어 일을 하게 되는 경우가 있다. 그렇다면 얼른 아이가 한 일을 확인하고 솜씨야 어떻든 다시 시키도록 한다. "마루가 잘 닦이지 않았구나. 다시 한 번 닦으렴" 하는 식으로 어떻게 해야 하는가를 분명하게 말해 주자. 완벽한 기대는 금물이다. 비판적인 말을 해야 할 경우라면 "너라면 좀 더 잘했어야 해" 하고 플러스적인 방향으로 말해 주도록 한다.

그와 동시에 아이에게 늘 달라붙어서 확실하게 했는지 어떤지를 확인하는 것도 피해야 한다. 아이는 자신이 부모로부터 신뢰를 받고 있으며, 부탁받는 일을 잘 수행하도록 기대하고 있다는 기분을 느끼는 것이 필요하다. 아이가 요리를 거들고 있을 때에 바닥에 음식이나 다른 어떤 것을 떨어뜨리고 미처 알아차리지 못할 때가 있다. 그런데 그것을 "얼른 주워서 버려" 하는 식으로 일일이 잔소리를 하는 것은 좋지 않다. "마루에 달걀 껍질이 떨어졌구나"라든가 "사과 껍질이 거기 떨어졌단다" 정도로 말하면 충분하다.

8) 공부와 일을 거드는 것 중 어느 쪽이 우선?

임기응변으로 대처하는 것 가운데 또 한 가지 중요한 점은 아이 자신이 필요로 하고 있는 것을 존중하는 일이다. 예를 들어, 아이가 어떤 일에 열중하고 있을 때 그것을 중단시켜야만 할 때는 정말로 미안하다는 마음을 꼭 표현해 주자. 시험 공부를 하고 있는 아이에게는 "공부하는 데 방해해서 미안하지만, 이것 좀 거들어 줄래" 하고 미리 이쪽에서 말하는 것도 하나의 방법이 된다.

아이에 대한 배려는 어떻게 하면 좋을까? 예를 들어, 공부에 열중하고 있는 아이에게는 일을 거드는 의무를 면제하고 오로지 공부하는 데만 시간을 쓸 수 있도록 허락해도 좋은 것일까. 큰딸 아이에게 집안일 거드는 것을 면제해 주고, 친구들과 몇 시간이 걸리든 멋진 졸업작품을 만드는 일에만 매달리도록 허락해야 하는 걸까?

진정한 의미에서 보다 중요한 일이 어느 쪽인가를 한번 생각해 보자. 시험을 봐서 점수를 조금 더 얻는 것이 중요할까, 아니면 어머니의 부담을 조금이라도 덜어 주는 것이 중요할까? 아이에게 있어 과외활동이 아무리 재미있는 것일지라도 부모가 일을 거들어 달라고 부탁했을 경우, 그것을 모르는 체해서는 안 된다. 아이의 활동이 자선을 목적으로 한 것일지라도, '자애는 가정에서부터 시작된다'는 점을 잊어서는 안 된다.

7. 비교 평가는 자존심 상해

자존감이 낮아서 고민에 빠져 있는 자녀들이 많이 있다. 이는 칭찬을 자주 듣지 못했거나 혹은 부모의 지나친 간섭이 낳은 결과가 대부분이다. 또는 형제나 자매끼리, 이웃 친구와 자주 비교당했던 아이들에게서 나타나는 반응이다. 많은 부모들이 자기 자녀가 시험이나 학업, 운동 등에서 좋은 성적을 내면 칭찬을 아끼지 않는다. 다음은 한 아들 친구의 말이다.

"우리 아빠는 잘한 것보다는 못한 것만 보고 맨날 야단을 쳐요. 그래서 공부가 너무 하기 싫어졌어요! 어떻게 하면 좋을까요?"

이 학생은 영어는 잘하는데 수학 성적은 항상 평균 이하였다. 그러니 이 아버지는 자녀가 수학도 영어처럼 잘하길 바라는 마음에서 잔소리를 한 것이겠지만 학생은 그것이 못내 속상한 것이다.

"영어는 참 잘했네… 이번 학기에 애썼다. 아빠가 용돈 좀 올려줄게. 그런데 수학은 좀 떨어졌구나. 다음에는 한 10점쯤 더 올려보자. 수학 10점 더 올리면 너 좋아하는 놀이공원 보내줄게!"

이렇게 말하면 좀 더 자녀에게 동기가 부여되지 않을까?

또 다른 아이는 이렇게 하소연한다.

"제 동생이 미워 죽겠어요. 걔는 공부를 진짜 잘해요. 내가 아무리 해도 따라갈 수가 없는데 아빠는 매일 '동생보다 못한 놈'이라고 야단쳐요. 엄마도 '넌 동생만큼 못하니까 밥도 덜 먹어!' 하면서 나를 구박해요. 너무 속상해서 집에 안 들어가고 싶어요."

이것이 우리의 현실이다. 사실 부모가 칭찬해 주거나 자랑할 일이 없을 정도로 공부나 운동에 재주가 없는 자녀들이 있다. 그런데 부모들은 자기 자식은 전부 재주가 있을 거라고 믿어 잔소리만 하는 것이다.

어린 아들이 학교에서 남을 도와주고 상을 받았다. 아버지는 무엇을 도와주었느냐고 물었다.

"친구와 놀고 있었는데 친구가 갑자기 다리를 다쳐 제가 부축해 주었어요."

"아. 잘했구나 그런데 그 친구는 왜 다친 거니?"

"저랑 술래잡기를 하고 있었는데 제가 학교 뒷산 바위 위에 올라가 있는걸 보고 따라오다가 떨어졌어요."

"그래? 그럼 네 잘못도 있었네? 네가 위험한 곳에 가 있어서 그 아이가 다친 거잖니. 다음부턴 조심해서 그런 일이 절대로 없도록 해라."

칭찬할 것은 칭찬해 주고 따질 것은 철저히 따지는 것이 유대인 아버지들이다. 결과만 놓고 함부로 칭찬을 해주다가는 버릇이 나빠질 수도 있다. 유대 사회는 개인주의가 대단히 강하기 때문에 유대인 아버지들은 남에게 민폐를 끼치는 일은 절대 하지 않도록 가르치고 있는 것이다.

유대인 아버지들은 칭찬뿐 아니라 꾸중도 함부로 하지 않는다. 유대인 아버지는 자녀가 무언가를 잘못했을 때에만 야단친다. 누구는 안 그런가 하겠지만 그 기준이 우리와 다르다. 그들은 어린 자녀를 꾸짖어야 할 때 자녀가 선한 일을 했는가 악한 일을 했는가에 기준을 두고 있다. 특히 선과 악의 기준을 사람의 도덕 기준으로 보는 것이 아니라 하나님의 신앙적 기준으로 판단하는 것이다.

자녀가 남에게 사랑을 베풀고 친절한 행동을 할 때는 그 어느 때보다 크게 칭찬해 주지만 하나님이 싫어하는 일, 즉 십계명을 어기거나 남에게 해를 끼치는 일을 할 때는 엄하게 야단을 치는 것이다. 그러면서 늘 자녀의 자존감을 세워 주기 위해 애를 쓴다. 특히 유대인 아버지들은 자녀 스스로가 자신은 '하나님이 창조한 선한 창조물이므로 마땅히 자랑할 만하다'라고 생각할 수 있도록 가르친다.

또한 유대인 아버지는 자녀들에게 이런 교훈을 만들어 벽에 붙여 두고 읽게 한다.

- 스스로의 힘으로 안 되는 것에 대해 걱정하지 말라.
- 양심에 따라 행동했으면 조금도 후회하지 말라.
- 자신을 사랑하지 못하면 남도 사랑하지 못한다.
- 내 탓도 하지 말고 남의 탓도 하지 말라. 어차피 일어날 일은 일어나기 마련이다.
- 남 때문에 벌어진 일을 나 때문이라고 탓하는 자는 가장 어리석은 자다.

8. 싫으면 하지 말고, 하려면 최선을 다하라

한국 부모님들과는 달리 유대인은 아이들의 장래에 대해서 아무 환상도 갖지 않는다. 가령 아이들에게 "커서 의사가 되어라" 하는 식의 말은 하지 않는다. 물론 학문을 하는 것, 공부를 하는 것은 장려하지만 그 목적은 '의사가 되기 위해서'가 아니다. 장래의 선택은 아이들 자신의 행복에 관계되는 것이며 부모와는 관계가 없는 것이다.

이런 이유들로 해서 공부 이외의 무슨 레슨이나 기능에 대해서는 하나도 강요하지 않는다. 피아노든 바이올린이든 아이들 자신이 배우고 싶어 하면 배울 수 있게 해주고, 싫다고 하면 그뿐인 것이다. 요컨대 '세상 없어도 이것을 배워야 한다'고 생각하는 것이 없다.

부모가 아이들에게 할 수 있는 말은 "싫으면 할 필요가 없다. 다만 할 테면 힘껏 해야 한다"는 말이다. 아이들이 만일 스스로 선택하여 하고 싶다고 하면 그것을 위해서 후회 없는 노력을 하도록 충고를 해준다. 이것은 아이들이 하고 싶은 마음과 상관없이 부모가 멋대로 결정해서 배우게 하는 일과는 정반대의 방식이다.

레너드 번스타인은 러시아계 유대인이며 〈웨스트 사이드 스토리〉의 영화음악 작곡으로 유명한 미국 음악가이다. 그의 아버지는 자기 아들이 꼭 피아노를 배우고 싶다고 간청했을 때, 가까운 곳에 사는 여교사한테 한 시간에 1달러 레슨을 받는 데 동의했다고 한다. 레너드는 병약했지만 의지가 굳어서 자기 용돈을 아껴 교사에 대한 사례금을 내면서 피아노의 기량을 닦았다고 한다.

다음의 예도 흥미 있는 이야기이다. 앨버트 아인슈타인은 일곱 살 때부터 바이올린을 배우기 시작하였다. 그러나 레슨 시간이 길고 엄격했기 때문에 배우기를 싫어하게 되어 1년 만에 그만두게 되었다. 그러나 2, 3년 지나자 이번에는 그 자신이 어느 날 모차르트의 곡을 켜고 싶다고 생각하게 되고, 다시 한 번 레슨을 받기 시작하였다. 그리하여 일생 동안 바이올린을 사랑하였다는 것은 유명한 이야기이다.

이처럼 아이들의 의사를 존중해 주면, 아이들은 공부에서도 스스로 자기 능력을 적극적으로 알아보려고 하는 좋은 경향이 생겨나는 것이다. 가령 어떤 유대인 아이는 열 살 때 벌써 남을 능가하고 싶은 갈망을 가지게 되어, 교사도 풀 수 없는 어려운 문제를 생각해 내어 교사를 압도했다고 한다. 물론 이것은 지나치게 자기의 능력을 시험해 보고 싶어서 하는 행동이기도 하겠지만, 하여튼 이렇게 자란 유대인의 아이들은 부모의 희망을 받아들일 때도 자기의 의사를 세우는 것을 잊지 않는다.

그 좋은 예가 유명한 정신의학자 지그문트 프로이트이다. 그는 17세에 빈 대학에 입학하여 아버지의 희망에 따라 의학부에 들어갔다. 그러나 어디까지나 개업 의사가 되기를 거부하고, 13년 동안이나 연구실에 머무르면서 과학으로서의 의학 연구에 몰두하였다. 그의 정신분석 학설은 이러한 연구생활에서 얻은 자연 과학적 방법이 기초가 되었기 때문에, 그때까지의 심리학 수준을 훨씬 넘어선 것이 되었다고 한다.

유대인은 아이들의 장래에 너무나 큰 기대를 가지거나 지나친 환상을 그리며, 그들이 나아가는 발걸음을 잘못 디디기를 바라지 않는다. 그렇게 하는 것은 부모의 월권행위라고 할 수 있을 것이다. 아이들 자신이 나아갈 길을 스스로 찾아내어 자기 능력의 한도까지 나아가도록 해주는 것이 최선의 결과를 얻는 길이라고 할 수 있는 것 같다.

필자는 일하기를 싫어했다. 그런데 농업고등학교 시절 오전 수업이 끝나면 오후는 농장에 나가 실습을 해야 했다. 실습이 싫어 도망(무단 조퇴)가는 일이 다반사였다. 다음날 아침에 등교하면 담임 교사의 호출을 받고 교무실에서 벌을 서곤 했다. 당시 일을 하겠느냐, 벌을 받겠냐고 물으면 벌을 받겠다고 했다. 지금도 일하는 것을 좋아하지 않는다.

9. 자기의 운명을 순순히 받아들이자

욕구불만에는 좀 더 높은 차원으로의 대처 방법이 있다. 그것은 인생에서 일어나는 모든 일을 순순히 받아들이는 것이다. 받아들인다고 하는 것은 결국 안심하고 신의 손에 모두를 맡기는 것이다. 신이 정한 운명이라면 감사히 여기고 몸을 맡겨 버리는 것이다. 그리고 이 숭고한 신앙심은 일생을 걸고 추구해 가는 것이다. 조금이라도 그러한 신앙심에 접근하도록 끊임없이 노력할 수밖에 없다.

그러한 자질은 아직 몸에 배지 않았으니까 하고 생각할 필요는 없다. 힘을 기르고 강화해 가면 될 것이다. 우리는 자기의 인생을 향상시키도록 노력하고, 바꿀 수 있는 것은 바꾸어 가지 않으면 안 된다. 바꿀 수 없는 것은 신을 믿고 순순히 받아들이면 된다. 이 단계에 도달하면 어떤 욕구불만과 괴로움이 생겨도 견딜 용기와 강인함이 생길 것이다.

10. 키신저 형제의 건강한 라이벌 의식

유대인은 형제나 자매를 전혀 다른 인격체로 기른다. 그러므로 형과 아우를 비교하는 일은 절대로 피한다. 가령 동생에 대해서 "형은 저렇게 공부를 잘하는데 너는 뭐냐?" 하고 머리 좋고 나쁜 걸로 차별하는 일은 만에 한 번도 없다.

왜냐하면 그것은 아우로서 자기 힘에 넘치는 어쩔 수 없는 사실을 강요하는 일이며, 그렇다고 해서 그의 성적이 오를 리도 없다. 단지 그를 실망시킬 뿐이고, 형과 다른 인간으로 자라날 싹을 잘라 버리는 결과가 된다. 즉 형제를 하나의 능력으로 비교하는 것은, 가령 학교 성적만으로 비교하는 것은 해는 있을지언정 아무 이익이 없는 일이다.

미국의 국무장관이었던 헨리 키신저의 동생인 워터 키신저는 현재 알렌 전기 설비회사의 사장으로서 존경받는 비즈니스맨이다. 그는 "어렸을 때 형과 나는 라이벌이었죠. 그러나 그다지 큰 경쟁관계는 아니었어요. 둘이 하는 일도 다르고 성격도 달랐었거든요" 하고 술회한다. 아마 헨리와 워터는 유대인인 부모에게 다른 인격체로 취급되었던 것이다. 그는 형이 국무장관을 하던 때에도 형에 대해서 열등감을 가지기는커녕 "신문은 헨리만 쫓아다니지 말고 내 성공담도 좀 실어야 할 게 아닌가" 하고 건강한 라이벌 의식을 나타내었다고 한다. 형제라 하더라도 어디까지나 다른 개인이라는 사고방식은 유대인에게 있어서 수천 년 전부터 있었던 생각이다.

한국에서는 군사정권 때 색깔 문제로 연좌제를 적용하여 가족 중 한 사람 때문에 온 가족이 피해를 받은 적이 있다. 유대인의 부모가 아이들을 대할 때 가장 관심을 기울이는 점은 그들 사이의 능력차가 아니라 '개인차'이다. 비교보다는 저마다 자신의 개성을 발전시키는 것을 중요시한다.

그러므로 유대인은 아이들이 친구집에 놀러 갈 때도 결코 형제를 함께 보내지 않는다. 서로의 흥미는 전혀 다르기 때문에 같은 장소에 가보아도 의미가 없으며, 따로 가서 제각기 다른 세계를 흡수하고 돌아오는 것이 훨씬 낫다고 생각하기 때문이다.

유대계의 유명한 사람들 중에서도 음악가 레너드 번스타인이 잡지의 편집자가 된 셀리, 그리고 버튼과 계속 친밀한 접촉을 가졌다는 것은 유명한 이야기이다. 유대인은 아이들이 서나나의 개성에 따라 성장하고 서로를 아끼는 관계를 일생 지속하기를 바라고 있는 것이다.

형제 간에도 각자의 소유물이 있다면 소유물 때문에 동생이 질지는 모르겠으나, 어릴 적부터 '소유권' 교육을 착실하게 해두면 장래 가정 밖으로 나왔을 때 타인의 것이나 공공의 것을 어떻게 다루어야 좋은가를 자연히 터득하게 된다고 생각하기 때문이다.

집 안에 있는 가구를 가족 전체의 것으로서 소중히 해야 한다는 것을 아는 어린이가 성장한 뒤 길거리에 침을 뱉거나 동물원의 동물에게 장난을 친다고는 생각되지 않는다. '어린아이니까 하는 수 없다'는 태도는 절대로 취하지 않는다. 이러한 것들을 공중도덕이라고 새삼스럽게 얘기할 것도 없이 가정교육의 과정에서 어린이들이 저절로 이해하게 되는 것이다.

  유대인 어머니들은 어린아이일지라도 제멋대로 식물의 잎사귀를 따내도록 내버려두지 않는다. 가령 현장을 보게 되면 아무 말 않고 그 화분을 아이의 손이 미치지 않는 장소에다 옮겨 놓는다. 이렇게 하여 '소유권'을 이해시키기 위한 전제를 만들어 가는 것이다. 그러므로 '아이니까 어쩔 수 없다'는 태도만큼은 유대인 어머니들은 절대로 취하지 않는다. 정말로 아이의 '인격'이나 '인권'을 존중한다면, 아이들을 특별히 취급하는 법은 결코 없어야 한다고 생각하기 때문이다.

제8장

유대인의 자녀교육

1. 유대인의 공부법

걸프전이 시작될 때의 일이다. 최후통첩 기한이 지나도 쿠웨이트에서 철수하지 않은 이라크군에 연합군이 총공격을 퍼부은 것이다. 라디오에서 총격 소리를 듣고 '아, 이제 전쟁이 시작되었구나' 하며 마른 침을 삼켜 가며 방송을 듣던 긴장의 순간이었다. 이라크 사담 후세인의 협박대로 이라크군은 이스라엘에 미사일을 발사했다. 레이더에 미사일이 포착되자 사이렌이 요란하게 울리고 한밤중인데도 사람들을 두드려 깨워 방문에 테이프를 붙이고 방을 밀봉한 다음 가스 마스크를 뒤집어썼다.

잠시 후 경계 해제 사이렌이 울리자 우리는 떨리는 마음으로 텔레비전을 켜고 미사일이 어느 부근에 떨어졌는지, 장소와 피해 상황을 알아보았다. 뉴스 마지막에는 이츠하크 샤미르 이스라엘 수상이 나타났다.

"나도 사이렌이 울리자마자 문틈을 막은 방으로 들어가 가스 마스크를 뒤집어썼습니다. 그때 함께 있는 가족, 그리고 4만 명의 유대인 동포들이 어린아이에서부터 노인에 이르기까지 가스 마스크를 뒤집어쓰고 불평 한마디 하지 않고 피난하는 모습을 상상했습니다. 여기에 우리 유대 민족의 진정한 힘이 있습니다. 이 힘으로 우리는 어떤 고난이든 극복할 수 있습니다. 자, 일상으로 돌아가 건국을 계속합시다. 전 세계에 흩어져 사는 유대인 귀환자를 받아들일 노력을 합시다."

샤미르 수상은 그렇게 국민을 독려했다.

이방인인 나조차 힘을 얻었다. 그의 모습은 정치가라기보다 불안에 떠는 가족을 감싸 주는 아버지 같았다.

걸프전은 42일 동안 계속됐다. 그동안 이스라엘은 열여덟 번의 미사일 공격을 받아 사망자 14명, 부상자 226명이 발생했다. 많은 집과 빌딩, 상점가가 큰 피해를 입었다. 그러나 이스라엘 국민들은 아픔을 견뎠고, 반격도 하지 않고 승리를 얻어냈다. 전쟁 중에도 대학은 전혀 휴강하지 않았다. 군에 소집된 학생 이외에는 모두 평상시와 마찬가지로 날마다 학교에 나왔다. 언제 미사일이 떨어질지 몰랐기 때문에 가스 마스크를 넣은 가방을 어깨에 메고 학교로 나왔다. 배움은 유대인에게 가장 중요한 일이라는 사실을 확인할 수 있는 순간이었다.

"복 있는 사람은 악인들의 꾀를 따르지 아니하며 죄인들의 길에 서지 아니하며 오만한 자들의 자리에 앉지 아니하고 오직 여호와의 율법을 즐거워하여 그의 율법을 주야로 묵상하는도다"(시 1:1-2).

이처럼 악한 적의 모략에도 굴하지 않고 적의 도발에 넘어가지 않고, 잘못된 길로 끌려가는 법도 없고, 낮이나 밤이나 묵상하는(배움을 계속한다) 유대인의 모습을 볼 수 있다. 동시에 전쟁이 끝났다는 소식을 듣고 안도하는 그들의 표정이 잊히질 않는다.

전쟁이 끝난 뒤 뜻밖의 일이 일어났다. 전쟁 중에 나같이 고국에 귀국하지 않고 가스 마스크를 어깨에 메고 학교에 나온 사람에게 친구들이 후한 점수를 줬다. 한 친구는 유대인 말을 가르쳐 주겠다고 했다. '가장 곤란할 때 옆에 있어 준 사람이야말로 진정한 친구'라고 말이다. 그들은 끝까지 함께 남아 준 일을 언제나 잊지 않았고, 그 후 공부도 많이 도와주었다. 그것은 언어 때문에 고생하는 타국민에게 매우 큰 힘이 되었다.

그때 그들은 함께 공부하는 방법과 즐거움을 가르쳐 주었다. 혼자서 열심히 노력하는 것만이 공부라고 생각하던 유학생을 4-5명이 함께 공부하는 모임에 넣어 주었다. 이 공부법은 전 세계로 흩어져 혼자서는 살아갈 수 없었던 유대인들이, 서로 돕고 서로 가르치면서 살아온, 어떤 의미에서는 자연발생적인 공부법이라고 생각한다.

시험공부는 유대인 특유의 철저한 암기였다. 몇 번이고 소리 내서 함께 읽고, 내용을 모두 이해하고 외울 때까지 함께한다. 한번은 시험 전날, 다 같이 공부할 수 있는 방을 구하지 못했다. 그래서 밤중에 몰래 강의실에 숨어 들어가 아침까지 공부하고, 그 자리에서 시험을 보고 모두 합격했던 적도 있다. 그때의 기쁨은 지금까지 잊을 수 없는 추억으로 남아 있다.

2. 모계 중심의 유대인

키부츠의 히브리어 학교 울판에서 히브리어 공부를 하고 있을 때의 일이다. 어느 날인가 히브리어 수업 시간에 교수님께서 각자 집안의 뿌리가 무엇인지를 찾아보자는 화제를 던지셨다. 울판은 전 세계에 흩어져 살고 있는 유대인 자녀들을 위해 키부츠에서 히브리어 교육을 하는 언어학교였기 때문에 다양한 계보를 가진 학생들이 모여 있었다. 교수님은 자연스럽게 두 학생에게 물었다.

"너는 어디에서 온 유대인이지?"

질문을 받은 두 학생은 차례대로 그 질문에 대답했다.

"우리 할머니, 할아버지는 러시아계 유대인이에요."

"우리 엄마는 독일계 유대인이고 아버지는 헝가리 유대인이에요."

두 학생의 대답을 들은 교수님께서 이렇게 말씀하셨다. "우리 어머니는 프랑스계 유대인이고 아버지는 모로코 유대인인데, 파리에서 만나 결혼한 뒤 이스라엘로 이주해서 나를 낳았지요. 그래서 나를 '짜바르'라고 불러요. 짜바르란 원래 선인장을 뜻하는 말인데, 겉으로 보기에는 가시가 있어 강인하게 보이지만 그것의 열매는 무척 달고 부드럽지요. 짜바르란 이스라엘에서 태어난 유대인을 뜻하는 동시에 외유내강의 우리들 성향을 이르기도 하는 말입니다."

그런 다음 교수님은 나한테 화살을 돌려 물으셨다.

"너도 유대인이냐?"

교수님께서는 내가 중국계 유대인일 가능성이 있다고 생각하시는 것 같았다. 이스라엘 사람들이 세계 각지에 흩어져 살 때 중국에까지 들어가서 그곳에 회당을 짓고 살기도 했으므로 중국계 유대인일지도 모른다고 짐작하셨던 것이다.

유대인이 되고 안 되고는 태어나면서부터 결정된다. 태어난 아이의 부모가 모두 유대인일 경우에는 이느 나라에서 태어났든 그 아이는 유대인이 된다. 유대교의 풍속과 전통을 지키지 않고 하나님의 존재 자체를 부정하는 반유대교 사람일지라도 부모 모두가 유대인이기 때문에 유대인이 되는 것이다. 부모 가운데 어머니가 유대인일 때도 유대인이 되지만, 어머니가 유대인이 아닌 이방인일 때는 아버지가 유대인이라 하더라도 그의 자녀는 자동적으로 유대인이 될 수 없다. 그런 경우에는 그 어머니가 유대교로 개종(改宗) 절차를 밟아야만 유대인이 될 수 있다.

쉽게 말하면, 아버지가 유대인이고 어머니가 영국인이라고 하면 그 사이에서 태어나는 아이는 유대인이 아니라는 것이다. 반대로 어머니가 유대인이고 아버지가 영국인이면 그 사이에서 태어난 아이는 유대인이 되는 것이다. 이스라엘에서는 유대인이 되기 위해서는 어머니가 반드시 유대인이어야 한다는 것을 법률로 정해 놓고 있다. 그렇지만 아이의 성은 어머니가 아니라 아버지의 성을 따른다. 유대인으로 자격을 부여받기 위한 전제조건으로 어머니가 유대인이어야 한다고 하는 데에는 아이들의 교육에 있어 어머니의 역할이 그만큼 중요하기 때문이다.

'Jewish Mother'(교육의 어머니)라는 말이 생겨날 정도로 이스라엘의 어머니들은 자녀 교육에 열성적이다. '교육의 어머니'라는 말에는 귀찮을 정도로 교육에 아주 극성스럽다는 부정적인 의미도 담겨 있지만, 그녀들의 교육은 무조건 공부를 하라고 극성을 떠는 것과는 많은 차이가 있다. 유대인 집안의 어머니들은 아이에게 유대인만의 전통, 역사, 예법, 법률, 종교의식을 가르치고 전통 유대인으로 자라게 하는 역할을 도맡아 한다.

유대 법률은 '할라카'라고 하는데 이것은 생활 전반에 영향을 미친다. 가령 결혼, 이혼, 장례, 짐승을 잡는 법, 음식을 먹고 조리하는 법(코셔 법) 등등. 이 유대의 법률은 유대인의 특성이 진하게 깔려 있어 유대인만의 독특한 생활양식과 의식을 살펴보는 데 더없이 좋은 자료가 될 것이다. 유대인 가정에서는 아버지도 아이를 유대인답게 키우는 데 많은 영향을 주고 있지만 아이와 심리적으로 또는 환경적으로 더 긴밀한 접촉을 가지는 사람은 어머니이기 때문에 유대인의 고유한 색깔을 아이에게 가지게 하는 것은 아버지보다 어머니 쪽이라 하겠다.

이스라엘 사회는 유대인이 아니라고 해서 사람들을 제도적으로 차별하지는 않는다. 다만 그들은 유대인의 피가 흐르고 있는 어머니의 몸을 온전히 빌려 태어나, 그 어머니를 통해 가장 유대인적인 습속과 생활을 전수받아 그 정통성을 온몸으로 잇는 한 사람의 유대인을 소중하게 여길 뿐이다. 그들은 아직도 '유대인으로 태어나서 유대인으로 죽는 것'을 아주 영광스럽게 생각하고 있다. 물론 아이들에게도 그렇게 가르친다.

3. 부모가 하듯 자식에게 하라

유대인 가정에서의 부모 자식 관계는 '주고받는' 관계가 아니다. 이를테면 부모가 이만큼 해주었으니 자식도 그만큼 부모에게 보답하지 않으면 안 된다는 식의 사고방식은 유대인과 거리가 멀다. 유대인들은 예로부터 부모는 오직 줄 뿐이고, 자식은 오로지 받으면 그만인 존재로 생각한다.

유대인 엄마들이 보통 아이들에게 "나는 너희들에게 아무것도 되돌려받을 생각은 없어. 만약 내게 보답하고 싶은 생각이 있거든 이다음에 너희 아이들에게 엄마가 너희들에게 했던 것처럼 하면 돼. 그것이 나에게는 제일 기쁜 일이니까"라고 말하는 것은 바로 그런 까닭에서이다. 이와 같은 생각은 그들의 어머니에게서 배워 내려온 곳이다.

장성하여 직장생활을 하는 자녀가 월급의 얼마를 떼어 어머니의 선물을 사드렸을때 그녀의 어머니는 왜 선물을 사왔는지를 물으셨다고 한다. "어머니가 저에게 베풀어 주신 사랑에 조금이나마 보답하려고요" 하고 대답하자 그녀의 어머니는 손을 내저으면서 다음과 같이 딱 잘라 말씀하셨다고 한다.

"아니야, 내가 너를 키우는 건 무엇을 바라서가 아니란다. 내게 보답하고 싶거든 나중에 네 아이들에게나 그렇게 해주어라."

그녀의 친구도 비슷한 경험을 한 적이 있다고 한다. 친구가 젊었을 때 집을 장만하기 위해 부모님에게서 약간의 도움을 받았다. 친구는 그 돈을 당연히 빌린 것으로 생각했기 때문에 3년 동안 열심히 저축을 해서 그때 빌린 돈을 갚기 위해 부모님을 찾아갔다. 그런데 그 친구 역시 똑같은 이유로 그 돈을 돌려받았다는 것이다.

유대인의 부모들은 늙어 병이 들어도 자녀들에게 신세 지는 것을 싫어한다. 그래서 병든 부모를 돌볼 때만큼 신경 쓰이는 일도 없다. 병든 부모를 돌보는 것은 '보은'이 아니라 부모에 대한 애정과 자식 된 도리임을 납득시키지 않으면 안 되기 때문이다.

탈무드에는 이와 같은 부모 자식 간의 관계를 다른 측면에서 다룬 일화가 있다. 한 노인이 뜰에 묘목을 심고 있었다. 마침 그곳을 지나가던 나그네가 그 광경을 보고 물었다.

"언제쯤 그 나무에서 열매를 수확할 수 있습니까?"

"70년쯤 후에나."

노인의 대답에 나그네는 고개를 갸우뚱하며 다시 물었다.

"노인장께서 그때까지 사실 수 있습니까?"

그러자 노인은 딱 잘라 대답했다.

"아닐세. 내가 태어났을 때 과수원에는 열매가 잔뜩 열렸었네. 아버지께서 심어 두셨기 때문이지. 나도 그저 우리 아버지와 똑같은 일을 할 뿐이라네."

부모는 자녀에게, 자녀는 다시 그 자신의 자녀에게 일방적으로 베푸는 이러한 사고방식은 지금까지도 면면히 이어지고 있는 유대의 전통 중 하나이다. 동양에서는 "부모에게 효도하라"는 말이 있는데, 이것은 부모는 자식에게 의지하고, 자식은 당연히 부모의 시중을 들지 않으면 안 된다는 관계에서 나온 말인 듯하다. 물론 자식의 부모에 대한 애정은 소중한 것이지만, 그보다는 그 애정을 새로운 세대에 쏟는 것이 미래를 위한 확실한 투자 방법이라고 유대인들은 생각한다.

4. 호기심에서 창조성이

아이들은 궁금한 것이 많다. 어른들에게는 시시한 것도 아이들은 심각하게 생각하는 경우가 많다. 아이들의 궁금증에 어떻게 답하느냐에 따라서 아이들의 성장이 큰 영향을 받는다는 것은 여러 번 강조해도 부족하지 않다. "엄마, 봄이 되면 왜 제비가 오는 거야?" "봄이니까 제비가 오지." 이런 대화는 아이의 궁금증을 풀어주기는커녕 더 이상 엄마에게 질문을 하고 싶은 생각을 단념케 하는 답답한 대화에 속한다.

아이들의 질문은 어른에게는 싱겁지만 아이에겐 놀랍고 감동이 있어서 '왜'라는 궁금증을 품고서 나오는 것이 대부분이다. 그리고 이것은 논리적으로 생각하려는 기초행위에 해당한다. 그런데 이런 것에 대해서 무시를 하면 아이의 논리적인 사고의 싹을 잘라 버리는 꼴이 되는 것이다.

아이들의 궁금증에는 되도록 논리적이고 성실하게 답해야 한다. 잘 모르는 것은 언제까지 답해 주겠다고 약속을 하고 의문을 풀어 주기 위해서 부모가 노력한다는 면까지 보여주면 더욱 좋다. 어려서부터 호기심이 많은 아이는 창조성이 풍부한 아이로 성장할 가능성이 많다. 그 가능성을 키워 주는 것은 부모의 세심한 배려이다.

조기교육에 있어서 가장 중요한 것이 호기심이다. 호기심은 상상력과 창의성의 어머니이다. 아이들은 호기심을 가짐으로써 사물을 배우고 인식하는 것이다. 즉 호기심은 아이가 발전하는 동기를 제공해 주는 것이다.

생후 4개월만 되어도 아이는 자기 주위의 대상을 뚫어지게 바라보며 탐구한다. 호기심은 무척 빨리 발전하는 것이다. 또 생후 6개월이 되면 보는 것으로 만족하지 않고, 느끼기 위해서 물건을 입으로 가져가기도 하고, 손으로 만지거나 집거나 넘어뜨리곤 한다. 돌이 지나면 걷는 것이 가능한데, 아이는 호기심 때문에 온갖 곳으로 가려는 의지를 보인다. 또한 높은 곳에 올라가 보이는 모든 것을 밀거나 잡아당기는 등 다양한 체험을 함으로써 자신의 육체적 기능들을 시험해 본다.

어머니는 이러한 행동을 위험하다고 말리기보다는 아이가 속해 있는 세계를 이해할 수 있는 중요한 활동으로 인식하고, 그러한 행동들이 더 적극적으로 행해질 수 있도록 도와주어야 한다. 이런 호기심은 아동기 전반에 걸쳐서 나타나는데 나무, 꽃, 동물, 곤충, 비, 과일, 채소 등 아이가 볼 수 있는 모든 것들에 대해서 관심을 갖도록 이끌어 준다.

호기심을 북돋워 주는 방법은 무엇일까? 그렇게 어렵지 않다. 단지 아이가 갖는 호기심이나 새로운 경험을 옆에서 함께 지켜봐 주고, 함께 기뻐할 정도의 관대한 태도, 그리고 가능한 한 많은 인내심을 갖는 일이다. 종이를 찢고, 박스를 차고 던지거나 소파에 동그라미 등을 그리더라도 하지 말라고 소리치기보다는 주위에 위험하거나 깨지기 쉬운 것, 혹은 값나가는 물건들을 아예 치워 두는 것이 낫다.

또 아이들이 너무 많은 질문을 할 경우, 귀찮아하거나 면박을 주어선 안 된다. 아이의 질문에 끈기 있고도 간단명료한 대답을 해주면서 아이에게 또 다른 질문과 관심을 유도하는 것이 현명한 태도다. 질문을 중지시키고 아이로 상상의 탐험을 멈추게 한다면, 아이들의 호기심과 지적·정신적 성장을 방해하는 것이 된다.

특히 호기심은 상상을 동반하기 때문에 아이는 부모가 옛날 이야기나 동화를 들려주는 것을 좋아한다. 이야기를 들으면서 자기 자신을 동화의 주인공으로 생각하기도 하고, 동화 속의 주인공과 같은 감정을 갖기도 한다. 또 하늘을 나는 천사가 되기도 하고, 많은 동물들이 살고 있는 숲속을 마음속에 그리게 된다. 특히 아이들은 동물을 좋아한다. 상상은 아이가 커나가는 데 강력한 자극이 되며, 삶의 경험을 확대시키고 삶을 흥미롭게 한다. 부모는 아이의 물음에 대해 항상 적극적인 관심을 가지면서 질문에 만족할 만한 대답을 해주어야 한다. 그리고 호기심, 학습, 꿈꾸는 것에 관한 한 어떠한 금지나 규제도 없다는 것을 느끼도록 해야 한다.

상상과 호기심은 밀접한 관계에 있으며 어떤 측면에서 중복되기도 한다. 상상은 새로운 생각의 뿌리이며, 창의성은 상상을 실현시키는 힘이다. 아이에게 적절한 질문을 하는 것은 나중에 더 발전된 질문을 하도록 유도하는 일이다. 아이들은 주로 "왜 그래? 어떻게? 어디에?"라는 질문을 많이 한다.

아이들은 부모들과 비슷한 행동을 하려고 하고, 비슷한 감정을 갖기 원한다. 부모가 자신이 본 것을 얘기해 줄 때 그것을 이해하려고 노력한다. 이러한 과정을 통해서 부모와 자식들은 닮아간다. 그러나 점점 자라면서 자기만의 방법을 찾게 되고, 과학적인 방법도 동원할 정도로 발전하게 된다.

5. 청결의 큰 의미

어머니가 자녀들을 교육시킬 때 가장 먼저 해야 할 것은, 식사 전에 반드시 손을 씻는 습관을 들이는 것이다. 손을 씻는 것뿐 아니라 자기 몸을 청결하게 하고 단정한 모습으로 사람을 대하는 것은 사회생활을 영위해 나가는 데 있어서 빼놓을 수 없는 의무이자 최소한의 예의이다. 이런 사고방식은 동서양을 막론하고 모두 마찬가지겠지만 유대인 가정에서는 또 하나의 중요한 의미가 있다.

유대인 가정에서는 식사를 하기 전에 반드시 손을 씻어야 한다고 자녀들에게 엄격히 가르친다. 그것은 곧 하나님의 축복을 받는 마음 자세를 갖추기 위함이다. 유대인에게 있어 손을 씻는 행위는 하나님을 대하는 신성한 의식이며, 그러므로 결코 잊어서는 안 되는 행위인 것이다. 이러한 신성한 의식은 비단 식사 때만이 아니라 교회에 갈 때에도 마찬가지이다. 교회의 출입구에는 물을 담아 놓은 그릇이 있어 그곳에서 손을 씻고 들어가게 되어 있다. 손을 씻으면 마음도 깨끗하게 되는 것이다.

지금으로부터 2천여 년 전의 일이다. 이스라엘에 힐렐이라고 불리는 랍비의 대승정(大僧正)이 있었다. 그는 손꼽히는 랍비 중에서도 가장 위대한 인물로서, 그리스도의 말이 사실은 힐렐의 말을 인용한 것에 지나지 않는다는 말까지 전해질 정도였다. 이 위대한 랍비 힐렐이 어느 날 거리를 황급히 걷고 있었다. 제자가 그 이유를 물었다.

"좋은 일을 빨리 하고 싶어서 서두르고 있네."

제자는 좋은 일이란 것이 대체 무슨 일인지 궁금하여 스승의 뒤를 따라갔다. 그런데 힐렐은 공중목욕탕으로 들어가더니 온몸을 깨끗이 씻는 것이 아닌가. 이를 보고 어리둥절해하는 제자에게 힐렐은 다음과 같이 말했다고 한다.

"자신의 몸을 깨끗이 씻는 것이 곧 선행이라네."

나는 수시로 우리 아이들에게 이 이야기를 들려주는데, 그때마다 반드시 한마디 덧붙이곤 한다.

"집 안을 청소하거나 교회를 깨끗이 하는 것도 꼭 해야 할 일임에 틀림없어. 그러나 그보다 먼저 너희들 몸부터 청결히 하거라. 그것이 바로 선행의 시작이니까."

유대인의 이와 같은 청결벽은 예로부터의 전통이며, 그로 인해 다음과 같은 에피소드까지 생기게 되었다.

중세 때 페스트가 퍼져서 유럽 인구의 3분의 1이 죽었다. 그때 유대인이 이 무서운 페스트를 만연시켰다는 소문이 나돌았다. 왜냐하면 오직 유대인만이 이 병에 걸리지 않았기 때문이다. 그렇다면 왜 유대인만이 페스트에 걸리지 않았을까? 그 이유는 지극히 간단하다. 유대인만은 그 당시에도 목욕을 자주 하는 습관이 있었고, 식사 전에 손을 씻는 것은 물론이고 화장실에 다녀온 다음에도 반드시 손을 씻는 것은 종교상의 규칙이기까지 했다. 이 청결함이 페스트로부터 유대인을 구해준 것이다. 그러나 어떤 시대, 어떤 사회에서도 소문이란 무서운 것이어서 유대인이 페스트균을 우물에 넣었다는 소문이 퍼져 박해를 받게 되었다.

유대인들은 신앙심이 매우 돈독한 민족이며, 또한 현실주의적인 생활 태도를 계속 유지해 온 민족이기도 하다. 몸을 청결하게 하는 것이 하나님과 연관된다는 신앙은, 동시에 건강이나 위생이라는 과학적인 이유에도 부합된다고 할 수 있다. 말하자면 건강에 관한 생활의 지혜가 고대 유대인들에 의해서 신앙으로까지 승화되었던 것이다. 그리고 그 습관이 현재에 이르기까지 생활 속에 면면히 계승되고 있는 것이라 여겨진다.

이처럼 유대인 어머니들은 청결의 필요성을 자녀들에게 가르치는 경우에도, 손을 씻고 샤워를 하는 것은 질병을 예방하고 남에게 불쾌감을 주지 않을 뿐 아니라 신앙심과도 연관되어 있다고 설명해 준다. 그럼으로써 자녀들의 마음속 깊이 그런 습관이 보다 깊게 뿌리내리도록 노력한다. 또 현대생활에서는 이러한 의식적인 습관을 통해서 깔끔한 태도와 경건한 기분으로 사물을 대하는 마음가짐을 기를 수 있다고 생각한다.

6. 자율적인 발상은 창조적 놀이에서

가끔 아이들이 노는 모습을 보면 역시 아이들의 세계는 그 가능성이 무궁무진하다는 것을 느끼게 된다. 장난감을 가지고 노는 것도 그 장난감이 가지고 있는 본래의 놀이법과는 상관없이 변형된 방법으로 놀이를 하는 것을 목격하기도 한다. 실제로 완구회사의 아이디어맨들은 아이들이 노는 놀이터나 유치원을 찾아 다니면서 아이들의 놀이를 목격하여 그것에서 힌트를 얻어 신제품을 만드는 경우가 많다고 전해지기도 한다.

아이들은 스스로 장난감 놀이를 통해서 많은 실험을 하고 새로운 길을 모색하는 창조성의 훈련을 거듭하고 있는 것이다. 그런데 참으로 많은 부모들이 자녀들에게 왜 장난감 놀이나 기구 놀이가 필요한 것인지를 이해하지 못하고 있는 것으로 보인다. "그 장난감은 그렇게 갖고 노는 것이 아니야! 엄마가 해줄게, 잘 봐!" 하는 식으로 해답만을 설명해 버리면 아이는 정해진 답만 습득할 뿐, 다른 의욕은 상실하게 된다.

아이들의 놀이는 다양한 응용 능력을 키우는 데 큰 의미가 있다는 것을 인식해야 한다. 아이의 자율적인 발상을 빼앗으면 아이의 창조적 뇌는 계발되지 못하는 것이다.

물론 경우에 따라서는 부모의 지도가 필요한 상황도 있다. 그런 상황에서는 약간의 힌트를 주어서 사고력을 키울 수 있는 여유를 제공하는 정도면 좋을 것이다.

7. 아이의 질문에 슬기롭게 대처하는 법

아이들은 궁금증이 많다. 하루에도 수십 번을 질문한다. 물론 성장하면서 그 횟수는 줄어들기 마련이지만 그만큼 아이들은 호기심이 많고 또 의욕이 넘친다는 면에서 질문이 많은 것은 좋은 현상이다. 그런데 문제는 부모의 대응방법이다.

아이들이 하는 질문에는 단순하고 쉽게 설명할 수 있는 것이 대부분인 듯싶지만 워낙 질문이 많기 때문에 그중에는 대답하기 난감한 질문도 상당히 있다. 이처럼 대답하기 힘든 것을 아이가 물어왔을 때는 당혹스럽고 얼굴이 붉어지기도 한다. 물론 아이의 질문에 무조건 대답을 해야 하는 것은 아니다. 아이에게 들려주지 않는 편이 좋은 것이라고 판단되면 거절하기도 해야 한다.

다만 아이의 질문을 대답하기 어렵다고 해서 "어린애는 몰라도 돼" 하는 식으로 아이를 무시하거나 질문하는 행위 자체를 싫어하는 태도를 보이면 곤란하다. 아이는 별 뚜렷한 이유도 없이 부모에게 무시를 당했다고 생각하므로 마음의 상처를 입게 된다. 아이들은 한 번 상처를 받으면 그 일을 그만두게 된다. 그렇게 되면 부모와 자식 간의 커뮤니케이션이 무너지는 것은 물론 지적 성장의 기본요소인 호기심을 포기하게 되는 심각한 원인이 되는 것이다.

이렇게 상황을 악화시키지 않기 위해서는 대답하기 어려운 질문에 대해서도 일단은 그 질문에 관심을 보이는 것이 좋다. "그 질문은 참 어려운 질문이구나. 그래서 지금은 말할 수 없지만 네가 더 큰 다음에 말해줄게" 하는 식으로 대답을 대신하면 아이는 어떤 의미로든 이해를 하게 된다. 무엇보다도 부모가 아이의 질문을 받아주었다는 만족감이 생기므로 유대감이 지속되는 것이다.

8. 개성을 살려 다양성 있는 교육

　창조적인 아이디어가 풍부하거나 정보 흡수력이 좋은 인재, 변화를 추구하고, 각 계층 간의 갈등 문제를 파악하고 통합·조정하고자 하는 마음이 있는 젊은이, 논리적이면서 사람 만나기를 좋아하는 스타일의 자녀들에게 권해 보고 싶은 분야가 바로 인문계열이다.
　국어국문학과는 졸업 후 광고제작사나 교사, 작가 등의 길이 있으며, 영어영문학과, 중어중문학과, 불어불문학과, 스페인어과, 노어노문학과, 독어독문학과 등의 어문 계열 학과를 졸업하게 되면 국내 항공사나 노스웨스트 등 외국 항공사, 호텔 분야로 방향을 설정하여 유학을 가거나 대학원에 진학할 수도 있다. 특히 광고에 대한 관심이 높아지면서, 광고회사의 경우 카피라이터나 광고 비즈니스, 광고기획 분야에서 일하게 되는 AE(Accounting Executive) 같은 직군에서도 심리학도의 선호도가 높아지고 있다.
　사학을 전공하게 되면, 교사나 중앙교육진흥연구소 같은 직업 조직은 물론, 국사편찬기관 연구원이나 교수 등으로 진출할 수 있지만 학원 강사로 진출하는 설계도 꿈꿔 볼 수 있다. 신문방송학과나 정치외교학과, 행정학과 졸업생들의 직업적 진로는 매우 넓은 편이다. 행정고시의 길로 나아가거나 7·9급 공무원, 공사나 한국 마사회, 감독원 같은 공공기관으로 나아가기도 한다. 특히 신문방송학과 출신들은 여성 앵커로 진출하거나 텔레비전 구성작가로 진출하고 있으며, 일간지, 라디오 방송국 등의 직업처로 진출하는 설계도 가능하다.
　법학을 전공한 경우, 기업의 법제부나 사법시험 등을 거쳐서 법조인이 되거나 한국전력, 행사 정책연구원, 경찰고시를 통한 경찰관으로의 진출, 국가공무원, 의료보험 관리공단 등의 직업 조직으로 나아갈 수 있을 것이다.

대학에 진학한 후 인문계 부전공이나 복수전공을 하는 경우도 바람직한데, 예를 들면 경영학 전공을 하면서 영어영문학 부전공 등의 경우나 교육학 전공을 하면서 심리학 부전공도 가능하다는 점을 고려하여 자녀들의 학과 선택을 지도하는 것이 바람직하다.

부모와 자녀 사이에는 종종 트러블이 생기기도 한다. 자녀의 논리가 만만치 않게 부모를 압도할 때도 있다. 이렇게 되면 부모는 권위에 상처를 입었다는 생각으로 강경한 말을 하곤 한다.

"너 지금 엄마 말을 무시하는 거니?"
"엄마 말대로 못하겠어?"

초등학생인 자녀의 의사를 굴복시키는 데는 효과가 있을지 모르지만 긴 안목으로 본다면 마이너스가 된다. 이런 말의 이면에는 부모의 권위를 앞세워 이런저런 생각을 할 필요가 없다는 의미가 내포되어 있다. 다시 말하면 아이의 사고력을 방해하는 것과 다르지 않다. 이렇게 자란 아이가 부모의 말에 순응하는 착한 아이가 될지는 모르나 자발적인 사회성과 인간관계를 형성하는 능력은 크게 모자라게 된다는 것을 부모는 인식해야 한다.

아이들을 논리적으로 이해시키는 것은 쉽지가 않다. 그러나 몇 번이고 설명을 되풀이하여 옳고 그름을 알게 하는 교육을 하면 상황 판단능력을 갖게 된다. 우리 주변에는 성인이 되었으면서도 자신의 행동이 도덕적으로 잘한 일인지, 아닌지 제대로 인식하지 못하는 사람이 있다. 이들의 성장 환경을 살펴보면, 대개가 부모에 의해서 철저히 관리되어 마치 온실 속의 화초처럼 성장했다는 것을 알 수 있다. 개성을 가진 아이가 똑똑하고 가슴이 넓은 사람으로 성장한다는 점에 주목하여 아이의 개성을 억압하지 않도록 세심한 교육을 하는 것이 필요하다.

개성이 중시되고 자기만의 무엇이 소중하게 여겨지는 미래 세대에게 부모의 맹목적인 권위는 아마 용납되지 않을 것이다. 급격한 산업화, 도시화 과정 속에서 겉모습은 핵가족화되었지만, 속사정은 가부장적 의식 속에서 갈등과 방황을 겪고 있는 것이 오늘날 우리 가정의 모습이다. 다원화, 개성화의 시대에서 가정은 민주적 공동체 의식으로 우선 합쳐져야 할 것이다. 부모는 강요와 간섭이 아닌 합리적 판단과 설득력으로 아이의 자생력을 키우는 데 주력해야 할 것이다.

그렇다면 무엇이 자주성이고 자생력인가. 그것은 바로 정보화사회를 살아갈 아이의 독립심과 자율성의 고양이고, 세계화된 민주시민사회를 살아갈 공동체적 도덕의식과 문화의식일 것이다. 아이의 자생력 강화를 위해서는 부모의 민주적 역할 분담과 합리성에 따른 가정의 운영이 우선되어야 할 것이다. 동시에 아이의 창의력, 자생력을 말살하는 방향으로 방치되고 있는 극단적 이기주의와 지나친 경쟁심도 끊임없이 생활 속에서 고쳐 나가야 한다. 그것이 개인주의 사회, 경쟁사회 속에서 살아남을 수 있는 길이다.

9. 칭찬은 성취의욕을 키운다

어른들도 칭찬을 받으면 좋아한다. 칭찬을 싫어하는 사람은 없다. 대통령도 국민들로부터 칭찬을 받으면 더욱 신나게 일을 할 것이다. 직장생활에서도 상급자로부터 업무에 관하여 칭찬을 받게 되면 일의 성취감을 느끼는 것은 물론 앞으로의 일도 최선을 다하게 되는 것이 일반적인 심리이며 상식이다. 이것을 거꾸로 생각해 보면 사람들은 어떤 일에 대한 결과에서 칭찬을 받지 못하면 의욕을 상실한다는 말이 되기도 한다. 이러한 법칙은 아이들 세계에서도 그대로 적용된다. 아이들은 자신이 신뢰하는 사람(부모나 선생님)으로부터 칭찬을 받고 싶다는 마음 때문에 어려운 일도 참고 열심히 하게 된다.

이런 심리는 부모 된 자신의 어린 시절을 돌이켜보면 확연해질 것이다. 무언가를 열심히 해놓고선 칭찬을 기대했는데 아무런 반응이 없어서 속상했던 기억도 있을 것이다. 그런데도 부모들은 스스로도 이런 칭찬에 인색하거나 건성으로 하는 경우가 많다.

예를 들면, 이런 경험이 있을 것이다. 바쁘게 외출을 해야 하는데 아이가 학교나 유치원에서 돌아와서 "엄마, 나 오늘 100점 맞았어" 하고는 시험지를 꺼낸다. 그러면 엄마는 "응 그래, 잘했네" 하면서 집을 나와 버린다. 이렇게 되면 아이는 허탈해진다. 엄마와 함께 기쁨을 공유하고 싶어서 친구들이 함께 놀자는 유혹도 물리치고 달려왔는데 무시를 당한 것이다.

아이들이 성취해 낸 성과를 제대로 평가해 주지 않고 무관심하게 되면 아이는 부모를 의심하게 된다. 날마다 공부하라고 다그칠 때는 언제고 막상 기대에 부응하면 시큰둥한 부모의 이면성은 실제로는 부모가 자신에게 큰 관심을 가지고 있지 않기 때문이라고 판단하는 원인을 제공하는 것이다.

이럴 경우에는 부모가 사과해야 한다. 바쁜 일 때문에 서둘러 나가느라고 실수를 했다고 솔직히 말하고, 성적에 대한 보상을 물질적으로도 표현을 해주는 것이 아이의 의욕을 키워 주는 것이 된다. 외출하고 돌아올 때 아이가 좋아하는 과자라도 사가지고 와서 다시 대화를 해야 한다.

또한 우리나라 부모들은 아이들을 꾸짖는 데는 청산유수로 말을 잘한다. 그런데 정작 칭찬하는 것은 엄청나게 서투르다. 그것은 아마도 부모 스스로도 칭찬을 받아 본 일이 드물기 때문이 아닐까 하는 생각이 들기도 한다. 하긴 칭찬을 하는 경우에는 아이가 잘한 것을 가지고 인정을 해주는 것이므로, 그렇게 많은 말이나 기술적인 언어가 필요하지 않다고 생각할 수도 있을 것이다. 그러나 몇 가지 주의할 것이 있다.

예를 들면, 아이가 쓴 글을 칭찬한다는 것은 쉽게 있는 일이다. 그런데 이 칭찬의 말이 너무 애매한 추상적인 말이 되면 칭찬의 의미는 줄어든다. "너 소설가처럼 글을 잘 썼는데, 노벨상도 타겠어" 이런 식의 칭찬은 모호한 표현이다. 아이에게 전달되는 것도 없는 것이다. 칭찬을 할 때는 구체적이어야 하는 것이다.

"너 표현력이 좋아졌구나. 쓸 줄 아는 말이 많이 늘었어" 하는 식으로 글 자체를 가지고 약간의 분석과 함께 칭찬을 해주면 아이는 많은 것을 느끼게 된다. 이런 말을 들은 아이는 예전보다 글이 더욱 좋아졌다는 것과 어휘력이 늘었다는 것, 부모가 관심을 가지고 있다는 것 등을 쉽게 알게 되는 것이다. 이렇게 되면 아이는 자부심과 함께 더욱 분발하게 됨은 물론 신뢰감도 갖게 되는 것이다.

아이를 위한 칭찬은 순간의 기쁨을 주는 데 있는 것이 아니라 더욱 적극적인 동기부여를 하는 데 큰 의미를 두어야 하는 것이다.

제9장

유대인의 토론 교육

1. 이스라엘보다 앞선 한국교육?

한국과 이스라엘은 여러 가지 측면에서 환경이 비슷하다. 나라와 민족이 수많은 고난과 박해와 침략을 받은 것이 그렇고, 지정학적으로 열강의 틈바구니 속에 있는 것도 그렇다. 자녀교육에 열심인 것도 그렇고, 단기간에 기적적인 경제성장을 보인 것도 그렇다. 두 나라 모두 국방비와 교육비에 가장 많은 돈을 쏟아 붓는다. 더구나 독립을 선포하고 정부를 세운 것이 1948년으로 동일하다.

유대인과 한국인은 비슷한 점이 많으면서도 크게 다르다. 나라로 보면 한국은 지능이 세계에서 가장 높은 나라다. 세계에서 학생들이 가장 공부를 오랫동안 하는 나라가 한국이다.

학생들이 공부하는 시간으로도 단연 세계 최고다. 하루 20시간 가까이를 공부하는 고등학교 3학년을 비롯하여 고등학생들은 하루 평균 15시간 내외로 공부할 것이고, 중학생 역시 10시간 정도를 공부한다. OECD의 조사에 의하면, 15세 학생들의 경우 한국 학생들은 8시간 55분을 공부하고, 핀란드 학생들은 4시간 22분을 공부한다. 우리가 핀란드 학생들보다 2배 이상 공부하고, 매일 4시간 30분이 넘게 더 공부한다.

그럼에도 불구하고 성적은 핀란드가 앞선다. 2009년 수학의 경우 핀란드가 1등이고, 우리가 2등이다. 학생들이 사교육을 받는 시간 역시 우리나라가 세계에서 가장 길다. 우리는 하루 평균 3시간 정도 사교육에 투자하고, 핀란드는 세계에서 가장 낮다. 우리는 왜 이렇게 오랫동안 공부하고도 성과에서는 1등을 못할까?

세계에서 노동시간이 가장 긴 나라도 우리나라다. 노력 측면에서 우리만큼 열심히 하는 나라는 없다. 공부시간도 최고고, 일하는 시간도 최고다. 세계에서 교육열이 가장 높은 나라는 어디일까? 유대인의 교육열도 유명하고 중국 부모들의 교율열도 대단하다. 자녀들의 교육에 극성스러운 유대인 어머니를 빗댄 'Jewish Mom'이 숙어가 되었을 정도이고, 중국 부모들의 교육열을 빗댄 용어로 'Tiger Mom'이 있다.

하지만 유대인에게는 구조적으로 '기러기 아빠'가 있을 수 없다. 무엇보다 가족을 중시하기 때문이다. 한국의 부모들은 자녀들을 위해 모든 것을 희생한다. 대표적인 것이 기러기 아빠로 통칭되는 현상이다. 자녀들의 성공을 위해 가정을 희생하는 것이다. 가족의 희생을 바탕으로 공부하는 자녀는 부담을 가질 수밖에 없고, 부담을 가지고 공부에 집중하기도 어렵다. 오랫동안 떨어져 산 아내와 남편이 다시 결합해서 살아가는 것도 쉽지 않고, 자녀들과 아버지의 관계성도 깊어지기 어렵다.

오바마 대통령이 우리나라 교육을 칭찬한 경우가 몇 번 있었는데 그가 칭찬한 우리의 교육은 교육 시스템이나 교육정책, 교육방법 같은 것이 아니다. 그는 부모의 교육열을 칭찬한 것이다. 자녀의 교육에 목숨을 걸다시피 하는 교육열을 말이다. 더불어 그가 칭찬한 것 두 가지가 있다. 교사의 높은 수준과 IT에 기반을 둔 교육 인프라다.

세계에서 교사 수준이 가장 높은 나라가 어디일까? 최근에 우리나라 사람들이 교사를 존중하는 의식이 많이 낮아졌지만, 한국의 교사 수준을 넘어서는 경우는 세계에 없다. 간혹 핀란드가 교사 수준이 높은 나라라고 이야기한다. 그것은 교사 조건 중에 석사 이상만을 대상으로 하기 때문이다. 하지만 대학 입학 수준이나 IQ 수준으로 본다면 우리나라를 따라오기 어렵다.

그러나 안타까운 것은 최고의 인재를 교사로 선발해 놓고 이들을 '지식 전달의 기계'로 만드는 교육 시스템이다. 이 우수한 교사들에게 동기만 제대로 심어 주면 정말 신이 나서 근무할 것이다. 교사들에게 단순히 지식을 전달하는 역할이 아니라 학생들에게 사고력과 창의력을 심어 주는 교육을 하게 한다면 신바람이 나서 열정을 다해 수업할 것이다.

한반도의 넓이는 22만 제곱킬로미터다. 이스라엘은 한반도의 11분의 1에 불과한 2만 제곱킬로미터다. 유대인의 인구는 이스라엘에 600만 명 정도, 미국에 700만 명 정도, 나머지 200만 명이 세계에 흩어져 있어서 1,500만 명 정도다. 하지만 한국인은 남한만 5,000만 명이고, 북한 2,500만 명, 그리고 800만 명 정도가 세계에 흩어져 있어서 8,300만 명에 가깝다. 우리는 세계 인구의 1.2퍼센트 정도이고, 유대인은 세계 인구의 0.2퍼센트 정도다. 우리가 6배 가까이 많은 것이다.

나라 넓이로는 이스라엘보다 한반도로 하면 11배, 남한으로 하면 5배가량 넓고, 지능지수도 평균 12나 높고, 교육열도 높으며, 공부 시간도 그들보다 많다. 그런데 왜 우리는 최고의 지능과 최고의 노력, 그리고 최고의 교육열을 가지고서도 유대인을 따라잡지 못할까?

하버드 재학생 중에서 유대인은 30퍼센트 정도를 차지하지만, 한국과 중국, 일본계 학생을 모두 모아도 5퍼센트 미만이다. 하버드 대학에 재학 중인 한국계 학생은 250-300명 수준으로 1퍼센트에도 미치지 못한다. 또 그렇게 어렵게 들어간 아이비리그 대학에서 한국계 학생은 중도 탈락률이 44퍼센트에 이르지만 유대인은 12퍼센트에 불과하다.

〈포춘〉이 선정한 500대 기업의 중간간부 중 유대인은 41.5퍼센트를 차지하지만, 한국인은 고작 0.3퍼센트에 불과하다. 유대인들은 세계 0.2퍼센트 인구를 가지고 노벨상 30퍼센트 정도를 가져가는데, 우리는 유대인 6배의 인구를 가지고 노벨 평화상 단 1명이 있을 뿐이다. 평화상은 공부나 교육을 통해 받는 것이 아니므로, 우리나라는 공부나 교육을 통해 받는 노벨상은 단 1명도 배출하지 못한 것이 된다.

세계적으로 유명한 사람을 비교해도 유대인은 그 어떤 분야라도 10명, 20명을 쉽게 댈 수 있는데, 우리는 단 한 사람 대기도 어렵다. 한국 사람으로 세계적인 심리학자, 경제학자, 사회학자, 철학자, 물리학자, 화학자, 수학자 단 한 명씩이라도 말해 보자. 그 어떤 분야도 쉽게 떠오르지 않을 것이다. 이것이 세계 최고의 지능과 세계 최고의 교육열과 최고 수준의 교사를 가지고 이룬 결과물이다.

책상 앞에 앉아 있는 시간과 학습량은 결코 비례하지 않는다. 중요한 것은 양이 아니라 질이다. 필자가 유대인 교육을 연구하면서 한국인의 교육과 비교되는 점을 생각나는 대로 정리한 일부 표를 보자.

한국인 교육	유대인 교육
듣는 교육	묻는 교육
외우는 교육	생각하는 교육
양의 교육	질의 교육
하나의 정답 중심	다양한 해답 중심
단답형, 단편식 지식	문제해결 능력, 사고력
출세 지향	행복한 성공
성적	실력
지식	지혜
시험 합격	생활 실천
암기	이해와 적용
교과서적 지식	실제 삶의 지식
강의와 전달	토론과 논쟁
타율	자율
권유, 지시	격려, 자극
끌고 가는 교육	밀어 주는 교육
혼자 책상에 앉아서 공부	친구와 토론하면서 함께 공부
조용한 도서관	시끄러운 도서관

2. 한국인의 IQ는 과연 높은가?

2002년 핀란드 헬싱키 대학이 세계 185개 나라 국민들의 IQ를 검사한 결과, 홍콩이 1위로 평균 IQ 107을 기록했다. 우리나라가 평균 106으로 2위, 일본과 북한이 105로 공동 3위, 대만이 104로 5위다. 홍콩을 1위로, 우리를 2위로 표시했지만, 홍콩은 최근에 그 지배권이 영국에서 중국으로 넘어간 도시이므로 국가를 기준으로 본다면 우리나라가 세계 1위라고 할 수 있다. 홍콩은 또 중국에서 뛰어난 사람들이 주로 사업하기 위해 모이는 곳이고 인구가 많지 않으므로 IQ 평균이 높게 나올 수 있다. 중국은 평균 100으로 13위를 차지했다. 리처드 린은 그의 저서 《지능의 인종적 차이》에서 나라로서는 한국인의 지능이 가장 높다고 했다.

또 영국 얼스터 대학의 심리학 교수 리처드 린과 핀란드 헬싱키 대학의 타투 반하넨의 연구팀이 국민 평균 IQ와 국민소득 간의 상관관계를 조사한 결과, 국민의 지능과 국내총생산(GDP) 간에 분명한 상관관계가 있는 것으로 확인되었다. 한국을 비롯해 일본, 대만, 중국, 홍콩, 싱가포르 등 태평양 연안 국가 국민들의 평균 IQ가 105정도로 가장 높게 나왔으며, 그것이 이 지역의 경제적 번영을 가져온 중요한 원인이 되었다는 것이다.

이 연구 보고서에 따르면, 경제성장의 속도가 그보다 늦은 유럽 여러 나라와 미국, 캐나다, 오스트레일리아, 뉴질랜드 등의 국민 평균 IQ가 100선이고, 경제 부진을 면치 못하는 남아시아, 북아프리카 및 대부분의 라틴 아메리카 국민들의 평균 IQ는 85선, 사하라 사막 이남의 아프리카 지역과 카리브 해 국가 국민들의 IQ는 70선에 머물렀다.

우리는 유대인들이 머리가 좋다고 알고 있지만 객관적인 IQ 지표는 그렇지 않다. 이스라엘은 평균 IQ가 94로 세계 45위이며, 이는 동아시아의 주요 나라들은 물론 유럽과 미국 등에도 뒤지는 것이다. 이 같은 결과는 유대인들이 선천적으로 머리가 좋아서 노벨상을 많이 받고 세계적인 두각을 나타낸다고 보기 어렵다는 결론에 도달하게 한다. 다시 말해 유대인들의 지능은 선천적으로 타고나는 것이 아니라 후천적으로 만들어지는 것이다. 《규칙》의 저자 앤 드류 셔터도 유대인의 두뇌 노동 능력의 탁월함은 유전자적인 요인만으로는 설명할 수 없다고 하였다.

유대인의 교육을 가만히 들여다보면 머리가 좋게 태어났다기보다 머리가 좋아지도록 키워진다는 것을 알 수 있다. 유대인들은 아이들이 머리를 쓰지 않고는 견딜 수 없게 모든 시스템을 가동시킨다. 아주 어릴 때부터 유대인답게 사는 것은 몸보다 머리를 써서 사는 것이라 가르친다. 하지만 머리를 쓰게 한다고 여러 가지 책을 보고 많은 양의 수학 문제를 풀도록 하는 것이 아니다.

그 대신 아이가 어디에 관심과 흥미가 있는지, 어떤 특별한 창의성이 있는지, 어떤 잠재력을 품고 있는지를 주의 관찰해서 그쪽을 개발하기 위해 꾸준히 대화한다. 아이들이 가능한 많은 것을 직접 느끼게 하고 생각하게 만들어 열린 사고 구조를 가지게 한다. 가능한 한 모든 주제에 대해 대화하고 토론한다. 유대인 자녀교육은 남과 다른 교육, 즉 개성을 살리는 교육이다.

3. 젓가락 문화와 두뇌

동북아시아는 모두 젓가락을 쓰는 공통된 문화를 가지고 있다. 젓가락을 사용하면 손가락 관절 하나하나를 모두 포함하여 30여 개의 관절과 60여 개의 근육을 움직일 수 있게 된다. 이러한 움직임들은 신경을 타고 대뇌를 자극하여 뇌세포를 발달시킨다. 아이들이 어려서부터 매일 세 번씩 식사하면서 젓가락을 사용하기 때문에 뇌가 지속적으로 자극을 받게 된다. 그래서 우리나라를 비롯한 일본, 대만, 홍콩 등의 지능지수가 높은 것이다.

그러면 왜 우리나라가 이 중에서도 최고일까? 그것은 젓가락의 재료가 다르기 때문이다. 다른 나라는 모두 나무이지만 우리나라는 쇠젓가락을 사용한다. 쇠젓가락은 나무보다 훨씬 다루기가 어렵고, 그만큼 손의 근육과 관절을 사용하게 한다. 손과 입이 우리 뇌에 가장 많은 영향을 미치는데, 우리나라는 어려서부터 젓가락질을 해서 지능이 높다.

하지만 우리나라는 나이가 들수록 입을 다물게 만든다. 유대인은 질문과 토론을 통한 하브루타 교육, 즉 입을 여는 교육을 한다. 그들은 손을 사용하지 않아 지능은 낮지만 입을 활발하게 사용하여 뇌를 개발한다. 우리나라도 질문하고 토론하는 교육으로 바꾸면 유대인보다 더 두각을 나타낼 수 있다. 왜냐하면 우리는 입만 쓰는 유대인에 비해 손까지 사용하기 때문이다.

뇌는 손을 움직이는 데 신경세포의 30퍼센트를 쓴다. 돌고래는 사람처럼 손과 손가락이 없기 때문에 뇌가 뛰어나지만 인간처럼 발달하지 못한다. 뇌는 일단 완성되었다고 해서 그대로 불변하는 것이 아니라 들어오는 정보에 따라 역동적으로 변화하는 기관이기 때문이다. 한 연구 결과에 의하면 손가락 하나만 움직여도 뇌의 혈류량이 30퍼센트나 증가한다고 한다.

인체 각 부위의 기능을 관장하는 뇌를 지도처럼 쫙 펼쳐 놓아도 대뇌에 있는 운동중추 면적의 30퍼센트가 손의 움직임과 관련되어 있다. 1개의 신경세포가 다른 1만 개의 신경세포와 연결되어 있기 때문에, 손 운동과 관련한 신경세포는 지적 활동과 정서 활동 등 다른 종류의 뇌 활동에도 크게 영향을 미친다.

어린아이에게 곤지곤지나 죔죔과 같은 손놀이를 시키고 조금 커서는 종이 찢기나 연필 잡고 낙서하기, 색칠 공부, 분유통 뚜껑 열기, 종이 접기 등 일상생활에서 자연스럽게 손을 많이 움직이게 하면 뇌가 발달하게 된다.

아이가 편안하기만 하면 뇌 발달에 결코 좋은 영향을 미칠 수 없다. 직접 걷게 하는 것이 보행기나 유모차보다 훨씬 뇌 발달에 좋다. 보행기를 사용한 아이와 사용하지 않은 아이를 비교 연구한 결과에 따르면, 보행기를 사용한 아이보다 사용하지 않은 아이가 훨씬 기어가기, 혼자 서기, 혼자 걷기 등에서 빠른 발달을 보였다.

EBS의 "교육이 미래다-두뇌 전쟁의 비밀 손"에서 집중력과 관련하여 흥미로운 실험을 했다. 초등학교 저학년 아이들에게 나무젓가락과 쇠젓가락, 포크를 사용하여 한쪽에 놓여 있는 강낭콩을 다른 접시로 옮기게 하고 이때 일어난 뇌파의 변화를 측정한 것이다. 실험 결과 정서와 기억력을 담당하는 우측 측두엽의 변화가 관찰되었는데, 포크를 사용했을 때에 비해 쇠젓가락을 사용하였을 때 뇌가 30퍼센트 이상 더 활성화되었으며, 나무젓가락을 사용한 경우는 포크를 사용한 것에 비해 20퍼센트 이상 더 활성화된 것을 알 수 있었다.

또 다른 실험으로, 콩을 젓가락으로 집어서 옮기는 활동을 30분가량 하고 나서 시험을 봤더니 성적이 많이 향상되었다. 젓가락질은 그만큼 뇌를 자극하고 집중력을 높여 주는 것이다. 한국인이면 누구나 다 하는 젓가락질을 아이들의 80퍼센트, 어른의 60퍼센트가 올바로 사용하지 못한다.

EBS에 의하면 젓가락질 솜씨로 생명공학에서 22억짜리 연구를 10억에 마칠 수 있었다고 한다. 외국은 정밀한 작업을 기계에 의존하지만 우리나라는 손으로 하기 때문이다. 우리는 무언가를 설명할 때 무의식적으로 손을 활발하게 움직인다. 그런데 말을 잘하던 아이들도 손을 못 움직이게 하면 말의 속도가 느려지거나 더듬거리고, 심한 경우 아무 말도 못하기도 한다. 손의 움직임이 뇌를 자극하면서 기억력을 돕기 때문이다. 손을 움직이면서 말을 하면 좌뇌와 우뇌를 모두 활용할 수 있다.

피아노를 치는 아이들과 치지 않는 아이들이 그림 퍼즐 맞추기를 하면, 피아노 치는 그룹이 50퍼센트 더 빨리 맞춘다. 피아노 치기는 열 손가락을 사용하여 뇌를 자극하기 때문이다.

젓가락질을 하려면 손가락의 관절과 근육을 움직여야 한다. 하지만 아이들은 일정 연령이 되기까지 무언가를 쥘 때도 손바닥과 손가락 전체를 사용하고 완전한 젓가락질을 하지 못한다. 아직 손과 뇌를 연결하는 뇌신경 세포가 긴밀하게 연결되지 않았기 때문이다.

보통 작은 근육이 발달되고 의사소통을 할 수 있는 18개월 이후부터 젓가락질을 배울 수 있다고 한다. 대체로 24개월을 전후로 젓가락질을 교육시키는 것이 좋으며, 유아기에 젓가락질을 완전히 연습시켜 습관화해야 뇌 발달에 유익하다. 젓가락질은 단순한 듯하지만 그 동작 하나하나에 뇌가 깨어난다.

이런 중요성을 일찌감치 알아차린 이웃 나라 일본에서는 수십 년 전부터 국가 차원에서 젓가락의 날을 제정하여 젓가락 사용을 교육하고 중요성을 알리고 있다.

아기들은 쥠쥠, 곤지곤지 등의 손놀이를 즐긴다. 또 물건을 붙잡고 그 물건을 입으로 가져가고, 딸랑이를 잡고 흔들면서 소리를 즐긴다. 엄마의 젖을 만지고 머리카락을 만지면서 촉각을 발달시킨다. 나아가 음식을 먹기 위해 수저를 잡고, 옷을 입고 벗고 신발을 신으면서 손의 기능과 기술을 익혀 나간다.

반도체와 정보통신 분야는 정밀한 손작업이 필요한 것으로 유명한데, 이 분야 역시 우리나라가 전 세계에서 두각을 나타내고 있는 분야이며, 세계 1위의 조선산업 또한 한 치의 오차도 없는 용접 기술을 자랑한다. 어떤 조사에 의하면 한국 하면 가장 먼저 떠오르는 단어가 '김치'나 '불고기', '한류', 'K-POP' 같은 말이 아니라 '기술'이라고 한다. 어느 사이에 한국 하면 가장 먼저 기술이란 단어가 떠오르게 된 것이다.

우리나라는 '세계기능올림픽'에서 18년째 1등을 차지하고 있다. 너무 자주 1등을 하니 뉴스에서도 접하기 어렵다. 우리가 잘하는 운동경기, 즉 골프, 사격, 양궁, 야구, 핸드볼 등은 모두 손을 많이 사용하는 것들이다.

아이의 뇌를 발달시키려면 일상생활 중에 손을 많이 사용하도록 해야 한다. '손은 제2의 뇌'라고 하는데, 특히 손을 많이 사용하는 놀이를 하도록 돕는 것이 좋다. 스킨십을 많이 하는 것도 중요하다. 피부는 뇌와 많은 신경회로로 연결되어 있어 아주 약한 자극도 뇌에 전달한다. 따라서 피부감각을 발달시키는 것이 두뇌 발달과 직결된다.

마찬가지로 오감을 자극하는 것도 좋은 교육방법이다. 아이가 직접 음식의 냄새를 맡고, 맛을 보고, 감촉을 느끼는 등 오감을 골고루 자극시키면 두뇌 발달에 좋다. 평소에 쓰는 손 움직임만으로는 뇌에 새로운 자극을 줄 수 없다. 가능하면 악기를 연주하는 등 평소에는 사용하지 않는 방법으로 손을 쓰는 것이 좋다.

4. 상상에서 창의성이

　창의성을 기르는 것은 아이의 마음을 성장시키는 가장 확실한 방법이다. 창의성이란 무엇인가를 스스로 만드는 능력이다. 다른 사람이 만든 것을 베끼는 것이 아닌, 자기 생각과 활동을 통해서 스스로 만드는 능력이다. 창의성의 바탕은 다양한 생각을 조합해 내는 능력이다.

　우리 뇌에서 생각을 조합할 때 지능을 구성하고 있는 하위 요소들의 결합이 일어난다. 주의력, 공간지능, 수리지능, 언어능력 등 다양한 하위 영역을 넘나들면서 통합적인 개념, 원리 법칙 등이 만들어진다. 이런 과정에서 놀라울 정도로 많은 뇌 부위들이 활성화된다.

　창의성을 발휘한다는 것은 뇌의 모든 부분이 활성화되어 특정 과제와 목표에 집중하는 과정을 말한다. 이때 활성화되는 뇌 부위들은 서로 간에 다양한 신경망을 만든다. 그리고 이것을 활성화할수록 신경망이 더 넓어지고, 그 연결망 또한 더욱 효율적으로 변한다.

　한계를 뛰어넘는 창조의 힘은 상상력에서 나온다. 상상의 기쁨을 아는 아이가 행복한 아이다. 이런 아이는 스스로를 울타리 안에 묶어 두지 않는다. 아이들은 본능적으로 한계라는 말을 모르며, 어른들이 이야기하는 현실의 한계 내에 안주하지 않는다.

　창조적 경험은 성장 과정에서 필요한 에너지원인 자아 성취감을 맛보게 해준다. 이는 아이의 자아 존중감을 높인다. 뇌는 현실과 상상을 구분하지 못한다. 실제의 훈련과 상상의 훈련 모두 그 훈련과 연결된 뇌의 신경망에 기질적인 변화를 가져온다. 뇌 지도가 변화하였다는 것은 시냅스의 효율이 증가하거나 신경망의 시냅스 수가 늘었다는 것을 의미한다. 좀 더 자세히 설명하면, 단기적인 변화는 시냅스나 뉴런의 수적인 증가 없이 시냅스 정보 전달 효율성만 증가한 것을 의미하며, 장기적 변화는 실제로 뉴런과 시냅스 수가 증가한 것을 의미한다.

아이가 새로운 언어를 학습하는 능력, 운동 기능을 배우는 능력, 예술적으로 창조하는 능력 등이 어른에 비해 뛰어나다는 것은 잘 알려진 사실이다. 이보다 더 큰 차이를 보여주는 것이 상상력의 차이다. 아이의 상상력은 무한하다. 아이의 상상력에 비해 어른의 상상력은 빈약하다. 아이는 끝없는 상상을 통해 즐거운 놀이를 생산하고, 미래를 설계하며 현실의 어려움을 극복해 나간다. 그러니 아이의 상상력을 인지능력의 중요한 부분으로 인정하지 않으면 안 된다. 지금은 일반화된 비행기, 자동차, 핸드폰, 로봇 등 모두 예전에는 상상 속에서 존재하던 것들이다. 상상할 수 있어야 현실이 된다.

아이들이 상상력을 발휘할 때는 오감이 모두 동원된다. 아이들의 상상력의 산물에는 모양과 색깔이 있고, 소리를 내며, 특유의 향을 내며, 특별한 맛을 내고, 부드럽거나 딱딱하다는 등 오감이 모두 동원된다. 그래서 아주 구체적이고 현실감이 있다. 상상력은 뇌 지도를 변화시키며 학습능력을 향상시킬 수 있다. 상상은 단순히 헛된 것이라는 편견을 버릴 때 상상력은 창의성으로 연결될 수 있다.

상상을 통해 슬픔이나 분노, 억울함 등의 감정을 씻어내는 훈련도 할 수 있다. 눈을 감고 상상을 통해 자신의 마음을 들여다보면서 마음속에 있는 감정을 구체화하고, 그 감정이 정확하게 무엇인지 인지하게 하며, 그 감정을 다스리려면 어떻게 해야 하는지 생각하게 한다. 이런 감정 표현 연습은 아이의 정서와 언어 발달뿐만 아니라 자신감을 갖게 하는 데 많은 도움을 준다.

최근에는 다양한 정신건강 문제를 상상력이라는 아이의 내적 자원을 통해 치료하고자 하는 시도가 늘어나고 있다. 아이는 어른보다 적극적으로 상상력을 발휘하여 자신을 치유하려고 한다. 그것은 무의식적으로 일어나는 과정이다.

아이들의 뇌에는 살아 있는 상상력의 원천이 있다. 아이들은 뇌 전체를 활용하여 상상을 한다. 아이의 상상의 세계에는 오감이 모두 동원되고 과거의 기억, 현재의 경험, 미래에 대한 소망이 모두 살아 있다. 그러므로 아이의 상상력은 뇌의 총체적 활동이다.

유대인들은 시험만을 위해 공부하지 않는다. 그들에게 공부는 신의 명령이다. 평생 동안 죽기 직전까지 해야 하는 것이다. 공부가 곧 삶인 것이다. 유대인들은 공부를 오래전부터 지적 능력을 개발하고, 창조적인 인간으로 성장하며, 세상을 보는 안목을 높이고, 생각하는 힘을 키우기 위해 해왔다.

5. 학습 피라미드

1950년대 러시아의 인공위성 스푸트니크 호 발사에 충격을 받은 미국은, 미래를 책임질 인재 양성과 관련하여 학생들의 학업성취도를 높일 수 있는 효과적인 공부 방법에 대한 다양한 연구를 진행했다. 연구 중에는 학습 피라미드를 통해 가장 효과적인 공부 방법을 제시한 연구가 있었다.

미국의 MIT대학의 사회심리학자 레윈이 세운 응용행동과학 연구소인 미국행동과학 연구소에서 발표한 학습 피라미드는 외부 정보가 우리의 두뇌에 기억되는 비율을 학습 활동별로 정리해 둔 것이다. 즉 학습 피라미드는 다양한 방법으로 공부한 다음에 24시간 후에 남아 있는 비율을 피라미드로 나타낸 것이다.

이 피라미드를 보면 강의 전달 설명은 5퍼센트, 읽기는 10퍼센트, 시청각교육은 20퍼센트, 시범이나 현장 견학은 30퍼센트의 효율성을 갖는다. 우리가 학교나 학원에서 교사가 강의를 통해 설명하는 교육은 5퍼센트에 불과하고, 학생들이 책상에 앉아 열심히 읽으면서 공부하는 것이 10퍼센트, 그렇게 강조한 시청각교육은 20퍼센트에 불과하다. 그런데 모둠 토론은 50퍼센트, 직접 해보는 것은 75퍼센트, 다른 사람을 가르치는 것은 90퍼센트의 효율을 갖는다.

이것은 친구를 가르치는 것으로 한 시간 공부한 사람과 동일한 효과를 얻으려면 혼자 책을 보면서 하면 9시간, 강의는 18시간을 들어야 한다. 친구를 가르치는 공부는 강의를 듣는 공부의 18배의 효율성을 갖는다. 유대인들이나 핀란드 교육이 우리보다 공부를 덜하고도 성공하는 이유는 이런 공부의 효율성 때문이다.

24시간 후 평균 기억 비율(학습 피라미드)

- 강의(5%)
- 읽기(10%)
- 시청각(20%)
- 견학, 시범(30%)
- 모둠 토론(50%)
- 실천, 체험(75%)
- 다른 사람 가르치기(90%)

5%에서 30%까지는 수동적인 교육방법이고,
50%에서 90%까지는 참여하는 교육방법이다.

우리는 강의와 설명을 듣고, 읽으면서 외우는 수업이 대부분이지만 유대인이나 핀란드는 직접 해보고 친구와 토론하면서 서로를 가르친다. 여기서 가장 큰 문제는 교사가 학교에서 강의와 설명 형식으로 수업하면 누가 공부를 하느냐 하는 것이다. 교사가 학생들을 가르치면 다른 사람 가르치기가 되므로 교사는 24시간 후에도 90퍼센트가 남는다. 하지만 그것을 듣고 있는 학생들은 24시간 후에 5퍼센트밖에 남지 않는다. 그러면 2-3일, 일주일 후에는 어떻게 될까? 교사가 가르칠수록 자신감을 갖게 되는 이유는 여기에 있다.

교사는 강의를 할수록 중요한 것이 무엇인지 알게 되고, 내용의 체계와 논리가 잡히게 된다. 교사가 자신감이 생기고 논리와 체계를 갖출수록 그것을 이해하지 못하는 학생들이 답답해 보인다.

6. 아이비리그의 중도 탈락률

미국 아이비리그에 입학했으나 한국인 학생 10명 중 4.4명이 중도에 학업을 그만둔다. 즉 입학생 중 44퍼센트가 중도 탈락한다는 것이다.

재미동포인 김승기 박사는 컬럼비아대 사범대 박사 논문인 〈한인 명문대생 연구〉에서 1985-2007년 하버드와 예일, 코넬, 컬럼비아, 스탠퍼드 등 14개 명문대에 입학한 한인 학생 1,400명을 분석한 결과 이들 중 56퍼센트인 784명만 졸업을 하고 나머지는 중간에 그만둬 중퇴율이 44퍼센트에 달한다고 밝혔다.

이는 유대인 중퇴율 12.5퍼센트, 인도인 21.5퍼센트, 중국인 25퍼센트보다 훨씬 높은 수치다. 우리는 입시 위주의 교육에 매달리다 보니 인격적인 수양이나 창의적인 사고를 갖추지 못하는 경우가 대부분이다. 즉 들어가는 데만 노력을 기울이지 들어간 다음에 어떻게 공부할 것인지, 그 대학이나 학과가 정말 자신에게 맞는 것인지 생각하지 않는다는 것이다.

미국 대학에서는 거의 대부분 서로 토론하고 대안을 제시하고, 그룹으로 프로젝트를 진행하고, 실제 현실에 적용해 보는 등 수업이 다양한 형태로 진행되기 때문에 책상에 앉아서 공부만 한 한국 학생들이 따라가기 어렵다. 또 부모에 의해 떠밀려 공부해서 그런 명문대에 들어간 경우 내적 동기가 약하기 때문에 자신이 공부할 의미를 찾지 못하고 방황하다가 떠밀려 나오게 되는 것이다. 이들은 거의 대부분 부모나 학원교사에 의해 '만들어진 우등생'이라는 사실이다.

한국 학생들이 아이비리그 탈락률이 높은 이유는 공부 방법 때문이다. 그들이 아이비리그 들어갈 때까지의 공부 방법과 들어간 후의 공부 방법이 다른 것이다. 혼자 책과 씨름하면서 많이 외우는 것이 공부라고 생각하고 열심히 그 방법으로 10년 넘게 해온 학생들이 갑자기 토론과 논쟁, 팀 프로젝트 등으로 공부하기는 어렵다.

수재들만 모인 곳이라 약간만 뒤지면 금방 뒤처진다. 책만 많이 읽어 간 아이들은 지식은 있을지 모르지만, 그 지식을 내 것으로 만들고 내 의견으로 만든 경험은 없기 때문이다. 아이비리그에서는 책에 있는 내용을 외우고 그것을 그대로 말하는 것보다는 저자가 왜 그렇게 썼는지를 더 중시한다. 책이나 교과서의 지식들은 모두 남의 의견이다.

7. 성적과 실력

우리나라 교육의 내면을 보면 부모와 아이들 모두 성적을 목적으로 하는 삶을 살고 있다. 물론 아이야 부모 때문에 그런 것이므로 성적을 지향하는 것은 대부분 부모들이다. 성적으로 인해 부모든, 자녀든 자기도 모르게 불안 지수가 높아진다. 그래서 여러 가지 증세가 나타난다. 손이 떨리고 집중력이 떨어지고 성격이 난폭해지고 마음이 약해진다. 다른 사람을 배려하지 못하고 감수성이 둔감해지고 급한 성격이 되고 자기도 모르게 쌓인 분노를 어떠한 방식으로든 표출한다.

그러나 성적과 실력은 다르다. 성적은 시험을 잘 봐서 높은 점수와 등수를 받는 것이다. 주로 숫자로 표기된다. 시험을 봐서 나온 결과이다. 하지만 실력은 자기에게 맡겨진 일을 바르게 처리할 수 있는 능력이다. 우리의 삶에 실제 필요한 능력이다. 영어 성적이 좋아 항상 1등이고 100점을 맞는다 하더라도 외국인을 만나 실질적인 대화를 못한다면 큰 의미가 없다. 영어 100점을 맞는 것이 성적이고, 외국인과 대화를 하지 못하는 것이 실력이다.

학교에서 영어를 배우는 이유는 영어 시험에 높은 성적을 받기 위한 것이 아니다. 다른 나라 말을 배우는 이유는 다른 나라 사람들과 의사소통하기 위함이다. 또 그 사람들의 문화와 지식을 배우고 그들의 생각을 앎으로써 우리의 생각과 지식의 폭을 넓혀 삶을 기름지게 하기 위한 것이지 시험을 잘 보게 함이 아니다.

우리는 성적과 실력이 다른 이런 현실을 주변에서 많이 본다. 국어 성적은 높지만 실질적으로 글을 잘 쓰거나 교양 있는 언어를 구사하는 것과는 거리가 있다. 과학이나 수학 성적은 좋지만 실질적으로 발명을 하거나 수학적 사고를 통해 삶을 개선시키는 것과는 하등 상관이 없다. 도덕이나 윤리 과목의 성적은 높아도 교통 질서를 지키지 않거나 거짓말을 쉽게 하는 사람들이 너무도 많다.

우리가 보기에 유대인의 교육은 전혀 성적과는 상관이 없는 것

같은 교육이다. 토라를 외우고, 그 말씀을 따라 묵상하고 느낀 바를 발표하고, 삶에 어떻게 적용하며 살 것인가에 대해 토론하고 대화하는 데 많은 시간을 할애하기 때문이다.

탈무드를 공부하면서 소가 사람을 받았을 때 어떤 경우에는 배상을 해야 하고 어떤 경우에는 변상을 하지 말아야 하는지, 현대의 상황과는 전혀 맞지 않아 보이는 것을 가지고 몇 시간씩 격렬하게 논쟁하는 것이 성적과 무슨 상관이 있을까? 그들은 탈무드에서 누가 어떤 주장을 했는지 객관식이나 단답형 시험을 보는 것은 상상도 하지 못한다.

유대인의 교육철학은 학생들을 성적에 따라 줄을 세우지 않는다. 탈무드에서는 다수의 의견과 소수의 의견이 공존하고 있는데 소수의 의견도 존중해야 한다고 가르친다. 마찬가지로 어떤 결과가 나타났을 때 누가 옳고 누가 그르다는 판단을 내리지 않는다. 따라서 유대인 부모들은 자녀가 높은 성적을 목표로 공부하는 것을 원하지 않는다. 실력 있는 자녀가 되도록 권장한다.

8. 조용한 공부와 떠드는 공부

하브루타를 다루면서 '조용한 공부 방법'과 '말하는 공부 방법'으로 대결을 시도한 적이 있다. 수능출제위원이 문제를 출제하고, 수능 과목 중 사회탐구의 서양사에서 우리나라 입시 공부에 하브루타가 적합한지를 실험한 것이다.

여기서는 대학생 8명씩 두 그룹으로 나눠 실험을 진행했다. 3시간 동안 서양사의 한 부분을 공부하고 1시간 동안 시험을 보기로 한 것이다. 한 그룹은 우리나라의 전통적인 공부 방법으로 '조용한 공부'

를 실시했고, 다른 그룹은 짝을 지어 시끄럽게 떠들며 서로에게 물어보고 가르치는 방식인 '말하는 공부'로 학습했다. 3시간 뒤 단답형 5문제, 수능형 5문제, 서술형 5문제로 시험을 치른 결과, 말하는 공부방에서 단답형은 6:12로 두 배, 수능형은 17:21, 서술형은 23:46으로 나타났다.

조용한 공부는 48점, 말하는 공부는 76점을 차지해서 말하는 공부가 거의 2배 가까운 효율성이 있음을 보여주었다. 수능처럼 입시 공부에도 하브루타가 효과적임을 보여주는 것이다. 공부하고서 바로 시험 보는 것이 아니라 일주일이나 한 달 후에 시험을 보았다면 그 간격은 훨씬 벌어졌을 것이다.

이 실험을 통해 혼자 공부하는 것보다는 함께 토론하면서 공부하는 것이 훨씬 더 효율적이고 제대로 된 공부라는 것을 알 수 있다. 학생들도 그 방법이 더 재미있고 잘 기억된다고 말했다. 공부를 하는 가장 좋은 방법은 다른 사람을 가르치는 것이다. 그러면 저절로 자신이 확실히 아는 것과 모르는 것을 스스로 깨닫게 되면서 한 단계 성숙하게 된다.

조용한 공부방 학생들이 공부를 열심히 하지 않은 것이 아니다. 방송에도 나온다는데 얼마나 열심히 했겠는가? 밑줄을 치면서 별표를 그리고 형광펜으로 표시하면서 정리한 노트를 열심히 외웠다. 그러나 혼자 공부하면 오래 기억에 남지 않는다. 일정 기간이 지나면 전부 사라지게 마련이다. 공부가 지루하고 재미없으며, 시험을 볼 때는 정작 잘 생각나지 않는다. 시험에서 정답을 맞힌 것조차도 시험이 끝나면 다 잊어버린다.

큰 소리로 떠들며 이야기를 하면 머릿속에 더욱 각인이 되어 오래도록 기억된다. 공부가 재미있다. 신나게 떠들며 시간 가는 줄도 모른다. 떠들면서 치열하게 생각한다. 말이 생각을 부르고, 그 생각은 다시 다른 생각과 연결된다. 설명하다 보면 막히는 부분이 있고, 거기서 질문이 생기고, 그 질문은 다른 지식을 부른다.

말하는 공부가 효율적인 것의 가장 큰 핵심은 메타인지 때문이다. 메타인지는 나 자신의 사고 능력을 객관적으로 바라보는 것이다. 메타인지는 내가 아는 것과 내가 안다고 착각하는 것을 아는 능력이다. 나 자신을 아는 것이다. 메타인지는 스스로에게 질문함으로써 의미를 구성하는 것을 돕는다. 설명하면 자신이 모르는 것과 아는 것의 구분을 명확히 할 수 있고, 자신이 알고 있는 지식들이 인과관계를 이루면서 잘 이해할 수 있다.

즉 말을 해보면 나 자신이 모르는 것을 분명하게 알 수 있고, 그 부분을 다시 찾아보거나 다른 사람에게 질문해서 명확히 알 수 있다. 말을 하면서 생각이 정리되고, 더 정교해진다. 하지만 이것은 혼자 공부하면 얻기 어렵다. 고시 준비를 위해 산속으로 들어가 혼자 공부하는 것이 꼭 좋은 것만은 아니다.

9. '조용히 해'와 '마타호 세프'(네 생각은?)

학교에서 가장 많이 듣는 말은 아마 "조용히 해!"라는 말일 것이다. 유대인 학교나 가정에서 교사나 부모가 가장 많이 쓰는 말은 "마타호 세프?"이다. 이 말은 "네 생각은 무엇이니?" 또는 "너의 생각은 어떠니?"에 해당하는 말이다. 유대인의 수업은 그야말로 "마타호 세프?"로 시작해서 "마타호 세프?"로 끝난다.

상대방의 의견이나 생각을 묻는 것은 그 사람을 가장 존중하는 태도다. 아이에게 이렇게 말하면 아이는 자신이 존중받는다고 생각한다. 부하에게 상사가 부하의 의견을 물으면 부하는 자신이 존중받고 있다고 생각한다. 교사가 학생에게 네 생각이 어떠냐고 물으면 학생은 자신이 인정받고 있다고 생각한다.

사람은 누구나 내 속에 있는 말을 하고 싶어 한다. 자신을 알아준다는 것은 자신의 마음, 자신의 생각을 알아준다는 것이다. 다른 사람의 생각을 알려면 물어야 한다. "당신의 생각은 어떠신가요?"

유명한 마이클 샌델 교수가 수천 명을 상대로 강의할 때도 가장 많이 던지는 질문이 "당신의 생각은 어떠신가요?"이다. 아이비리그 대학에서 교수가 강의할 때 교수가 가장 많이 던지는 말 역시 "자네 생각은 어떤가?"이다. 세종대왕이 가장 많이 한 말 역시 "경의 생각은 어떠시오?"라는 말이었다. 이런 말들은 모두 마타호 세프에 해당한다.

어른들이 주로 말을 하고 아이들은 듣는 것과, 어른들이 주로 질문을 하고 아이들의 생각을 말하게 하는 것은 그야말로 하늘과 땅 차이다. 주로 문화나 가치관을 전수하기 위해 아이들에게 말을 많이 하지만, 우리는 오히려 어른들의 가치관을 후세에 전수하는 데 실패했다.

하지만 유대인들은 자녀나 학생들의 생각을 물어서 그들에게 말을 많이 하게 하여 3800년 동안 가치관과 문화를 공유하고 있다. 똑같은 말도 어른이 말하면 어른의 생각이지 자신의 생각이 아니다. 똑같은 말을 어른이 물어서 자신의 입으로 말하면 그것은 자신의 생각이 된다.

유대인들이 있는 곳은 어디든 시끄럽다. 우리나라는 고등학교 교실이 가장 조용하지만, 유대인의 고등학교는 더 시끄럽고 질문이 많다. 이들은 적극적이다 못해 도전적이다. 교사가 전달하는 지식이나 정보가 자신들이 생각하는 것, 자신들이 찾아본 것과 다르면 무례하다고 느낄 만큼 교사에게 질문하고 반박하고 논쟁을 벌인다.

학생들은 선생님의 가르침을 당연한 것으로 받아들이는 것이 아니라 끊임없이 질문하는 것이다. 그들은 수업 시간 중에 생긴 의문은 바로바로 질문을 통해 해결해야 한다고 믿는다. 뒤로 미루면 의문을 해결하는 데 시간이 걸리게 되고, 질문도 잊어버릴 가능성이 높아지기 때문이다.

아이들은 자율적이기 때문에 남들이 하라는 대로 하지 않는다. 자신이 하고 싶은 것, 자신이 잘하는 것을 찾아간다. 유대인에게 전문가는 '자신이 잘할 수 있는 부분에서 최고가 되는 것'이다. 사람마다 잘할 수 있는 것이 있다. 그런 잠재력을 부모가 찾아 실현할 수 있도록 도와주는 것이 유대인이다. 유대인은 남과 경쟁하는 것이 아니라고 가르친다. 그러면 남과의 경쟁에서 올 수 있는 이기주의나 개인주의를 제재할 수 있다. 아이가 무엇을 하고 싶은지 먼저 이야기를 듣고, 부모의 생각이나 의견을 말하고, 서로 논의를 통해 합의를 이끌어 진로를 선택할 수 있도록 도와준다.

10. 토론식 수업을 위해 독서를

하브루타는 논리적이고 비판적인 사고력을 키워 준다. 언어를 배제한 논리력 강화란 있을 수 없다. 독서와 대화는 논리력의 출발이다. 이런 논리력은 반드시 상상력과 결합할 때에만 제대로 자랄 수 있다. 상상력은 논리에 사실이라는 새로운 요소를 결합시키는 매개체이다. 그래서 상상력은 현실을 더 잘 보게 만든다. 상상력은 창의성과 연결되고, 창의성이란 다름과 새로움을 전제로 한다. 하브루타는 다양한 사고와 다른 관점, 다른 견해를 갖게 하는 데 최고의 방법이다.

학생들에게 토론을 접하게 하기 위한 첫 단추는 독서 토론이다.

한 권의 책을 가지고 주제를 정해 자신의 생각을 펼치는 것이 그 시작이다. 그 방법은 집에서도 쉽게 할 수 있다. 학교에서의 독서 토론은 교사가 토론거리가 있는 도서를 선정하는 것이 가장 중요하고 처음으로 할 일이다.

일단 학급에서 토론에 참여하다 보면 자연스레 학생들은 주제에 대한 자신의 입장을 정리하게 되고, 또 상대방의 입장도 대화를 통해 알게 된다. 또한 자기의 주장을 뒷받침할 근거나 자료를 찾아 말해야 하기 때문에, 이러한 상호작용을 통해 논리적 발표력과 창의적이고 비판적인 사고 능력을 기를 수 있다. 독서 토론을 통하여 토론 방법을 익히고 나면 각 교과별 특성을 살려 토론 수업을 전개할 수 있다. 그래서 하브루타를 잘하기 위해서는 독서가 필수다.

미국의 학교에서 가장 강조하는 것 중 하나가 독서다. 초등학교부터는 대부분의 주정부에서 학년별로 연간 독서 목표량을 정해 놓고 저학년 때부터 지속적으로 책 읽는 훈련을 시킨다. 자기 수준에 적합한 책을 골라 체계적으로 읽도록 지도한다. 책을 읽은 뒤에는 간단한 독후감이 포함된 독서일지를 작성해야 한다.

독서보다 더 중요한 것은 독서한 것을 바탕으로 한 토론이다. 토론이 되어야 아이들이 읽은 책이 자기 것이 되고, 그들의 사고가 깊어진다. 유대인 아이들은 '하브루타'를 준비하기 위해 스스로 독서하고, 토론하면서 막혔던 부분을 이해하기 위해 또 책을 찾는 습관이 이루어진다.

독서가 뇌에 가장 훌륭한 음식인 이유는 풍성한 자극원이기 때문이다. 글자를 이해하고 상징을 해석하는 측두엽, 상황을 파악하고 활자를 시각으로 상상하는 전두엽, 감정을 느끼고 표상하는 변연계 등 독서의 흔적이 남지 않는 뇌 영역은 거의 없다.

책을 읽는 도중에 아이가 질문을 할 때는 엉뚱해 보이는 질문이라 하더라도 무시하지 말고 아이의 수준에 맞추어 진심을 다해 대답해야 한다. 아이에게 많은 지식을 주는 것이 목적이 아니라 아이가 책 읽기에 흥미를 갖도록 하는 게 중요하다. 책을 통해 지식이나 교훈을 자녀에게 심어 주려고 하지 말고 책 읽는 것 자체를 즐길 수 있도록 도와주는 것이 포인트이다.

학생들이 직접 수업의 주체가 되어 아는 것을 발표하고 모르는 것을 질문하면서 탄탄한 지식을 쌓아간다. 다른 사람에게 하나라도 더 설명하기 위해서는 자신이 더 정확히 알아야 한다. 그래서 토론 수업에 재미를 붙인 학생들은 스스로 목표를 세워 공부하는 자기주도학습의 기본기가 만들어지게 된다.

11. 하브루타(토론) 공부

하브루타는 '짝을 지어 질문하고 대화, 토론, 논쟁하는 것'이다. 그 짝은 일대일이 대표적이고, 4명일 수도, 여러 명일 수도 있다. 가정에서의 짝은 아빠와 아들, 엄마와 딸이 될 수도 있고, 가족 전체가 될 수도 있다. '예시바'에서는 일대일이 일반적이다. 학교나 회당에서는 2명이 하브루타를 할 수도 있고 여러 명이 할 수도 있다. 그래서 하브루타는 2명이 하는 짝 토론, 여러 명이 하는 모둠 토론, 교사와 학생 전체가 짝이 되는 전체 토론의 3가지 구조를 갖는다.

옥스퍼드 대학교의 일대일 튜터링은 전형적인 짝 토론 구조의 하브루타이다. 교수와 학생이 짝을 지어 질문하고 대화, 토론, 논쟁한다. 교수와 학생의 일대일 튜터링은 가장 이상적인 공부 방법이긴 하지만 효율성이 떨어진다는 단점이 있다. 즉 교사가 많아야 이런 수업이 가능하기 때문이다.

그러나 학생끼리 짝을 짓는 하브루타 수업은 그 어디서든 가능하다. 그리고 학생들끼리 서로 가르치고 배우는 짝 토론 구조의 하브루타가 교사와 학생 사이의 일대일 튜터링보다 훨씬 효율적일 수도 있다. 학생 입장에서 교사가 한 시간 가르쳐 주는 것과 학생이 한 시간 가르쳐 준다고 했을 때 학생에게 배우는 것이 훨씬 효율적이다. 친구에게 배우는 것이 이해도 빠르고 긴장도 하지 않고 부담없이 즐겁게 공부할 수 있기 때문이다.

'하크니스 테이블' 학습 역시 하브루타이다. 이것은 모둠 토론 구조의 하브루타이다. 유대인들은 모여서 토라나 탈무드 공부를 할 때 타원형의 둥그런 탁자에 랍비도 앉고 다른 사람들도 앉아서 대화하고 토론하면서 공부한다. 심지어 안식일 식탁의 구조도 타원형 탁자일 때가 많다. 타원형 탁자에 온 가족이 둥글게 둘러앉는 것이다.

그런 다음 맛있는 음식을 먹으면서 책을 펴 놓고 따뜻한 대화를 주고받기도 하지만, 치열하게 토론하고 논쟁하기도 한다. 즉 유대인들은 이미 수천 년 전부터 '하크니스 테이블' 방식으로 공부하고 대화해 왔다.

KBS가 수십억을 들여서 4명의 하버드 출신들을 데리고 세계 각국의 공부 문화를 탐방한 다음에 선정한 최고의 공부인 '옥스퍼드 일대일 튜터링'과 '하크니스 테이블'은 하브루타에 속한다. 모두 짝을 지어 질문하고 토론하는 형태이기 때문이다. 이 두 방법보다 하브루타의 역사는 훨씬 더 깊고 오래되었다.

12. 공동교육과 단독교육

인류가 새로운 환경에 적응하고 새로운 문제를 해결할 때 서로 돕지 않았다면 인간들은 살아남지 못했을 것이다. 다른 사람과의 협력이 생존을 가능하게 한 것이다. 굶주린 호랑이를 경계하는 사람이 한 명보다는 그 이상이 있는 것이 항상 더 나았으며, 맘모스를 공격할 때도 한 사람보다는 여러 명이 있는 것이 더 나았다.

생존본능에 맞게 학생들이 집단이나 팀으로, 3명이나 2명이 함께 공부하는 것이 인류 생존 코드에 맞는 것이다. 협력은 그들의 본성을 드러낸다. 협력이 학업 생존을 위해 중요하다는 것을 학생들이 몸으로 체험하는 것이 공동체를 살아가는 데도 훨씬 좋은 것이다.

교육은 실제 삶과 직결될수록 강한 힘을 갖는다. 그래서 체험 중심의 실질적 학습이 중요하다. 실질적 학습이란 학생들로 하여금 현실 사회의 문제를 다루는 상황 및 학생과 관련된 프로젝트에서 탐구하고 토론하며 개념과 관계를 의미 있게 구성하게 하는 교육이다. 실질적 학습은 실제적인 문제들과 주제들을 다룰 뿐만 아니라 학생들로 하여금 팀워크나 공동 작업, 기술, 그리고 과정과 해결책의 전문적인 발표 능을 포함한 현실 사회에서 사용되는 여러 가지 방법을 학습에 활용하도록 만든다.

실질적 학습 경험은 학생들의 능동적인 참여를 독려하고 다른 사람들이 실제로 원하고 필요로 하는 의미 있는 결과물을 내기 때문에 학생들의 동기를 증진시킨다. 학생들은 배우는 과정이 역동적이고 의미가 있으며 자기 삶과 연관되어 있을 때 활기를 띤다. 학생들이 지식을 수동적으로 받아들이는 전통적인 학습 환경은 실제 환경에서의 학습 환경과 상반된다. 의미가 없는 곳에서의 수업은 참여율이 저조하고 학습 의욕을 방해한다.

우리는 말할 수 있기 때문에 생각할 수 있고, 말하는 방식으로 생각한다. 토론수업은 학생들끼리 할 때가 좋다. 가장 좋은 것은 가능한 한 학생들은 토론에 참여하고 교사는 있는지 없는지 의식 자체가 안 되게 하는 것이다.

학생에게 사회적 특성을 반영한 교육은 훨씬 더 성공적이다. 학생들은 토론하고 비판하며 배운 것을 실제 생활에 연관시킬 수 있을 때 학습이 더 의미가 있고 기억하기 쉬우며, 세상을 이해하는 데 더 수월하다.

전통적인 수업 방법과 비교하여 토론은 통합, 응용, 평가 등을 포함한 고차원의 반성적 사고와 창의적인 문제 해결을 끌어낸다. 능동적인 토론을 통해 배운 정보는 강의를 통해 배운 것보다 일반적으로 더 잘 유지된다. 대학에서 배우는 중요한 것들 중 하나가 동료들의 다른 관점과 의견에 귀 기울이는 방법이다. 이는 학생들이 사고방식을 개발하고 다듬는 중요한 방법이다.

연구 결과들은 토론에 의해 학습이 개선된다는 명확한 사실을 입증한다. 학생들은 강의보다 토론에서 더 많이 배우고, 더 많은 것을 기억한다. 사회에서 대부분의 업무는 팀과 집단 단위로 이루어진다. 소집단이나 대집단 토론에서 다른 학생들과 어울려 협력하는 방법을 배우는 것은 특히 외향적이지 않거나 혼자 일하는 것을 좋아하는 성격의 학생에게 협동심을 배울 수 있는 좋은 기회가 된다. 토론은 비판적 사고력을 길러 준다.

교실에서 이루어지는 토론이 허용하는 안전한 환경에서 분석, 통합, 평가 등을 위한 사고력을 연습하는 것은 매우 중요하다. 교실에서는 우리 학생들이 실수를 저질러도 괜찮지만, 사회에서는 그렇지 않다. 다른 사람의 의견에 반박, 동의하는 것은 효과적인 의사소통을 위해 매우 중요하다. 토론은 반대, 도전, 동의하는 방법을 연습하는 기회이다. 이런 능력은 그들이 장기적으로 성공하기 위한 중요한 요소이다.

함께하는 공부는 학생들에게 생각을 분명히 하고 사고를 정리할 기회를 준다. 토론에서 정보를 공유하기 위해서는 그것에 대해 말해야 한다. 그렇게 해야 다른 사람들이 피드백을 줄 수 있고 그때 비로소 자신이 생각하고 있는 것이 일리가 있는지, 인정받을 수 있는지, 또는 문제 해결을 위한 최선의 방법인지 알 수 있다. 함께 공부하면 같은 공간에 있는 학생들이 시선, 몸짓, 비언어적 행동 등을 통해 자신을 드러내기 때문에 훨씬 더 뛰어난 의사소통을 경험할 수 있다.

여러 명이 토론하는 것보다 짝 토론이 유용한 이유는 짝 토론은 구성원 모두가 참여할 수 있기 때문이다. 보통 모둠 토론에서는 구성원들이 모둠 활동에 기여하지 않기 위해 기회를 살핀다. 사람들 속에 숨어서 아무것도 하지 않음으로써 일에 따른 결과를 피할 수 있다고 생각하는 학생이 생기는 것이다. 또 집단 토론에서 구성원 중 누군가는 자신의 기여도가 많은 사람들 속에 묻혀 인정받지 못할 것이라고 느낄 수도 있다. 어떤 학생들은 기여하는 사람들이 너무 많기 때문에 자신의 노력은 불필요하거나 인정받지 못할 것이라고 생각한다.

혼자 하는 공부는 지루하기 쉽고 집중이 어렵지만, 함께하는 공부는 즐겁고 재미있다. 혼자 하는 공부는 소통을 배우기 어렵지만, 함께하는 공부는 소통, 협력, 배려, 공감, 타협, 협상 등을 자연스럽게 배울 수 있다. 혼자 하는 공부는 친구를 만들기 어렵지만, 함께하는 공부는 친구가 저절로 생긴다. 혼자 하는 공부는 단순히 외우는 작업만 하기 쉽지만, 함께하는 공부는 직접 말로 하고 체험하고 서로 도우면서 공부하기 때문에 훨씬 오랫동안 기억에 남는다.

13. 눈맞춤으로 집중적 대화

유대인의 자녀교육은 질문과 토론을 통해 자립심을 기르게 하는 것이다. 유대인 가정의 식탁에서는 아이들이 거리낌 없이 부모와 의견을 나누고, 부모들은 아이들의 의견 하나하나에 귀를 기울인다. 부모는 자녀가 하루 동안 있었던 일들에 대해 귀담아듣고, 자녀는 자신에게 하루 동안 있었던 일들에 대해 논리정연하게 이야기하며 잘 모르는 부분이 있으면 질문하는 것을 잊지 않는다. 이 과정에서 부모는 자녀에게 정답을 알려주지 않는다. 정답은 아이 스스로 찾도록 도와줄 뿐이다.

밥상머리 대화에 대해 한국의 부모들은 너무 바쁘기 때문에 어렵다고 말한다. 부모도 바쁘지만 아이들도 바쁘다는 것이다. 하지만 그것은 우선순위의 문제다. 유대인 부모들은 한국의 부모들보다 훨씬 바쁘다. 이스라엘의 대부분 여성들은 일을 가지고 있다. 한 가지 직업이 아니라 두세 가지 직업을 가지고 있다. 하지만 자녀와의 저녁식사와 대화가 그 어떤 일보다 중요하다고 생각하기 때문에 그 일을 우선시하는 것이다. 그 시간에는 그 누구와의 약속도 잡지 않고, 걸려오는 전화도 받지 않는다. 이런 밥상머리 대화를 통해 아이들로 하여금 아이 스스로 사고하는 습관을 기르도록 돕는다. 무엇을 선택하거나 고를 때도 스스로 결정하게 하고, 자신이 내린 결정에 스스로 책임감을 갖게 하는 것이다. 그래서 밥상머리 대화는 아이의 사고력과 자립심을 기르는 공간이다.

이렇게 밥상머리에서 눈을 맞추고 대화하는 것은 자녀가 엇나가는 것을 막아 준다. 눈을 맞추고 대화하는 것에 대해 대개 너무나 당연한 것으로 생각할지도 모르겠다. 하지만 평소에 얼마나 자주 아이의 눈을 바라보면서 다정하게 이야기하는 시간을 보내는지 생각해 보면 그런 시간이 얼마 되지 않는다는 것을 알 수 있다.

　함께 눈을 보고 이야기를 나누는 것은 몰입하는 데 매우 효과적인 방법이다. 정신이 건강하지 않고 심리가 안정되지 않거나 두려움이나 불안감이 있으면 상대방과 눈을 맞추면서 이야기하기 어렵다. 부모가 자녀와 눈을 맞추고 이야기를 나누면 아이는 부모가 자신에게 집중하고 있음을 느낀다.

14. 순종에 의한 내 밖의 지식과 항변에 의한 내 안의 지식 활용

　동양은 조용한 가운데 선인들의 지식을 암기를 통해 공부하고, 서양은 항변과 질문을 통한 대화와 토론을 통해 공부한다. 이 두 문명은 서로 다른 공부 방법으로 수많은 성취와 문화적 유산을 남겼다. 두 공부 방법은 각각의 장점과 단점을 가지고 있지만, 지금 세계의 흐름은 질문과 토론의 길로 가고 있다.

　동양은 어떤 사안을 놓고 비판적인 사고를 하고 질문을 하며 논쟁하는 것은 부적절한 것으로 생각하고, 서양은 그 반대로 생각한다. 서양인들은 끊임없이 묻고 답하는 과정에서 최고의 아이디어가 나온다고 믿기 때문이다. 그들은 아이를 교육할 때 부모나 교사가 전달하는 지식을 그대로 습득시키기보다는 이에 대한 의문을 가지고 질문하도록 유도한다.

　동양에서는 지식이 밖에 있다고 생각한다. 내 밖에 있는 지식을 습득하는 것이 공부다. 그래서 자신보다 먼저 공부해서 지식을 많이 알고 있는 사람에게 배우는 것이다. 세상에 있는 지식을 최대한 많이 습득하기 위해 읽고 외우고 들었다. 그 대표적인 것이 책이고,

성현의 말씀이다. 우리는 책을 끊임없이 외웠고, 그 말씀을 지당한 것으로 여기고 따르는 데 초점을 두었다. 말문이 막히면 교과서에 있다고 한다.

반면 그리스 시대부터 서양은 전투 능력과 함께 논쟁의 능력, 또는 변증의 능력을 남자의 능력이라고 여길 만큼 논쟁을 중시했다. 지식은 세상 밖이 아니라 내 안에 존재한다고 믿었기 때문에 끊임없이 질문을 하면서 진리를 추구했다. 소크라테스의 질문을 강조하는 산파법이 등장한 것도 이 때문이다. 질문을 통해 스스로 답을 찾도록 유도하는 것이다. 소크라테스가 이런 교육 방법을 강조한 이유도 지식을 이끌어 낼 수 있다고 생각했기 때문이다.

서양은 개인의 가치를 매우 중시하는 문화이기 때문에, 개인의 가치 형성에 영향을 미치는 지식도 이미 자기 내부에 존재한다고 믿고, 이를 찾기 위해 끊임없이 질문하고 토론과 논쟁을 벌인다. 안에서 밖으로 끌어내려면 학생들이 표현을 해야 한다. 표현하는 방법은 말, 글, 그림, 노래, 몸짓 등이 있다. 가장 쉽고 강력한 방법이 '말'이다.

'하브루타'는 유대인들이 스승 없이도 스스로 배울 수 있는 방법을 찾다 보니 나온 방법'이라고 말한다. 유대인들은 수천 년 동안 수많은 핍박을 받으면서 살아왔다. 독립된 국가도 없이 외부의 박해 속에서 살아왔다. 그들은 이러한 환경에서 최대한 자신들이 가지고 있는 것을 끌어내 자신들의 힘과 존재를 창조해야 했다. 창조를 위해서는 배움이 필요했지만 배울 수 있는 공간이 자유롭지 않았고, 스승을 찾거나 모실 여건도 되지 않는 경우가 많았다.

그래서 그들은 스승 없이도 스스로 배울 수 있는 방법을 찾아냈다. 그것이 '하브루타'이다. '하브루타'는 제자와 스승의 관계가 아닌 동등한 친구 사이로 서로 배우고 가르치는 것이다. '하브루타'는 1+1=2가 아니라 그 이상의 효과를 볼 수 있는 학습 방법이다. 한 명은 선생이 되고 또 다른 한 명은 학생이 되어 토론을 한다. 교사와 학생으로 수직적인 관계가 아닌 수평적인 관계에서 서로 많은 것을 배우게 된다. 하브루타는 나이, 학력, 직책에 관계없이 서로 배울 수 있는 효과적인 토론식 교육법이다.

한국의 교사와 학생의 관계에서는 웃어른에 대한 조심성과 예의로 인해 자신의 의견을 제대로 표현하지 못할 수도 있다. 반론을 제기하기에는 큰 용기가 필요하기 때문이다. 한국의 스승과 제자는 상하관계, 즉 수직관계가 굳어 있다. 이런 수직적인 관계의 단점을 보완할 수 있는 것이 '하브루타'이다. 동등한 위치에서 공부할 내용을 집중 토론하면 수평적인 관계가 될 수 있다. 상대방을 이해시키기도 하고 상대방의 창의적인 생각을 경청할 수도 있다.

수평적인 관계에서 토론을 하면 패한 것도 승리한 것도 있을 수 없다. '하브루타'는 춤추는 것과 같다. 상대가 리드할 수도 있고 내가 리드할 수도 있다. '하브루타'에서는 내가 학생일 수도 있고 스승일 수도 있다. 모든 것을 내려놓고 많은 시간을 같이하기 때문에 마음속으로 교감을 주고받을 수 있다.

'하브루타'의 가장 기본 과정은 문장을 함께 읽고, 찬성과 반대를 누가 할 것인지 정하고, 자신의 의견을 다른 사람에게 설명한 다음 서로 질문, 답변, 반박을 하면서 토론하며, 찬성과 반대를 바꾸어서 토론하는 것이다. 이렇게 간단해 보이는 '하브루타'의 과정은 한 주제에 대해 상대방과 서로 의견을 나누다 보면 자신이 알고 있는 것을 논리적으로 표현하기 위해 엄청난 생각을 해야 하고, 다른 사람이 의견을 논리적으로 이야기하는 동안 다른 사람이 어떻게 생각하고 논리를 펴나가는지도 배울 수 있게 된다.

논쟁을 위해 사전에 많은 지식을 쌓아야 한다. 논쟁을 시작하면 상대방이 이야기할 수 있도록 '왜'라는 질문을 던진다. 이런 과정에서 대화, 소통, 토론, 협상을 하는 원리를 터득하고 기술을 배우게 된다. 가정에서 학교에서 기업에서 하나의 주제를 가지고 2명이 서로 다른 의견에 대해 이야기할 수 있는 기회를 자주 가지면, 알고자 하는 지식에 대해 정확하게 이해하게 되고, 지식을 알아가는 과정 속에서 지식을 어떻게 적용하고 활용할 것인지에 대해 창의적인 생각, 즉 지혜가 생기게 된다.

'하브루타'의 가장 큰 위력은 생각하는 힘을 키우는 데 있다. 대화하고 토론하고 논쟁하면서 끊임없이 생각하게 된다. '하브루타'는 뇌를 격동시키는 방법이다. 생각하게 되면 사고력, 안목, 통찰력, 창의성 등이 저절로 개발된다. 더불어서 친구와 함께하기 때문에 소통과 협력 능력이 성장하게 된다.

15. 시대는 비판적 사고력을 중시

현재 세계의 교육현장에서 가장 핵심적인 교육목표로 내세우는 것은 비판적 사고력이다. 현재 선진국에서는 비판적 사고를 고등교육의 최대 덕목으로 여길 정도다. 영국의 최고 명문 옥스퍼드 대학이나 케임브리지 대학에서 이뤄지는 교수와 학생 간 일대일 '튜토리얼'의 핵심도 비판적 사고의 함양이다. 모든 교육기관도 비판적 사고의 중요성을 절감하고 있다. 실제로 1995년 캘리포니아 내 68개 대학을 조사한 결과 이 중 89%가 '교육의 핵심은 비판적 사고력 기르기'라고 답했다. 하브루타는 비판적 사고력을 기르는 가장 좋은 방법이다.

끊임없이 질문하고 의문을 품는 유대인의 습관은 2천 년이 넘는 긴 역사를 가지고 있다. 유대인들은 난해하거나 축약되어 뜻이 모호한 내용의 텍스트들을 이해하기 위해 철저하게 파고든다. 의문을 품고 질문을 던지는 이런 습관은 과거뿐만 아니라 현재에도 비판적으로 사고하는 힘을 기를 수 있도록 도와준다. 비판적인 사고력이 있으면 정보를 능숙하게 파악하고, 그 정보가 어느 정도 중요한지를 알 수 있게 된다.

비판적으로 생각하는 능력은 새로운 발견과 진보를 이뤄내는 데 있어 매우 중요한 역할을 담당한다. 그 능력은 정보를 발견한 사람으로 하여금 특정한 사실이 진실인지 아닌지를 알아낼 수 있도록 도와준다. 이론을 검증할 때 사용하는 방법을 통해 진실임이 밝혀지거나 실험 및 검증 절차를 통해 터무니없는 것으로 밝혀질 수도 있다.

정보를 곧이곧대로 받아들이는 것보다 과연 이것이 옳은지 비판적으로 사고하는 아이가 창의적인 인간으로 성장한다. 아이에게 비판적으로 생각하는 힘을 길러 주는 방법은 다양하다. 가장 좋은 방법은 토론하는 것이다. 토론은 주어진 주제에 대해 깊이 있게 생각하는 것을 필요로 한다. 토론을 하면서 경청하는 힘이 길러지게 되고 상호 존중의 태도 역시 육성된다. 생각이 나와 다르다고 해서 그것이 틀린 것이 아니라 다른 것이라는 점을 체험을 통해 알게 된다. 토론하기 위해 자기주장을 뒷받침하는 논거를 대야 하기 때문에 명민한 지성을 기를 수 있고, 순간순간 민첩하게 대응할 수 있는 힘을 함양할 수 있다.

토론을 준비하면서 요즘은 수많은 정보를 컴퓨터를 통해 접할 수 있다. 그런 모든 정보를 활용할 수도 없기 때문에 자신의 주장에 맞는 정보를 선택해야 한다. 그래서 정보를 보고 판단하고 선택할 수 있는 눈이 자연스럽게 길러지게 된다. 이렇게 정보를 보고 골라내는 데 필요한 것이 비판적 사고력이다. 그 정보를 비판적으로 점검하고 질문을 하고 그 정보에 들어 있는 숨은 의미를 파악해야 하기 때문이다.

토론을 하는 동안 상대방의 말에 논리적 비약이나 불일치나 모순 등이 있는지 주의 깊게 생각하면서 들어야 한다. 그리고 항상 질문을 던질 채비를 갖추어야 한다. 누군가가 특정 주제나 저자, 연구, 정책에 대해 말한다면 그가 그 주장을 입증할 수 있도록 질문을 던져야 한다. 이런 과정에서 자연스럽게 비판적인 사고력이 길러지고 사고의 폭도 넓힐 수 있다.

16. 하브루타와 예시바(Yeshiva)

하브루타의 기원은 토라를 일상생활 속에서 어떻게 실천하고 적용할 것인가에 대해 학자나 랍비들이 계속 토론하고 논쟁하는 데서 시작되었다고 할 수 있다. 처음에는 미쉬나나 게마라를 글로 남기는 것이 금지되면서 구전으로 이어졌고, 이것을 잊지 않고 후대에 계속 전하는 한 방법으로 하브루타가 시작되었다. 토라의 해석이나 미쉬나, 게마라에 대한 다양한 관점과 주장에 따라 여러 가지 충돌이 있었고, 그것은 토론과 논쟁을 통해 정리되고 정교화되었다. 그런 토론과 논쟁이 효율적으로 이루어지기 위해서는 파트너가 필요했고, 둘 사이의 토론이 가장 효율적이었으므로 하브루타가 자연스럽게 이루어진 것이다.

왜냐하면 가장 말을 많이 할 수 있고 토론을 활발하게 할 수 있는 팀이 2명이기 때문이다. 그래서 하브루타는 기원전으로 그 역사가 올라가며, 2천 년이 훨씬 넘는 역사를 가지고 있다고 볼 수 있다.

기원 전후에 활동한 힐렐과 샤마이는 성서 해석을 놓고 많은 논쟁을 벌였다. 특히 힐렐의 교수 방법은 헬레니즘의 영향을 받아 소크라테스의 질문법을 많이 사용했다. 즉 학생들의 반응을 유도하고 머리를 쓰도록 '질문과 대답', '불가해한 화두 던지기' 등의 방법을 사용했다. 그러기 위해서는 스승이 인내심을 가져야 하고 가르치는 내용이 실제적인 것이어야 했다. 힐렐에게는 80여 명의 제자가 있었던 것으로 전해지며, 그중 수제자가 바로 요하난 벤 자카이다.

예시바의 기원은 요하난 벤 자카이다. 로마의 식민지 시절에 유대인들은 로마에 대항하여 봉기를 일으켰는데, 1차 봉기가 주후 66년에 일어났다. 하지만 68년에는 대부분 유대 땅이 진압되고 예루살렘 성만 남게 되었다. 이때 성 안에 있던 랍비 요하난 벤 자카이는 승산 없는 무력 봉기가 유대인의 대학살로 이어질 것을 예측했다.

요하난은 자신이 흑사병에 걸렸다고 소문을 내고 관에 들어가 예루살렘 성을 빠져나왔다. 그는 로마 사령관 베스파시아누스 장군을 보자마자 곧 로마 황제가 될 것이라고 예언했다. 그리고 자신의 예언이 맞을 경우에 시골에 작은 학교를 세우도록 허락해 달라고 말했다.

로마는 68년 반란의 소용돌이 속에서 네로 황제가 자살하고, 갈바와 오토, 비텔리우스의 세 정치군인들이 몇 달 만에 암살되었다. 과연 요하난의 예언대로 이듬해인 69년 원로원은 유대 반란군 진압으로 나가 있던 베스파시아누스 장군을 급히 황제로 추대했다. 로마로 금의환향한 베스파시아누스는 요하난과의 약속을 지켜 야브네에 최초의 예시바 설립을 도왔고, 남은 예루살렘 정벌은 아들 티투스에게 맡겼다.

이듬해인 70년에 티투스에 의해 드디어 예루살렘 성이 함락되어 처참한 살육과 파괴가 이루어졌다. 여기서 남은 패잔병 960명이 마사다로 피신하였고, 73년에 결국 이들 전원이 자결하면서 장렬한 최후를 맞았다.

요하난 벤 자카이가 야브네에 세운 예시바는 유대 교육의 모태가 되었다. 야브네는 예루살렘에서 서쪽으로 약 65킬로미터 지점의 해

안 평야에 위치하고 있다. 헬라식 이름은 얌니이며, 이곳에서 얌니아 회의가 열렸고, 이 회의에서 유대 정경이 확정되었다. 여기서 시작된 유대인의 의무교육으로 문맹을 퇴치했고, 눈에 보이지 않는 신은 그들의 상상력과 지적 능력을 고양시켰다. 이동식 회당은 특정한 장소에 얽매이지 않고 일체감을 상실하지 않은 채 이동할 수 있었다. 그래서 신앙이 장소에 구애받지 않게 했다.

하브루타는 주후 70년경에 벤 자카이에 의해 예시바가 탄생하면서 본격적으로 활성화되었다. 예시바 학생들은 온종일 학생들끼리 토론하고 논쟁하면서 연구에 몰두하고 나서 저녁에 한두 시간 정도 랍비와 대화를 한다. 이때 랍비는 질문도 받고 대답도 해주면서 학생들이 더 예리한 생각을 할 수 있도록, 그리고 그것에 대해 더 깊이 있게 볼 수 있도록 도와준다. 결론은 스스로 내려야 한다. 이런 예시바의 교육은 대부분 하브루타를 통해 이루어진다.

현재도 세계 곳곳에 유대인이 어느 정도 있는 곳이면 예시바가 있고, 예시바에서 하브루타로 공부한다. 유대인들은 어떤 주제든 토론 없이 결론을 이끌어내지 않을 뿐 아니라 소수의 의견이라고 무시하지 않는다. 우리의 도서관은 조용히 앉아서 혼자 공부하거나 책을 읽는 곳이지만, 예시바는 시장보다 더 시끄럽다.

시장보다 더 시끄러운 곳에서 무슨 공부가 가능할까? 이 비밀 역시 하브루타에 있다. 도서관에 앉아 있는 사람들은 모두 목소리를 높여 떠든다. 어떤 학생들은 좌석을 옮겨 다니며 수다를 떤다. 우리 입장에서 보면 수다를 떠는 것이지만 그들은 지금 열심히 공부를 하고 있는 것이다. 학생들은 책상 위에 각자 책을 산더미처럼 쌓아두고 상대방과 질문하고 대화하고 토론하고 논쟁한다.

17. 탈무드 공부

유대인에게 경전은 토라와 탈무드이다. 모세가 시내 산에서 십계명을 받고 모세오경을 쓴 이후로 토라가 완전히 정리되고 편집되어 확정된 시점을 학자들은 에스라와 느헤미야 시대로 본다.

토라를 정리 편집한 뒤로 토라를 한 글자라도 변경하는 것이 금지되었다. 하지만 토라의 율법을 일상생활에 그대로 실천하는 데는 여러 가지 무리가 따랐고, 시대와 상황에 따라 다양한 해석이 필요했다. 에스라가 처음으로 그 해석을 시작했고, 또 허용했다. 토라에 대한 주석과 해석이 구전으로 내려온 것이 구전 율법이다. 초기에는 이 구전 율법을 기록하는 것도 금지되었다. 그래서 글로 남길 수 없기 때문에 입에서 입으로 전해질 수밖에 없었다. 토라는 전혀 변경이 불가능했지만, 토라에 대한 해석과 주석은 학자들이나 랍비마다 의견이 다를 수 있었다. 일상생활에서 어떻게 실천하는 것이 토라의 정신에 맞는 것인지 학자나 랍비들 사이에 이루어지는 토론과 논쟁은 시간이 흘러감에 따라 더 풍부해지고 다양해졌다.

이런 토라에 대한 해석과 주석, 토론과 논쟁인 구전 율법들을 모아서 편집한 것이 미쉬나이고, 그 미쉬나에 대한 토론과 논쟁을 모은 것이 게마라이며, 이 둘을 합친 것이 탈무드이다. 탈무드에는 동일한 내용에 대한 다양한 해석을 그대로 모두 실어 놓았다. 어떤 것이 정답이라고 제시하지 않고 수많은 해답들을 제시하여 다양하게 사고할 수 있도록 한다. 우리와 같이 정해진 지식을 전달하는 것과는 너무나 다른 것이다.

탈무드는 완성된 적이 없다. 따라서 그것이 완료되었다고 공식적으로 선언된 적이 한 번도 없다. 탈무드의 최종판은 마치 한 그루의 나무처럼 살아 있는 유기체다. 다 자란 상태와 비견될 수 있을 것이다. 본질에는 더 이상 변화가 일어나지 않을 상태로 형태가 완전히 자리 잡혔지만, 그럼에도 불구하고 살아가면서 성장하고 증식하기를 계속하는 그런 단계에 이른 것이다. 탈무드가 완성되지 않았다는 원리는 그것을 창조하는 일이 계속되어서 끊임없는 변화가 일어나야 한다는 의미이기도 하다.

　탈무드는 종결될 수 없겠지만 그래도 이 일에 공헌하기 위하여 탈무드를 덧붙여 가는 일은 모든 학자들의 몫이다. 탈무드에 위대한 학자들이 가능한 모든 관점에서 주제, 사안, 그리고 문장들을 이미 검토하고 논의해 놓았다. 그럼에도 불구하고 탈무드는 아직 종결되지 않았다. 매일 매 시간 학자들은 새로운 관점에서 연구할 새로운 주제를 찾아낸다. 만사에는 한계가 있지만 탈무드에는 한계가 없다. 그렇게 새롭게 찾아내는 작업은 질문과 토론과 논쟁을 통해서이다.

　탈무드는 거의 대부분 율법과 법도, 종교적 가르침, 윤리적 이념에 대해 해석하기 위한 논쟁으로 구성되어 있다. 하나의 논쟁은 논리적 요구에 따라 또 다른 논쟁을 부른다. 아무리 확고해 보이는 주장이라 하더라도 새로운 반박에 직면한다. 그래서 탈무드 자체도 그러하지만 공부하는 방식도 주입식이나 암기식이 아니다. 누구나 의견을 제시할 수 있고, 어떤 의견에 대해서도 틀리거나 옳다고 결정짓지 않는다.

　탈무드는 수천 년 동안 수십만에 이르는 유대인 현자들이 전개한 논쟁의 기록이다. 그 안에는 율법, 경구, 우화, 속담, 유머, 공상 등 인간의 삶에 존재하는 거의 모든 이야기가 들어 있다. 시대가 다른 여러 학자들의 의견이 다양하게 제시되어 있다. 아주 소수의 의견이고 별로 인정받지 못하는 견해라 하더라도 남과 다른 의견이면 제시되어 있다. 후대는 논쟁을 통해 거기에 또 다른 견해를 제시하는 것이다.

유대인들은 스승과 다른 시각을 가지도록 격려한다. 나중에 옳은 생각이 아닌 것으로 결말이 나더라도 반대되는 의견을 매우 중시한다. 세상에는 완벽한 정답이 존재하지 않으며 각각의 주체적 의견이 중요하다는 것이다. 유대인들은 모든 주제에 대해 다른 의견을 가지고 토론을 벌이며 끊임없이 질문하고, 다른 사람의 의견을 존중해 준다.

그러기에 유대인 사회는 어떤 결정을 내리기까지 그 과정이 매우 소란스러워 보인다. 유대인 사이에서는 그 어떤 사안에 대해서도 격론을 벌이기 때문이다. 그렇게 그들은 항상 토론을 통해 문제를 해결해 왔고, 그렇게 내려진 의견들이 세계 역사의 흐름을 바꿔 왔다. 남과 다른 것을 개성으로 여기고 그것을 찾아 격려하는 것이 유대 교육의 힘이다. 아이들에게 이래라 저래라 하지 않고 아이들이 원하는 것을 하도록 한다.

우리는 성현의 말씀을 외웠고, 무슨 뜻인지 이해하려고 공부했다. 예를 들어, 사서삼경을 공부한다면 사시삼경에 쓰여 있는 말들을 외우고 그 뜻을 풀이하려고 노력한다. 위대한 대학자들의 생각에 반박하고 질문을 던지는 것은 생각하지도 못할 일들이다.

하지만 유대인들이 탈무드를 배우는 것은 유대인의 유명한 학자들인 힐렐이나 샴마이, 벤, 가말리엘 같은 성현들의 이론을 이해하고, 그들이 어떤 주장을 했는지 외우기 위해서가 아니다. 오히려 힐렐이나 샴마이 같은 학자들의 견해에 질문하고 반박하기 위해 배운다. 각자의 주장이나 의견에 대해 치열하게 토론하고 논쟁한다.

참고 및 인용 문헌

- 강문호, 《탈무드의 고급 유머》, 서로 사랑, 2005.
- 고재학, 《부모라면 유대인처럼》, 예담, 2010.
- 김지용, 《탈무드》, 꿈꾸는 아이들, 2006.
- 데이비드 웨버, 노아 허칭스, 김용일 역, 《중동사태》, 중동문화사, 1980.
- 루스실로 저, 차경미 역, 《유대인 유아교육》, 예지원, 1992.
- _____, 문경은 역, 《유대인의 천재교육》, 아이템북스, 2004.
- _____, 김동사 역, 《유태인의 자녀를 낳고 기르는 53가지 지혜》, 삼진기획, 1997.
- _____, 진웅기 역, 《유태인 천재교육》, 학원사, 1985.
- 류태영, 《이스라엘 국민정신과 교육》, 이스라엘 문화연구원, 1986.
- Richard Lynn, *The Chosen People*, Washinton Summit Publishers, 2011.
- 마빈 토케이어, 김상기 역, 《탈무드》, 태종출판사, 1991.
- _____, 이용호 역, 《탈무드》, 보성, 1983.
- _____, 감정우 역, 《성전 탈무드》, 아이템북스, 2007.
- 마에지마 마코토, 홍영의 역, 《유태인 최고의 지혜》, 주변인의 길, 2005.
- 모이라 패터슨, 홍성표 역, 《유대 민족 사랑과 투쟁의 역사》, 범우사, 1981.
- 미리암 레비, 김승철 역, 《유태식 가정교육》, 예담, 2010.
- 박기현, 《아버지라면 유대인처럼》, 원앤원, 2015.

- 박미영, 《유태인 부모는 이렇게 가르친다》, 생각하는 백성, 1995.
- 빅터 M. 솔로몬, 김명자 역, 《유대인 생활방식》, 종로서적, 1980.
- 사라 이마스, 정주은 역, 《유대인 엄마의 힘》, 예담, 2014.
- 슈물리 보테악, 정수지 역, 《유대인 가족대화》, 랜덤하우스, 2009.
- Eran Kate, *Jerome Becomes a Genius*, Golderbough, 2007.
- Shmuley Boteach, *10 Conversations: You need to have with your children*, Harper *Collins Publishers*, 2006.
- 〈월간중앙〉 '이슬람 1400년', 월간중앙 별책부록, 2001년 11월.
- 유안진, 《유태인의 천재들》, 문음사, 1979.
- 장 폴 사르트르, 권문영 역, 《유태인의 의식구조》, 대우출판사, 1982.
- 정해영, 《창의적 엄마학교》, 예문당, 2014.
- 죠셉 게이어, 김영배 역, 《이스라엘 설화집》, 종로서적, 1983.
- 한기연, 《나는 왜 아이에게 화가 날까?》, 팜파스, 2011.
- 후지다 덴, 지방훈 역, 《유태인식 돈의 철학》, 범우사, 1983.

유대인의 천재교육

1판 1쇄 인쇄 _ 2020년 6월 20일
1판 1쇄 발행 _ 2020년 6월 25일

편저자   차종환·최미경
펴낸이 _ 이형규
펴낸곳 _ 쿰란출판사

주소 _ 서울특별시 종로구 이화장길 6
편집부 _ 745-1007, 745-1301~2, 747-1212, 743-1300
영업부 _ 747-1004, FAX 745-8490
본사평생전화번호 _ 0502-756-1004
홈페이지 _ http://www.qumran.co.kr
E-mail _ qrbooks@gmail.com / qrbooks@daum.net
한글인터넷주소 _ 쿰란, 쿰란출판사
페이스북 _ www.facebook.com/qumranpeople
인스타그램 _ www.instagram.com/qrbooks
등록 _ 제1-670호(1988.2.27)
책임교열 _ 오완·박은아

ⓒ 차종환·최미경 2020 ISBN 979-11-6143-394-3 93230

책값은 뒤표지에 있습니다.
이 출판물은 저작권법에 의해 보호를 받는 저작물이므로 무단 복제할 수 없습니다.
파본(破本)은 구입처에서 교환해 드립니다.